MAILAND
VERONA
PAVIA
PO
RAVENNA
REICH DER LANGOBARDEN
568 – 774
ROM

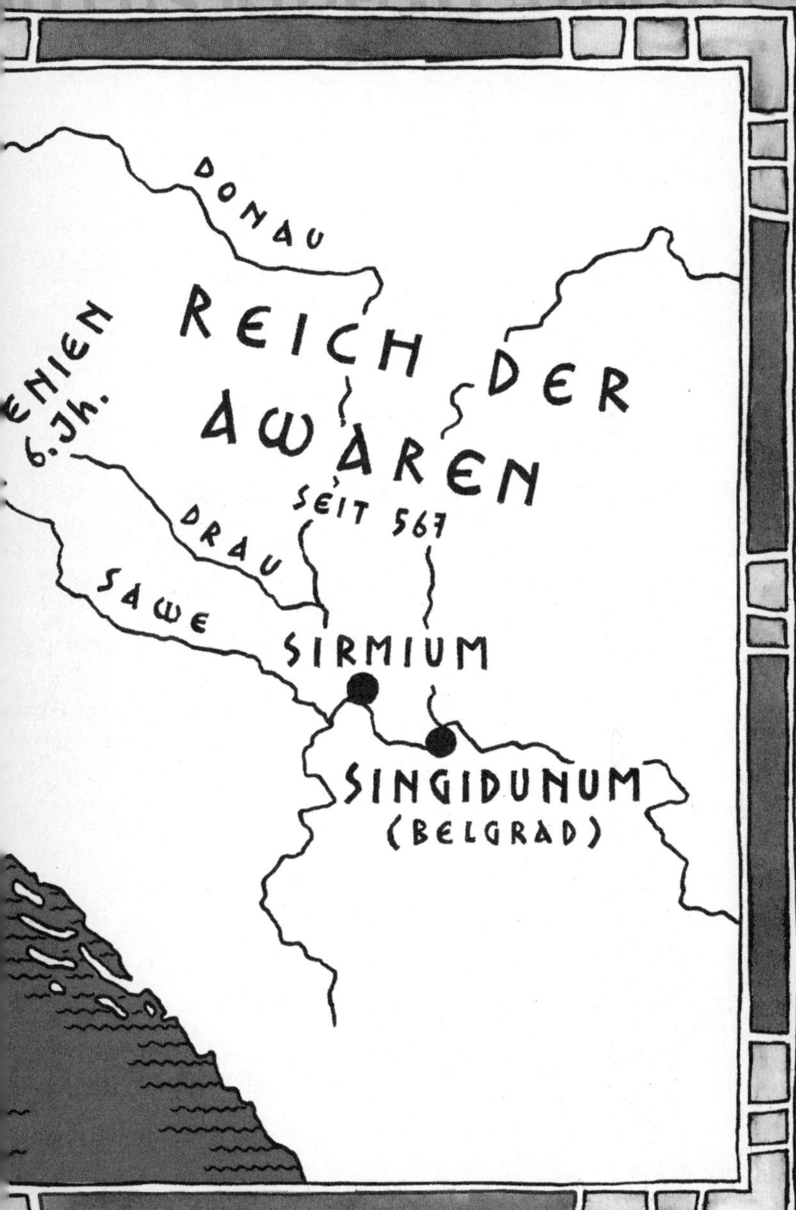
DONAU
ENIEN
6. Jh.
REICH DER AWAREN
SEIT 567
DRAU
SAWE
SIRMIUM
SINGIDUNUM
(BELGRAD)

Robert Gordian

DIE MÖRDERIN ROSAMUNDE

Roman

Königin der Langobarden

WUNDERLICH TASCHENBUCH

ORIGINALAUSGABE
VERÖFFENTLICHT IM ROWOHLT TASCHENBUCH VERLAG GMBH,
REINBEK BEI HAMBURG, DEZEMBER 1998

LEKTORAT SABINE LAMMERS
UMSCHLAGGESTALTUNG TANDEM DESIGN
(ILLUSTRATIONEN AUF DEM UMSCHLAG UND IM INNENTEIL
COPYRIGHT © 1998 BY JÜRGEN MICK)
BILDSEITENGESTALTUNG/TYPOGRAFIE DANIEL SAUTHOFF
SATZ ITC GALLIARD UND
DEMOCRATIA POSTSCRIPT (PAGEONE)
GESAMTHERSTELLUNG CLAUSEN & BOSSE, LECK
PRINTED IN GERMANY
ISBN 3 499 26095 6

I

Die Verschwörung

Mein Name ist Gellios.

Vor zwei Jahren hat es mich unvermutet nach Konstantinopel verschlagen, in die alte Kaiserstadt, die früher Byzanz hieß. Man brachte mich mit den Leuten hierher, die zum Gefolge der Königin Rosamunde gehört hatten. Der Statthalter des Kaisers in Italien, Longinus, schickte auch den Schatz der Langobarden mit, was sehr dazu beitrug, daß wir freundlich empfangen wurden. Danach kümmerte man sich nicht m ehr um uns. Nur wer für die byzantinische Politik von Interesse war, zum Beispiel Rosamundes Stieftochter Albsvinda, die Tochter des großen Alboin, blieb am Hofe. Wir anderen, mit geringen Mitteln versehen, machten uns auf, um in der lärmenden Weltstadt unser Glück zu suchen. Nur wenigen bin ich wiederbegegnet, sie schlagen sich irgendwie durch. Ich selber, der ich Rosamundes Lehrer und Ratgeber war, habe es hier auch nicht mehr weit gebracht. Ich verdiene als alter Mann mein Brot, indem ich den Kindern wohlhabender Leute die griechische Sprache und ein paar Grundkenntnisse in den Wissenschaften beibringe.

Eigentlich lebe ich nur in meinen Erinnerungen. Manches habe ich schon mitgeteilt*, doch mußte ich Atem ho-

* Die bisherigen Ereignisse wurden erzählt in «Rosamunde, Königin der Langobarden».

len, bevor ich nun fortfahre. Auch jetzt fällt es mir nicht leicht, den Faden weiterzuspinnen. Ich frage mich immer wieder, wie es zu dieser Katastrophe kommen konnte. Zweifellos gab es mehrere Ursachen. Die wesentlichste war aber wohl die verhängnisvolle Liebe Rosamundes zu ihrem Gemahl, dem König Alboin. Wie ein Schatten lag diese Liebe über ihrem Schicksal, ein Schatten, der immer länger wurde und sie nicht freigab, als sie zum Schluß aus ihm heraustreten wollte, in eine neue, unbelastete Zukunft. Damals, nach unserer Flucht aus der langobardischen Hauptstadt Verona, hätte sich vielleicht noch einmal alles zum Guten wenden können. Doch die Tragödie nahm ihren Lauf.

Ich will nicht verhehlen, daß ich parteiisch bin. Ich liebte die Königin, die ich schon kannte, als sie ein kleines Kind war. An ihrer Erziehung und Bildung hatte ich keinen geringen Anteil. Später gehörte ich zu ihrem Hofstaat und diente ihr nach Kräften. Sie war eine außergewöhnlich schöne Frau, groß und schlank, mit feinen, edlen Gesichtszügen und flammendroten Haaren. Sie war klug und empfindsam, konnte aber ebenso willensstark und tatkräftig sein. Unter anderen Bedingungen hätte sie, glaube ich, eine Königin werden können, von der die Geschichtsschreiber, die im allgemeinen nur dem Wirken der Männer Beachtung schenken, manches Bedeutsame zu berichten gehabt hätten.

Statt dessen werden sie Rosamunde eine ruchlose Mörderin nennen – grausam, unbarmherzig und rachsüchtig. Nur ihrer Untaten wegen wird sie Erwähnung finden und damit für immer gezeichnet sein. Ich kann nicht leugnen, was sie getan hat, und doch bin ich außerstande, sie zu verurteilen.

Sie lebte in einer brutalen Welt, in den Zeiten der großen Wanderbewegung der Völker, die nun hoffentlich zu einem Ende kommt. Bevor sie die Taten verübte, die ihr Bild für immer trüben werden, wurde sie Zeugin unvorstellbarer Greuel und selber ein Opfer zügelloser Gewalt. Daß sie sich schließlich wehrte und zum Racheschwert griff, nachdem sie lange gezögert hatte, ist deshalb nicht nur ihrem Charakter anzulasten, in dem auch, wie ich zugeben will, Stolz, Machtbewußtsein und ein gewisser Hang zur Maßlosigkeit ausgeprägt waren. Sie war ein Kind ihrer Zeit – und, wahrhaftig, es war keine gute Zeit.

Ja, es waren düstere Jahre, in denen sie aufwuchs und schließlich ihre hohe Stellung gewann. Als reisender Gelehrter gelangte ich an den Hof ihres Großvaters, des Königs der Gepiden, dem ich lange als Ratgeber diente. Schon damals gab es Grenzgefechte mit den benachbarten Langobarden, doch der Krieg brach erst richtig aus, als Kunimund, Rosamundes Vater, König geworden war. Zwischen ihm und dem Langobardenkönig Alboin herrschte auch persönliche Feindschaft, weil dieser in einem der erwähnten Gefechte Kunimunds Bruder erschlagen hatte. Wir Friedfertigen am Gepidenhof suchten vergebens das Unheil abzuwenden – es kam zur Schlacht und zum Zusammenbruch. Die Gepiden, ein den Goten verwandter Germanenstamm, wurden geschlagen und völlig aufgerieben. Alboin tötete König Kunimund mit eigener Hand und ließ sich aus seinem Schädel – einen Trinkpokal machen. Die gefangene Rosamunde aber mußte fortan mit ihm das Bett teilen. Er machte sie allerdings nicht nur zu seiner Geliebten, sondern erhob sie zu seiner Gemahlin. Sie wurde Königin der Langobarden.

Das war im Jahre des Herrn 567. Auch ich geriet in Gefangenschaft, hatte aber das Glück, in der Umgebung der Königin bleiben zu dürfen. Zum Klagen und Trauern blieb wenig Zeit, bald rissen uns neue Ereignisse mit. In einem kühnen Eroberungszug führte Alboin sein Volk nach Italien, wo er innerhalb kürzester Zeit die byzantinische Herrschaft fast vollständig niederrang. Regierungssitz wurde die alte Theoderichsburg in Verona. Hier nun ließ Rosamunde sich nieder, und hier verlebte sie, wie mir schien, ein paar glückliche Jahre.

Plötzlich aber endete alles. Wie überraschend kam es zu diesem Skandal, und mit welcher Folgerichtigkeit entwickelte sich daraus das Drama!

Alboin hatte sich nach Verona begeben, um seinen letzten großen Sieg zu feiern. Pavia, die einzige der belagerten Städte, die längeren, ernsthaften Widerstand geleistet hatte, war endlich im Frühjahr 572 gefallen. Mit Ausnahme Roms, Ravennas und einiger Küstenstädte befand sich jetzt ganz Italien in langobardischer Hand. Der König war mächtig wie nie zuvor, es schien nichts mehr zu geben, was ihn aufhalten konnte, und niemand mehr, vor dem er Respekt haben mußte. In seinem frevelhaften Übermut verlor er in dieser Nacht jedes Maß. Nie werde ich das grausigste, ekelhafteste aller Siegesgelage vergessen, dessen Folgen nicht auf sich warten ließen!

Doch ich habe nur meine Erinnerungen, die ich wiedergebe, wie sie mir in den Sinn kommen. In dem schmalen

Blickfeld, das ich hatte, konnte ich natürlich nicht alles wahrnehmen, was die handelnden Personen bewegte und was sie zu ihren Taten veranlaßte. Ich wünsche mir oft, daß ein Schriftsteller diese Geschichte, in der ich selbst nur eine Randfigur bin, ausführlich erzählte und daß ich Gelegenheit hätte, beim Lesen noch einmal alles nachzuerleben. Dann, denke ich, müßte mir manches klarer werden, und viele Fragen, die mich noch immer bewegen, erhielten eine Antwort. Vielleicht würde eine gründliche Darstellung aller Vorgänge nach jener schrecklichen Siegesfeier auch meiner geliebten Königin Rosamunde mehr Gerechtigkeit widerfahren lassen.

Beginnen müßte der Autor mit dem schweren Erwachen am Morgen danach ...

«Alboin!»

Von sehr weit her drang der Ruf an das Ohr des Königs. Aus welcher Richtung er kam, war nicht genau auszumachen. Der König strengte sich an, den Kopf zu heben, gab es aber gleich wieder auf. Den scharfen Schmerz, der sein Hirn durchzuckte, konnte ein wohlgezielter Schwerthieb verursacht haben. Wurde ihm gerade der Garaus gemacht? Aber er erinnerte sich nicht, in einen Kampf gezogen zu sein. Es war auch ringsum merkwürdig still, weder Waffengeklirr noch Geschrei war zu hören, nur ein dumpfes Rauschen und Murmeln. Es war wohl schon alles zu Ende, und er hatte den Tod erlitten. Gleich würden Walküren zu ihm herabsteigen, ihn mit ihren starken Armen aufheben, ihn an ihre gepanzerten Brüste drücken und zu Wotan hinauftragen.

«Alboin!»

Diesmal war die Stimme ganz nahe. Ohne Zweifel, sie kam von oben. Aber es war keine göttliche Donnerstimme, sondern der rauhe, etwas heisere Baß eines Mannes, der ihm bekannt war. Wie war sein Name? Der König unternahm eine weitere Anstrengung, indem er versuchte, die Augen zu öffnen. Kaum aber hatte er nur ein wenig die Lider gehoben, schoß grelles Licht durch die schmalen Schlitze, und wieder zuckte der Schmerz. Er kniff die Augen heftig zusammen und stöhnte.

«Wach auf, König, da ist ein Bote gekommen. Aus Forojuli. Es ist wichtig!»

Jetzt erkannte er die Stimme. Das war Peredeo, der

Kommandant seiner Leibwache. Der wollte ihn wecken, also schlief er nur, also träumte er. Es mußte aber schon heller Tag sein. Ein Bote aus Forojuli, von Herzog Gisulf, seinem Neffen? Der König hob eine Hand und legte sie auf die Augen. Dann versuchte er nochmals, sie zu öffnen. Diesmal gelang es ohne den stechenden Schmerz, wenn auch mühsam. Er spähte zwischen den Fingern hindurch auf ein Gestrüpp von braunen und grauen Haaren, unter denen rissige Lippen und lange, starke Zähne hervorlugten. Eine Atemwolke traf ihn, die nach Zwiebel und Schafskäse roch.

«Komm zu dir! Ein Bote! Du mußt ihn anhören!»

Der König stieß zuerst ein paar krächzende Laute aus, dann brachte er die ersten Worte hervor.

«Wein ... Ich will Wein!»

Kaum war dies ausgesprochen, spürte er schon den metallenen Rand eines Bechers am Munde und auf der Zunge die kühle Flüssigkeit. Man hatte den Wiederbelebungstrank also gleich mitgebracht an sein Lager. Das geschah immer nach einem schweren Rausch, wenn wenig Hoffnung bestand, ihn anders wach zu bekommen. Der Wein war mit irgendwelchen Kräutern gewürzt, die ein Prickeln auf der brettharten Zunge bewirkten. Wohltuend floß er durch die Kehle. Nach ein paar Schlucken wagte der König, die Hand von den Augen zu nehmen und blinzelnd um sich zu blicken.

Er war nicht im ehelichen Schlafgemach. Das befand sich im Südflügel des Palastes, dies aber war die kleine Empfangshalle im Nordflügel. Er erinnerte sich nicht mehr, wie er hierhergekommen war, man hatte ihn wohl, wie schon öfter nach einem ausgedehnten Gelage, heraufgetragen und auf eine der Polsterbänke gebettet, die zu beiden Seiten des hohen, geschnitzten Armstuhls, auf dem er bei Empfängen zu thronen pflegte, aufgestellt waren. Als er an sich herabblickte, stellte er fest, daß er noch fast vollständig bekleidet war. Allerdings war seine seidene, golddurchwirkte Festtunika befleckt und beschmutzt, und einer der Ärmel war halb abgerissen. Von den Knien, wo sie befestigt waren, hingen die Wadenbinden aufgelöst herab. Nur einer der Füße war beschuht, der andere nackt. Der Gürtel mit den tauschierten Eisenbeschlägen lag neben der Bank auf dem Boden.

«Die wievielte Stunde haben wir?»

«Die sechste», sagte Peredeo. «Willst du die Botschaft nun hören?»

Der Kommandant der königlichen Leibwache hatte sich wieder aufgerichtet und Lopichis, dem Schenken, Platz gemacht. Dieser stand vorgebeugt neben der Bank, um dem König den Morgentrunk einzuflößen, nach einem besonderen Rezept zum Erwachen nach einer Zecherei von ihm selber gemischt. Der riesenhafte Peredeo mit dem wettergebräunten Jungengesicht schob mürrisch ein schmales, behelmtes Männchen nach vorn, das sich mehrmals vor dem König verneigte.

Alboin ergriff selber den Becher, trank den Rest und richtete sich mit Hilfe des Schenken so weit auf, daß er, die rechte Hand auf das Polster gestützt, eine halb sitzende, halb liegende Stellung einnahm.

«Was gibt es bei euch in Forojuli?»

«Großer König, der Herzog Gisulf und die edlen Häupter der Faren in Venetia entbieten dir zunächst ihren Gruß und beglückwünschen dich zur Einnahme von Pavia, mit der du die Unbesiegbarkeit der langobardischen Waffen wieder einmal bewiesen hast und ...»

«Zum Teufel, was ist passiert?»

Die aufrechte Haltung fiel dem König noch schwer. Ihm war, als müsse sein Kopf jeden Augenblick vom Rumpf fliegen und zerspringen. Der schmächtige Bote, durch die in harschem Ton gestellte Frage aus der Fassung gebracht, begann stockend und weitschweifig von einem Überfall des benachbarten Nomadenvolks der Awaren auf eine kleine Festung im Norden Forojulis zu berichten. Alboin hörte bald nicht mehr zu. Sein Blick schweifte ab und blieb an dem Thronsessel hängen, auf dessen Sitz ein Gebilde lag, das ihn sowohl an etwas Angenehmes als auch an etwas sehr Ärgerliches erinnerte, ohne daß er gleich wußte warum. Es ähnelte einem Kranz vom Ölbaum, war aber aus Gold, mit ebenso länglichen, glatten Blättern. Der König sah Peredeo an, als erwarte er Aufklärung, doch der blickte unverwandt mit finsterer Aufmerksamkeit auf den Boten. Alboin schloß die Augen und versuchte, selber eine Erklärung zu finden. Was hatte es auf sich mit diesem Kranz? Wie war er in seinen Besitz gelangt?

Im nächsten Augenblick fiel es ihm ein. Die Erinnerung überkam ihn so heftig, daß er sich an die Stirn griff und aufstöhnte. Als er Lopichis gleich darauf durchdringend anstarrte, wich dieser erschrocken zwei Schritte zurück. Der Bote des Herzogs schwieg verwirrt.

Alboin sprang auf die Beine. Die rasche Bewegung ließ ihn schwindeln, und er hatte Mühe, sich aufrecht zu halten. Indem er den Boten, der ihm im Wege stand, wegstieß, taumelte er auf den Armstuhl zu. Er nahm den Goldkranz, betrachtete ihn von allen Seiten, und plötzlich schleuderte er ihn mit einer Geste des Abscheus in eine Ecke der Halle. Dann ließ er sich in den Armstuhl sinken.

«Warum hörst du denn auf? Ist das schon alles? Sprich

weiter! Warum hat mein Neffe dich hergeschickt? Doch nicht einer solchen Kleinigkeit wegen!»

Der Abgesandte aus Forojuli suchte nach Worten, fand aber keine. Er blickte furchtsam auf den Herrscher, der vor ihm saß und ihn mißgünstig ansah, den Kopf mit den wirren grauen Haaren zwischen die Schultern gezogen, das Bein mit dem nackten Fuß weit von sich gestreckt.

Peredeo glaubte, es sei an der Zeit, dem Mann zu Hilfe zu kommen.

«Hältst du es für eine Kleinigkeit, daß man eine unserer Festungen plündert und viele Bewohner fortschleppt?»

Den König, den der Bericht kaum interessiert hatte, reizte der Tadel in der Frage des Gefolgsmannes.

«Was geschehen ist, kann man nicht ändern», knurrte er. «Deshalb mußtest du nicht meine Ruhe stören.»

«Du selber hast den Befehl erteilt, dir alles, was wichtig ist, unverzüglich zu melden», sagte der Riese mit störrischem Gleichmut. «Dies hielt ich für wichtig!»

«Nun gut.» Die gequälte Miene des Königs verzog sich zu einem bösen Lächeln. «Wenn es wirklich so wichtig ist, dann wollen wir uns der Sache annehmen. Was schlägst du vor, Peredeo?»

«Schicke zwei Hundertschaften unter der Führung eines fähigen Mannes, der uns die Festung wieder sicher macht.»

«Ein guter Vorschlag. Ein ausgezeichneter Vorschlag! Nimm die frisch ausgebildeten Hilfstruppen. Sarmaten, Pannonier, Sueben ... Ich selbst habe diesem Gesindel so viel Zucht beigebracht, daß es einigermaßen brauchbar sein wird. Nimm aber als Unterführer eigene Leute. Und mach dich heute noch auf den Weg!»

«Ich, König?» rief Peredeo.

«Ich kenne niemand, der fähiger wäre und der im Festungskrieg mehr Erfahrung hätte. Wem soll ich die Sicherheit der Grenze anvertrauen, wenn nicht einem wie dir? Ich ernenne dich zum Kommandanten.»

«Zum Kommandanten eines Gebirgsnests? Mich? Und unter Gisulf, deinem Neffen, der sich noch beschiß und bepißte, als ich im Kampf bereits Wunden empfing?»

«Ich halte euch beide für vernünftig genug, daß euch der Unterschied von Alter und Rang nicht entzweien wird.»

«Eine Herabsetzung wäre das! Schnöder Undank! Ich, der Anführer deiner Leibwache ...»

«Ein Mann der Tat braucht von Zeit zu Zeit neue Aufgaben, neue Ziele. Arichis wird an deine Stelle treten.»

«So kannst du nicht mit mir umspringen, König! Meine Kriegerehre gibt mir das Recht ...»

«Meine Königswürde gibt mir das größere Recht!»

Das Wortgefecht hatte Alboin angestrengt. Jede heftige Entgegnung dröhnte in seinem Kopf nach und versetzte ihm Nadelstiche an Stirn und Schläfen. Er bereute ein wenig, dem Einfall gleich nachgegeben zu haben, der ihm plötzlich gekommen war, als ihm Peredeo widersprach. Zwar hatte er vorgehabt, den prahlerischen, Unruhe stiftenden Herkules aus seiner Umgebung zu entfernen und ihn möglichst weit fort zu schicken, doch der Augenblick war schlecht gewählt. Er hatte sich von seiner Mißstimmung hinreißen lassen. Mußte Peredeo aber auch diesen Mann aus Forojuli hereinführen, damit er den König in seinem elenden Zustand sah? Sollte der etwa nach seiner Rückkehr in Venetien verbreiten, daß der große Alboin, der Eroberer Italiens, nur noch ein Wrack, ein heruntergekommener Säufer war? Das sähe Peredeo ähnlich, das würde manchem andern zupaß kommen! Den König marterte der Gedanke, was jetzt wohl für Schauergeschichten über ihn im Umlauf sein mochten. Es waren ja auf dem Fest über tausend Gäste zugegen gewesen, die alles gesehen, alles miterlebt hatten. Er entsann sich verschiedener Einzelheiten, wenngleich ein paar Glieder der Kette fehlten. Bizarre Bilder erschienen und verschwanden, Fragen bohrten hinter der schmerzenden Stirn. Einen Augenblick hielt er sich bei dem sinnlosen Einfall auf, mit einem königlichen Machtwort alles Gerede zu verbieten. Dann wieder glaubte er auf einmal, die ganze Geschichte nur geträumt zu haben. Doch ein Blick in die Ecke der kleinen Empfangshalle machte diese Hoffnung zunichte. Da lag der verfluchte goldene Kranz ... Wieder hörte er kaum zu, als diesmal Peredeo zu ihm sprach, mit polterndem Zorn. Der Gefolgsmann, die Schwäche des Königs ausnutzend, konnte den Unmut, der sich in ihm gestaut hatte, nicht mehr zurückhalten. Erst tags zuvor hatte er hinnehmen müssen, daß Alboin eine Zusage, auf die er seine ganze Zukunft gebaut hatte, nicht mehr einzuhalten bereit war. Peredeo hatte gehofft, als Lohn für seine Verdienste ein Herzogtum zu bekommen und damit in das Häuflein der Mächtigen des Langobardenreichs aufgenommen zu werden. Spoleto war noch nicht vergeben, doch auch ein anderes wäre ihm recht gewesen. Unter Ausflüchten hatte der König aber am Vortage sein Versprechen zurückgenommen, womit er dem empfindlichen, sechseinhalb Fuß hohen Helden nicht nur die Siegesfeier verdorben hatte. Und jetzt sollte Peredeo auch noch seinen gegenwärtigen Posten, den des Kommandanten der Leibwache, aufgeben, um in eine Wildnis zu gehen. Seine Empörung war grenzenlos. Er hielt Alboin vor, einem seiner ältesten Mitstreiter die Gunst zu entziehen, der hundertmal für ihn sein Leben gewagt habe. Seit er dem Knabenalter entwachsen sei, habe er in der Gefolgschaft des Prinzen, später des Königs Dienst getan, und niemals habe er sich geschont. In Schlachten sei er stets in der vordersten Reihe der Kämpfer gewesen, ebenso immer unter den ersten, die feindliche Festungsmauern erklommen. Es gebe keinen Ort in Italien, bei dessen Belagerung und Erstürmung er sich nicht hervorgetan habe.

«Die Sänger haben mich in ihren Liedern gepriesen!» grollte er. «Mein Ruhm ist schon zu den Goten, Franken und Sachsen gedrungen. Von den Römern und Byzantinern zu schweigen. Kommt ein Fremder und fragt einen unserer Stammesgenossen: Wer ist bei euch der Kühnste und Stärkste? Dann erhält er die Antwort: Peredeo! Und fragt er den nächsten: Peredeo! Und einen Dritten: Peredeo! Alle singen das Lob Peredeos. Nur einem gefällt das nicht: König Alboin. Er schickt seinen besten Mann in die Wälder!»

«Wenn auch die Awaren deinen Ruhm singen», sagte der leidende König spöttisch, «bist du der Richtige, um sie abzuschrecken. Oder solltest du ihnen unbekannt sein?»

«Du machst dich über mich lustig. Doch du verrätst nur deine Eifersucht. Ich stehe dir in der Sonne, ich verdunkle deinen eigenen Ruhm. Du willst mich loswerden!»

«Ich will nur, daß die Sänger nicht verstummen. Deshalb verschaffe ich dir die Gelegenheit, neue Taten zu vollbringen.»

«Das könnte ich auch als Herzog tun!»

«Dazu brauchtest du aber außer Mut und Kraft noch Verstand.»

«An meinem Verstand scheinst du nicht gezweifelt zu haben, als du mir Spoleto versprachst!»

«Ich glaubte, du würdest Spaß verstehen. Aber du Dummkopf hast mich ernst genommen und, wie ich höre, schon mit deiner neuen Würde geprahlt. Um einer Frau zu gefallen, deiner Liebsten!»

Der König lachte verächtlich auf.

Peredeo wurde dunkelrot. Einen Augenblick suchte er nach Worten. Dann trat er hastig zwei Schritte vor, streckte den Arm gegen Alboin aus und schrie: «Wie recht du hast, ich gestehe es! Ja, es ist wahr, daß ich ihr ein solches Versprechen machte! Denn ich wünsche mir, daß sie meine Gemahlin wird, damit ich sie erheben und ihr Ehre erweisen kann! Niemals könnte ich sie mißhandeln, erniedrigen und sie vor tausend Festgästen zu einer Schändlichkeit zwingen!»

Die letzten Worte trafen den König wie Keulenschläge. Nun war die Bestätigung da, daß er nicht geträumt hatte, daß auch das Schlimmste kein Zerrbild des Trinkerwahns, sondern tatsächlich geschehen war. Er wußte Peredeo nichts zu erwidern und starrte ihn nur abwesend an. Der entlassene Kommandant der Leibwache ließ den anklagend vorgestreckten Arm langsam sinken und bereute gleich darauf seine Heftigkeit. Noch nie hatte er so zu seinem Gefolgsherrn gesprochen. Verwirrt wandte er sich ab und bemerkte erst jetzt, daß außer den beiden vorherigen noch drei weitere Zeugen alles mit angehört hatten. Zwei Herzöge und ein Verwandter des Königs waren unbemerkt in die Halle getreten. Peredeo machte dem immer noch reglosen König eine Verbeugung und ging, die drei verlegen grüßend, mit steifen Schritten hinaus. Der Mann aus Forojuli beeilte sich, ihm zu folgen. Der Schenk gab den Herren durch ein Zeichen zu verstehen, daß der König noch der Schonung bedürfe, und zog sich dann ebenfalls rasch zurück.

Die drei Männer traten näher und verneigten sich vor dem obersten Langobarden. Cleph und Zaban, die beiden Herzöge, waren gekommen, weil sie nach längerem Aufenthalt am Hof in Verona um Abschied bitten und sich zurück in ihre Herrschaftsgebiete begeben wollten. Von dem dritten, Helmichis, einem Milchbruder und Vetter Alboins, der dem König als Schildträger diente und jederzeit Zutritt bei ihm hatte, waren sie an den Wachen vorbei hereingeführt worden.

Der über fünfzigjährige Cleph, ein Mann mit kantigen, ernsten Gesichtszügen und einem eisgrauen Traditionsbart, schmucklos wie ein einfacher Krieger gekleidet, nahm als erster das Wort. Er machte kein Hehl aus seiner Mißstimmung. Was er am Hof gehört und gesehen hatte, war genug, um einigen Ratschlägen, die er sich für den Abschiedsbesuch beim König aufgehoben hatte, gallige Glossen und Warnungen hinzuzufügen. In offener Anspielung auf Alboins kläglichen Zustand sprach er davon, daß es eine neue Gefahr gebe, der schon viele, und nicht die Schlechtesten, zum Opfer gefallen seien. Im Kampfe siegreich, erlägen sie nun der entnervenden Wirkung von Vergnügungen, die dieses verwünschte Land im Überfluß für sie bereithalte. So seien aus mehreren Städten Liguriens sorglose, pflichtvergessene Besatzungen wieder verjagt worden. Auch an anderen Punkten rege sich Widerstand, der von Rom und Ravenna aus, den nicht bezwungenen Zentren der alten Macht, eifrig geschürt werde. Mit größter Sorge kehre er zurück in sein Herzogtum, sagte Cleph, aus dem ebenfalls alarmierende Nachrichten kämen.

«Statt mit den Italiern Feste zu feiern, König, tätest du besser daran, über sie Gericht zu halten und noch ein paar tausend von ihnen dem Henker zu übergeben!» rief er mit eiferndem Zorn. «Enteigne die großen Güter, vertreibe und töte ihre Besitzer! Nimm den römischen Pfaffen ihr Gold, foltere sie, wenn sie es nicht hergeben wollen, und schick sie zum Teufel! Gib endlich die falsche Milde auf, zeige eiserne Härte! Tust du es nicht, ereilt uns das Schicksal der Ostgoten. Die hielten sich immerhin sechs Jahrzehnte. Wir sind erst vier Jahre hier, aber wenn es so weitergeht, wird man uns bald dorthin zurückjagen, woher wir gekommen sind – über die Alpen, an die Donau, in das wüste Pannonien!»

Alboin hockte auf seinem Armstuhl und blickte Cleph nicht ins Gesicht, sondern starrte auf dessen Gürtelschnalle. Dabei schwieg er beharrlich und gewitterschwanger. Der andere Herzog, Zaban, vor kurzem erst für Pavia ernannt, gab weniger schroffe Töne von sich. Er war ein kleiner, hagerer Mann im Brokatmantel, etwa vierzig Jahre alt und seit seiner Jugend im Gefolge des Königs. Er hatte das Fest bis zum Ende erlebt und kannte Alboin gut genug, um jetzt Vorsicht im Umgang mit ihm walten zu lassen. So meinte er, mit dem Fall Pavias, wohin zurückzukehren er die Erlaubnis erbitte, sei Italien fest in langobardischer Hand und dem König nicht mehr zu entreißen. Gestützt auf die Treue seiner Herzöge, könne er unbesorgt in die Zukunft blicken.

«Allerdings würde die Lage noch besser sein», fügte Zaban geschmeidig hinzu, «wenn du deinen Getreuen einige Freiheiten einräumtest, König! Italien ist zwar ein schönes Land, aber Krieg und Pest haben es heruntergebracht, und die Beute, die wir vorfanden, ist geringer als erwartet. Auf dem Lande leben nur noch wenige Menschen, auch Vieh ist massenweise zugrunde gegangen. Dagegen findet man in Burgund, bei den Franken, Reichtum und Überfluß. Wenn du mir die Erlaubnis gibst, auf eigene Verantwortung Krieg zu führen, könnte ich über die Grenze alles herbeischaffen, was wir brauchen: Sklaven, Herden, Getreide, Kleider, Waffen ...»

Noch immer schwieg der König und rührte sich nicht. Zaban verstummte, weil Alboin hartnäckig an ihm vorbei auf ein Wandgemälde blickte, das eine kriegerische Szene darstellte. Die Herzöge warteten auf eine Erwiderung oder aber auf eine Geste, die sie entließ. Beides kam nicht. Sie sahen Helmichis an, der ihnen mit einer Kopfbewegung bedeutete, es sei wohl besser, sich ohne Antwort zurückzuziehen. Also verbeugten sie sich und machten kehrt. Kaum hatten sie aber den Rücken gewandt, hörten sie es hinter sich donnern: «Schurken! Glaubt ihr, daß ihr euch so davonmachen könnt?»

Sie fuhren erschrocken herum und konnten gerade noch zur Seite springen. Der Schuh des Königs, der einzige, den er getragen hatte, kam als Geschoß geflogen. Alboin war aufgesprungen und stapfte ihnen nun, den Kopf wie ein Stier gesenkt, barfuß entgegen. Er packte Cleph an der Tunika und schrie: «Enteignen? Vertreiben? Foltern? Töten? Ist das alles, was du mir raten kannst, Alter?»

«Ich wollte dich nur davor warnen ...»

«Und du?» Der König schüttelte Zaban. «Zu den Franken über die Grenze? Brennen, rauben, schänden und morden?»

«Was hast du dagegen? Du würdest ja Anteil an der Beute ...»

«Schweig!» Alboin stieß ihn mit solcher Wucht zurück, daß er beinahe strauchelte. «Was fällt euch ein? Was ist in euch gefahren? Kaum ist der König ein bißchen kampfmüde, reißt jeder das Maul auf und brüllt wie ein Löwe! Fühlt sich als der tapferste Held, der weiseste Ratgeber, der größte Feldherr! Und ich? Wer bin ich? Ein eifersüchtiger, unbekümmerter, kraftloser Tölpel! Wißt ihr vielleicht nicht mehr, wer ihr wart? Habt ihr vergessen, woher ihr kommt und wer euch zu dem, was ihr seid, gemacht hat? Wo wärt ihr wohl heute, hättet ihr mich nicht gehabt, der euch in dieses Land und in seine großen, prächtigen Städte geführt hat ... hierher nach Verona, nach Mailand, Pavia, Aquileia, Mantua, Turin? Ihr wärt noch immer Häuptlinge eines unbedeutenden kleinen Gebirgsstamms, würdet nicht in Palästen, sondern in Erdburgen hausen und mühsam das alte Räuberhandwerk betreiben. Statt dessen seid ihr Schrate und Metsäufer Herren in einem Land, wo einmal Cäsar, Augustus, Konstantin und Theoderich herrschten! Wie aber führt ihr euch auf? Noch immer wie alte, feige, grausame, hungrige Wölfe! Reißen, fressen und Beute wegschleppen ... und wenn nichts mehr da ist, beim Nachbarn einbrechen ... und wenn auch dort alles kahl ist – weiterziehen. Nichts anderes habt ihr im Sinn, und gerade deshalb würdet ihr nie eine Heimat finden, sondern umherirren wie unsere Vorfahren jahrhundertelang. Aber ich werde euch das Blutsaufen abgewöhnen! Ich werde euch lehren, die Schafe zu hüten anstatt sie zu reißen! Wißt ihr überhaupt, was das ist ... regieren? Gesetze machen, die Sitten verbessern, für Ordnung sorgen, den Wohsltand mehren? Ich weiß es auch nicht genau, aber langsam beginne ich, es zu begreifen. Und ob ihr wollt oder nicht, ihr werdet es begreifen müssen! Sonst ... Das ist alles. Ihr könnt nun gehen.»

Der König, erschöpft von dieser Rede, wankte plötzlich, stützte sich auf Helmichis und ließ sich zurück zu seinem Armstuhl führen. Zaban warf Cleph einen ironischen Blick zu, den der Ältere mit einem grimmigen Runzeln der Brauen beantwortete. Beide verbeugten sich knapp und gingen Seite an Seite hinaus.

Alboin sah ihnen nach.

«Getreue!» sagte er abschätzig. «Am liebsten würden sie mich umbringen.»

Er stöhnte und preßte mit beiden Händen die Schläfen. Plötzlich schloß er die Augen und flüsterte verzweifelt:

«Aber ich falle über sie her und bin doch selber noch so ein Vieh! Wer gibt mir das Recht, sie anzuklagen?»

Helmichis, ein schöner, elegant halb römisch, halb germanisch gekleideter Mann von knapp fünfunddreißig Jahren, stand neben dem Armstuhl und blickte auf den gesenkten Kopf mit grauem Haar, das strähnig herabhing. Sein kleiner, feingeschwungener Mund schürzte sich zu einem Lächeln.

Als der König auf einmal die Augen hob und ihn ansah, erschrak er ein wenig. Doch es gelang ihm noch gerade, das Lächeln zu unterdrücken. Alboin bemerkte nichts, sondern ergriff den Arm des Vetters und sagte rauh, in flehendem Tonfall:

«Erzähle doch endlich, mein Lieber, erzähle! Was ist heute nacht auf dem Fest passiert? Ich erinnere mich nicht mehr genau, hatte wohl etwas zuviel getrunken. Berichte alles, von Anfang an!»

Helmichis setzte sich auf die Ecke der Bank, die am

nächsten stand, blickte bekümmert vor sich hin und seufzte.

«Willst du das wirklich hören? Glaub mir, es wäre besser, zu schweigen und diese Nacht zu vergessen!»

«War es so schlimm? Ja, ich weiß, es war grauenhaft! Fang trotzdem an und schone mich nicht! Erzähle!» drängte der König.

«Nun, wenn du darauf bestehst ... Du hast zu befehlen, ich muß gehorchen. Zunächst verlief ja das Fest recht angenehm. Es wurde gegessen und maßvoll getrunken, alle waren in fröhlicher Stimmung. Dann traten Schauspieler, Sänger und Tänzer auf. Die Veroneser brachten dir eine Huldigung dar, sie feierten dich als den Befreier Italiens von der byzantinischen Knechtschaft ...»

«Ja, das gefiel mir gut! Ein Pantomime und eine Gruppe von Tänzern zeigten, wie wir die Byzantiner davonjagten. Aber weiter! Was geschah weiter? Komm auf das Wesentliche zu sprechen! Der Kranz da ...»

Alboin deutete mit dem Kopf dorthin, wo der prächtige Goldschmuck lag, den er von sich geschleudert hatte. Wieder mußte sich Helmichis ein Lächeln verkneifen. Nachdem er abermals vernehmlich geseufzt hatte, fuhr er fort:

«Diesen Kranz überreichte dir zum Jubelgesang des Chors eine Dame, die als römische Göttin verkleidet war. ‹Verkleidet› ist allerdings nicht ganz zutreffend, ich sollte besser ‹entkleidet› sagen. Es handelte sich, wie du wohl noch weißt, um Gallitta, die Gattin des Bassus, unseres unermüdlichen Freundes, der uns mit Waffen und Getreide beliefert. Sein Adel ist zweifelhaft, aber er hofft, durch ein Wort von dir Magistrat zu werden, deshalb scheut er keinen Aufwand. Die Truppe, die gestern auftrat, hat er bezahlt. Und weil du seine Gattin schon öfter durch dein Interesse ausgezeichnet hattest, kam er auf die Idee, dir den goldenen Siegerkranz dort, der natürlich auf seine Kosten gefertigt wurde, von ihr überreichen zu lassen. Womit er, so schien es zunächst, das Richtige traf. Du warst von der Göttin begeistert ...»

«Sie ist ein schönes Weib, das ist wahr», murmelte der König verlegen. «Sie setzte mir den Kranz auf und küßte mich. Und ich glaube, daß ich sie ebenfalls küßte.»

«Unzählige Male! Und mit Leidenschaft! Du verlorst plötzlich jedes Maß, du hobst sie auf deine Arme. Du bedecktest sogar ihren Hals, ihre Schultern und ihre Brust mit Küssen. Sie umschlang dich dabei wie eine Liebende. Alles drängte heran, begierig zu sehen, wie weit ihr euch noch vergessen würdet.»

«Verfluchter Wein! Ich hatte den stärksten Falerner getrunken. Stundenlang, Becher für Becher ...»

«Wahrhaftig, es schien, daß du nicht mehr Herr deiner Sinne warst!»

«Und dann? Die Königin? Sprich endlich von ihr! Wie nahm sie es auf, und was tat sie?»

«Kann man Königin Rosamunde Vorwürfe machen, daß sie dem Schauspiel nicht länger beiwohnen wollte? Du umhalstest und küßtest ja diese Dame, die übrigens früher Tänzerin war, unmittelbar vor ihren Augen. Zunächst ertrug sie es noch mit Würde und war um Haltung bemüht. Dann aber wurde es ihr zuviel. Sie erhob sich und wollte die Halle verlassen.»

«Es gab ein Gedränge, man hielt sie auf ...»

«Du hieltest sie auf! Nun verlorst du vollständig die Beherrschung. Die, die du auf den Armen trugst, ließest du einfach zu Boden fallen. Du stürztest der Königin nach und zwangst sie mit wütenden Reden und mit Beleidigungen zu bleiben. Niemand verstand bei dem

Lärm, was du ihr sagtest, es war aber unschwer zu erraten. Sie wollte sich von dir losmachen, doch du verdrehtest ihr den Arm, so daß sie aufschrie. Zwei Leibwächter mußten sie dann auf ihren Platz zurückschleppen.»

«Den Arm verdrehte ich ihr? Von Leibwächtern ließ ich sie zurückschleppen?» Der König wand sich auf seinem Stuhl in Qualen. «Aber wäre das wenigstens alles gewesen! Weiter! Schnell! Damit wir es hinter uns bringen.»

«Wenn du es nicht mehr erträgst ...»

«Ich ertrage es! Schone mich nicht, sage alles, meine Verfehlungen, meine Gemeinheiten ... spare nichts aus! So rede doch!»

«Dann riefst du wieder nach Wein und befahlst Lopichis, deinen Pokal zu bringen ... nun, den gewissen, den berühmten. Er verstand dich nicht gleich oder wollte nicht glauben, daß du in Gegenwart deiner Gemahlin ... Doch du gabst ihm mit der Faust einen Stoß, der ihn beinahe umwarf. Da gehorchte er.»

«Das durfte er nicht!» rief Alboin. «Er hätte sich widersetzen müssen! Ich hatte ihm strenge Weisung erteilt, niemals, wenn sie dabei war ...»

«Verzeih! Der Mann hätte mit seinem Leben gespielt. Du hättest es fertiggebracht, ihn niederzuhauen, wenn er deinen Befehl nicht ausgeführt hätte.»

«Er kam also mit dem Pokal ...»

«Gefüllt mit Albaner, wie du es wolltest. Bevor du jedoch aus ihm trankst, mußten Trompeten erschallen, und du sprachst zu den Gästen.»

«Ich hielt eine Rede?»

«Du faßtest dich kurz. Die Langobarden kannten das Ding, die anderen hatten nur von ihm gehört, waren neugierig. Hier in Italien war es nie üblich, aus den Schädeln besiegter Feinde Trinkgefäße zu machen. Du empfandest wohl, daß du sie aufklären mußtest. So erfuhren sie, daß dies ein alter und sinnreicher germanischer Brauch sei.»

«Ein verteufelter Brauch!»

«Sie staunten auch und erschauerten. Der Pokal ist ja ein erhabenes Kunstwerk. Ich gestehe, daß er auch mich immer wieder beeindruckt, besonders wenn er gefüllt ist und aus den Augenlöchern unter dem goldenen Trinkrand der Wein wie Blut hervorspritzt. Einige Damen unter den Gästen waren der Ohnmacht nahe.»

«Dann trank ich also ...»

«Auf deine Siege. Und zur allgemeinen Bewunderung. Der König der Gepiden war ein großer und wuchtiger Mann. Sein Schädel faßt den Inhalt mehrerer Becher, und du leertest ihn bis zur Neige.»

«Und sie? Und sie? Was tat sie derweil?»

«Die Tochter des Königs der Gepiden, deine Gemahlin? Sie saß stumm dabei und wandte sich ab. Was konnte sie noch anderes tun? Dich störte allerdings, daß sie nicht lustig war. So gabst du den Befehl, den Pokal noch einmal zu füllen. Und dann nahmst du ihn und gingst zu ihr hin.»

«Und niemand hat mich zurückgehalten!» schrie Alboin auf. «Ihr wart alle dabei, ihr saht, daß ich nicht mehr recht bei Verstand war! Warum habt ihr mich nicht aus der Halle geführt?»

«Wie konnten wir den ‹Befreier Italiens› aus der Halle führen, wo man ihn gerade mit Kranz und Chorgesang geehrt hatte?» erwiderte Helmichis entwaffnend. «Und wer wollte auch etwas dagegen haben, daß er von seiner Gemahlin verlangte, mit ihrem Vater auf seinen unsterblichen Ruhm zu trinken?»

«Das tat ich?»

«Ja. Doch sie weigerte sich und verbarg ihr Gesicht, und da wurdest du zornig. Du griffst in ihr Haar, um ihren Kopf zurückzureißen. Dann setztest du ihr den Pokal an den Mund. Sie wehrte sich, preßte die Lippen zusammen. Da schlugst du ihr ins Gesicht, zwangst sie, den Mund zu öffnen und stießest ihr die beinerne Schale hinein, so weit es nur ging. Es war ein mitleiderregender Anblick! Der Wein floß ihr über das Kinn, den Hals, das Kleid. Auch Blut rann ihr aus dem Mund. Sie gab gurgelnde Laute von sich und stöhnte, als würde sie gleich ersticken. Endlich hattest du mit ihr Erbarmen, der Schädel war wohl fast leer. Den Rest trankst du selbst, wobei du so schwanktest, daß ein paar Männer dich stützen mußten. Sie führten dich zu deinem Platz.»

Helmichis schwieg und beobachtete den König, der mit gekrümmtem Rücken auf seinem Armstuhl hockte, völlig in sich zusammengesunken. Die hellen Augen, aus denen sonst Blitze schossen, waren trübe, das Gesicht, obwohl gebräunt, hatte eine ungesunde, erdige Farbe angenommen. Schlaff hingen die Arme über die Lehne des Stuhls, aus dem schlanken, muskulösen Körper schien alle Kraft gewichen zu sein. Helmichis konnte sich nicht erinnern, den königlichen Vetter je in einem so jammervollen Zustand erblickt zu haben, auch nicht nach den wüstesten Festgelagen.

«Und ich hatte ihr gesagt», murmelte Alboin nach einer Weile, «daß es den Pokal nicht mehr gebe. Daß der Schädel ihres Vaters seit Jahren schon in geweihter Erde, zwischen den Särgen gefallener Krieger vergraben sei. Schändlich belogen habe ich sie ...»

Helmichis dachte an ein Gespräch, das erst am Tage zuvor zwischen ihm und der Königin stattgefunden hatte. Die Rede war dabei auch auf dieses Gefäß gekommen. Aufgebracht darüber, daß sie ihn von einer Unwahrheit, nämlich Alboins Lüge, überzeugen wollte, berichtete er ihr über ein Siegesgelage in Pavia, wo der König, vor wenigen Wochen erst, den Schädelbecher geschwungen habe. Rosamunde glaubte ihm nicht und nannte ihn einen Verleumder und Neider. Nicht ohne Genugtuung dachte Helmichis nun an die nächste Begegnung mit ihr und seinen Triumph, wenn sie ihre ungerechten Beschuldigungen zurücknehmen und ihn reuevoll um Verzeihung bitten würde.

In diesen Gedanken verlor er sich so, daß der König die nächste Frage, mit dem er sich nach dem Ausgang des unglückseligen Festes erkundigte, zweimal stellen mußte. Helmichis seufzte wieder.

«Wie es ausging, fragst du? Die Königin blieb nur noch wenige Augenblicke. Das Gesicht voller Tränen und Blut, das Haar verwirrt, das Gewand vom vergossenen Wein befleckt ... so erhob sie sich. Diesmal hielt sie ja niemand auf. Ihre Kammerfrau Calvina lief ihr entgegen und legte ihr einen Umhang über die Schultern. Die Königin stützte sich auf sie, die Gäste bildeten eine Gasse, und die beiden gingen hinaus. Viele teilnehmende Blicke folgten ihnen. Derweil schlugst du mit der Faust auf den Tisch und riefst, man solle fortfahren mit der Musik, den Tänzen und Jubelchören. Das geschah dann auch gleich. Du schliefst aber darüber ein, und wir – ich selbst, Peredeo, Arichis und ein paar andere – trugen dich aus der Halle. Auf der Treppe erwachtest du noch einmal, schlugst um dich, tratest nach uns und beschimpftest uns unflätig. Dabei verlorst du wohl deinen Schuh, und deine Tunika wurde beschädigt. Schließlich gelang es uns, dich hierherzuschaffen. Die Mehrzahl der Gäste brach dann auf, nur ein paar Dutzend Unentwegter blieben noch bis in die Morgenstunden. Aber die fröhliche Stimmung, die zu Beginn des Festes geherrscht hatte, war verflogen, viele führten ernste Gespräche. Einige sahen sogar Unheil heraufziehen.»

«Ja, das habe ich gerade gehört», sagte Alboin mit einer zornigen Geste. «Die Unruhestifter, die jede Schwäche des Königs ausnutzen, wetzen die Mäuler ... und bald auch die Schwerter, wenn man sie nicht zur Vernunft bringt. Aber das ist jetzt nicht so wichtig. Wo ist die Königin? Was tut sie gerade? Hat sie sich heute schon gezeigt? Wurde sie überhaupt schon gesehen nach diesem ... nach diesem Vorfall?»

«In der Nacht soll sie die Kapelle aufgesucht haben. Sie sei dort stundenlang im Gebet versunken gewesen, wurde heute morgen erzählt. Danach brachte sie noch einige Zeit, bis lange nach Sonnenaufgang, auf ihrem Lieblingsplatz zu, der Dachterrasse des Südflügels. Von Calvina erfuhr ich, sie sei dann von dort herabgestiegen und habe sich in ihre Gemächer zurückgezogen. Seitdem wurde sie, soweit ich es sagen kann, noch nicht wieder bemerkt.»

«Ich muß zu ihr gehen», sagte Alboin leise, mehr zu sich selbst als zu Helmichis. «Muß ihr erklären, wie alles gekommen ist. Daß ich nicht mehr bei Sinnen war und kaum noch wußte, was ich tat. Daß ich aus Ärger, weil sie das Fest verlassen wollte, den Pokal kommen ließ ... oh, dieser Pokal! Ich werde ihr sagen, ich hätte tatsächlich vorgehabt, ihn vergraben zu lassen, doch wegen des Krieges und der Belagerungen hätte ich es vergessen ... einfach vergessen, den Befehl zu geben. Sie soll wissen, daß ich alles bereue! Ich werde sie bitten, mir zu vergeben! Werde zu jeder Buße bereit sein, die sie mir auferlegt. Ja, ich muß zu ihr, mich ihr zu Füßen werfen! Jetzt gleich!» rief er aufspringend.

«Davon rate ich dir entschieden ab, mein Vetter und König!» sagte Helmichis, indem er sich aus Respekt gleichfalls erhob.

«Warum?»

«Willst du so zu deiner Gemahlin gehen?»

Alboin blickte an sich herab.

«Natürlich nicht. Ich bade vorher. Kleide mich um.»

«Aber dann willst du zu ihr hereinstürmen und sie erschrecken.»

«Ich werde demütig vor sie hintreten.»

«Und sie wird schreiend vor dir fliehen!»

«Was sagst du? Sie wird ...?»

«Sie wird glauben, den Teufel selber zu sehen.»

«Den Teufel? In mir?»

«Das Entsetzen, das du ihr heute nacht eingejagt hast, wird immer noch wirken. Zumal dies ja nicht die erste Gewalttat war, die du gegen sie verübt hast.»

«Das andere ist doch lange her!» wehrte Alboin ab. «Sie hat es vergessen! Sie denkt nicht mehr daran, das hat sie mir gerade erst noch versichert!»

«Vergessen hat sie es trotzdem nicht. Wie könnte sie auch? Und der Trunk aus dem Schädelpokal mußte sie ja erst recht an alles erinnern. Daß du es selber warst, der vor ihren Augen den Kopf abschlug, aus dem der Pokal dann gemacht wurde. Und daß du sie unmittelbar danach – noch am Tage der Schlacht, die ihr Volk vernichtete – als Gefangene in dein Bett warfst.»

«Sie ist meine rechtmäßige Gemahlin geworden, Königin der Langobarden!» rief Alboin, den die Notwendigkeit, etwas tun zu müssen, wieder mit Leben erfüllte. «Ich habe sie auf den höchsten Gipfel erhoben!»

«Und sie wird glauben, daß das nur Trug war», erwiderte Helmichis unbeeindruckt. «Denn heute nacht wurde sie von dir wie die letzte Sklavin behandelt.»

«Aber sie weiß doch, daß ich sie liebe!»

«Im Augenblick weiß sie nur eines: daß du genauso wie früher bereit und imstande bist, ihr die schlimmsten Verletzungen zuzufügen. Sie hat nur noch Angst vor dir, Alboin, nackte Angst! Und wer weiß, welche Folgen der Schreck haben würde, den dein plötzlicher Anblick verursachen muß. Vielleicht die Ausführung eines Entschlusses ...»

«Eines Entschlusses?»

«Zu dem sie sich heute nacht, als sie auf dem Dach an den Zinnen stand, noch nicht durchringen konnte.»

«Du meinst ...?»

Der König sah seinen Vetter betroffen an.

Helmichis nickte bedeutsam.

Alboin ballte die Fäuste und machte, den Kopf gesenkt, ein paar ziellose Schritte auf und ab. Dann blieb er vor Helmichis stehen, blickte ihm unsicher in die Augen und fragte:

«Aber was soll ich jetzt machen? Was kann ich unternehmen, um sie zurückzugewinnen? Vielleicht eine Lustfahrt auf der Etsch? Oder festliche Spiele in der Arena? Irgend etwas, das sie zerstreut, ihre Ängste vertreibt ...»

«Ich fürchte, daß ihr jetzt kaum nach weiteren Festen und Lustbarkeiten der Sinn steht», entgegnete Helmichis. «Wenn ich dir aber einen Rat geben darf ...»

«Ja, rate mir!» rief der König erfreut. «Du kennst sie besser als jeder andere. Was soll ich tun?»

«Du solltest noch heute Verona verlassen.»

«Verona verlassen?» wiederholte Alboin überrascht.

«Und ohne ihr vorher mein Bedauern, meine Reue, meine ungebrochene Liebe ...»

«Nichts davon. Beeile dich mit dem Aufbruch und vermeide, sie vorher noch zu sehen.»

«Wie? Ich soll ohne Abschied ...?»

«Ohne Abschied und für mehrere Wochen. In einigen Städten ist es, wie Cleph ja gerade erwähnte, zu Aufständen gegen unsere Garnisonen gekommen. Man hat sie zwar nicht verjagt, das ist übertrieben, aber sie halten sich nur mit Mühe. Mach ihnen Mut, bringe ihnen Verstärkung! Mit deiner Gegenwart wirst du auch die Unruhestifter einschüchtern. In ein paar Wochen hat sich die Lage beruhigt, und inzwischen ...»

«Inzwischen?»

«... wird sich die Königin erholt haben und wieder imstande sein, dir entgegenzutreten, ohne noch Furcht und Ekel zu empfinden.»

«Wenn du doch recht hättest!»

«Voraussetzung wird allerdings sein ...»

«Nun?»

«Ich meine», sagte Helmichis gedehnt, nach einer absichtsvollen Pause, «Voraussetzung dafür wird sein, daß sie in dieser Zeit nicht nur sich selbst überlassen bleibt. Frauen neigen dazu, sich ihrem Schmerz, ihrer Angst und Verzweiflung auszuliefern, weil sie ja von Natur aus zum Leiden bestimmt sind. Man muß sie deshalb an die Hand nehmen und aus den Niederungen ihrer unguten, falschen Gefühle herausführen. Die Königin ist aber nur von Weibern umgeben, ihren Zofen und einer alten Verwandten. Dazu kommen noch ein paar Pfaffen, die ja auch keine richtigen Männer sind. Von allen diesen Personen ist wenig Hilfreiches zu erwarten. Benötigt wird deshalb ein Mann, der sich mit Wärme und Überzeugungskraft zu deinem Fürsprecher macht. Der ihr hilft, dich wieder zu sehen, wie du bist, mein Vetter und König: in deiner Größe, deiner Güte und deinem Edelsinn. Dem es gelingt, die dunklen Flecke zu entfernen, ehe sie, wie du es hier auf einigen Wandbildern siehst, sich ausbreiten und das Ganze verderben.»

«Du hast recht mit deinem Vergleich!» sagte Alboin, der dieser Darlegung aufmerksam gefolgt war. «Das Bild, das sie von mir hatte und das nun befleckt ist, muß wiederhergestellt werden. Dann wird sie mich so lieben wie vorher.»

«Bestimme den Mann für diese Aufgabe, ehe du dich auf den Weg machst.»

«Er ist schon bestimmt. Wer anders könnte es sein als du selbst, mein Helmichis?»

Der Schönling schüttelte den Kopf.

«Du ehrst mich damit, doch du vergißt, wo mein Platz ist. Wenn du ausrückst, gehöre ich als dein Schildträger an deine Seite.»

«Als Schildträger wirst du zu ersetzen sein, als Fürsprecher nicht. Ich weiß zu schätzen, daß du schon früher bei ihr für mich gewirkt hast. Das war in der ersten Zeit, als sie meine Gemahlin geworden, aber noch fremd bei uns war. Du hast ihr geholfen, sich zurechtzufinden und ihre Ängste zu besiegen. Hilf ihr auch diesmal, ich vertraue dir!»

Alboin umarmte Helmichis gerührt und drückte den Kopf an seine Schulter. Dabei entging ihm das zufriedene Lächeln, das der Vetter auch diesmal mit der geübten, Höflingen eigenen Leichtigkeit wieder ersterben ließ.

«Ich werde alles tun, was dir nützt», erwiderte er bescheiden, «und dir dienen, wie ich dir immer gedient habe.»

«Ausgezeichnet!» rief der König, dem die Zuversicht, aus seiner Notlage einen Ausweg gefunden zu haben, endgültig die Tatkraft zurückgab. «Ich werde also tun, was du vorschlägst, und heute noch aufbrechen. Arichis wird mich begleiten, und Peredeo mag bis zu meiner Rückkehr noch hierbleiben und den Palast bewachen. Rufe die Hundertschaftsführer zusammen! Den Troß soll Willrich übernehmen, der Gote. So schnell wie möglich muß alles marschbereit sein. Und man soll mir endlich ein Frühstück bringen!»

Es war bereits Nachmittag, als sich die Königin von ihrem Lager erhob. Nachdem sie stundenlang in einem unruhigen Dämmerzustand gelegen hatte, war sie kurz vorher endlich eingeschlafen. Doch der vom Palasthof heraufdringende Lärm hatte sie aufgeschreckt. Sie warf ihr Hemd über und trat an eines der großen Bogenfenster. Vorsichtig, um nicht gesehen zu werden, hielt sie sich hinter der Wand und blickte hinunter. Offenbar sammelte sich ein Heerhaufen. Bewaffnete eilten herbei, Knechte führten gesattelte Pferde vor. Hundertschaftsführer, an ihren leuchtenden Helmbüschen kenntlich, sprengten umher und brüllten Kommandos.

Rosamunde öffnete die Tür zum Wohngemach, wo gleich zwei Kammerfrauen, die auf ihr Erwachen gewartet hatten, herbeistürzten. Von den beiden erfuhr sie, daß plötzlich ein Marschbefehl ergangen sei und der König die Residenz verlassen werde. Über den Zielort war nichts zu erfahren gewesen. Der Königin fiel gleich auf, daß die Frauen, während sie ihre Fragen beantworteten, mitleidig auf ihren Mund starrten. Rasch bestellte sie ein Bad und einen Becher mit Limonade und zog sich zurück.

Sie warf sich wieder auf das Bett und langte den silbernen Handspiegel von der Kleidertruhe. Doch sie fürchtete sich, gleich hineinzusehen. Vorsichtig strich sie erst einmal mit der Hand über ihr Gesicht. Es gab eine Schwellung über der rechten Oberlippe, die Zähne dahinter waren gelockert und schmerzten bei der Berührung. Die an dieser Seite stark geschwollene Zunge wies eine fühlbare Bißwunde auf. Der Mundwinkel war etwas eingerissen und mit verkrustetem Blut bedeckt. Auch am Kinn, auf der linken Seite, ertastete die Hand eine schmerzhafte Stelle.

Nun erst wagte Rosamunde den Blick in den Spiegel. Sie sah lange prüfend hinein und war dann ein wenig erleichtert. Die Schwellungen würden nach ein paar Tagen zurückgehen, die Wunde am Mund würde heilen. Zum Glück war kein Zahn herausgebrochen, und die Schmerzen waren erträglich. Ihr Gesicht war sehr blaß und noch mit Spuren verschmierter und zerlaufener Schminke bedeckt, die am Morgen nicht entfernt worden war. Sie wunderte sich ein wenig, daß sie, als sie sich – schon bei Tageslicht – niederlegte, überhaupt nicht an ihr Gesicht gedacht hatte.

Calvina, die erste Kammerfrau, kam mit der Limonade, und hinter ihr schleppten zwei Mägde den Zuber mit warmem Wasser herein. Rosamunde benutzte gewöhnlich das römische Bad im Untergeschoß des Palastes, wo es eine für sie reservierte Abteilung gab. Doch Aufsehen, das sie nicht wollte, wäre dort nicht zu vermeiden gewesen, und so kehrte sie zu ihrer alten Gewohnheit zurück. Sie ließ ihr langes, üppig gelocktes rotes Haar über dem Kopf zusammenbinden, zog das Hemd wieder aus und stieg in den Zuber.

Entgegen ihrer Gewohnheit nahm sie sich aber für

das Bad nicht viel Zeit. Sonst konnte sie Stunden im warmen Wasser verbringen und dabei mit ihren Frauen plaudern oder sich von Calvina vorlesen lassen. Jetzt wusch sie nur sorgfältig ihr Gesicht und ließ sich dann abtrocknen und mit Nardenöl einreiben. Im Unterkleid setzte sie sich auf einen Hocker in Fensternähe und begann selber, während ihr eine Magd den Spiegel vorhielt, Bleiweiß und eine rotgetönte Schminke aufzutragen. Notwendig wäre zwar eine heilkräftige Kräutersalbe gewesen, doch sie wollte nicht zeigen, daß sie verletzt war und sich nicht mit schwarzen oder grünen Flecken verunzieren. So nahm sie mehr Schminke als gewöhnlich, um die Schwellungen zu überdecken. Ihre infolge der durchwachten Nacht noch immer geröteten Augenränder behandelte sie besonders gründlich. Sie zog einen dicken Lidstrich und schwärzte Wimpern und Brauen. Dann tönte sie noch die Schläfen und stäubte Glimmer über die Wangen, was der Haut einen matten Glanz verlieh. Zum erstenmal machte sie alles von Anfang bis Ende allein, und sie hatte auch niemals zuvor so kräftig aufgetragen. Als Germanin hatte sie anfangs sogar über die Schminksucht der hiesigen Damen gespottet und erst allmählich, unter dem Einfluß Calvinas, Geschmack an der Sache gefunden. Ihre graugrünen Augen musterten kühl und streng das Spiegelbild, das ihr entgegensah, ein schönes, ovales, feingezeichnetes, doch etwas fremdartiges und maskenhaftes Gesicht. Aber gerade das letztere befriedigte sie, denn sie fand, es paßte von diesem Tag an zu ihr.

Dann ließ sie sich von Calvina frisieren. Sie trieb die Zofe zur Eile an, weil sie fertig sein wollte, wenn der König kam. Noch wußte sie nicht, was von diesem überraschenden Aufbruch zu halten war, und sie konnte sich auch noch nicht entscheiden, ob sie darüber erfreut oder unzufrieden sein sollte. Die Inspektion der Garnisonen war ursprünglich erst in drei Wochen vorgesehen, für ihre Vorverlegung mußte es einen zwingenden Grund geben. War dies nur ein militärischer? Rückte der König aus, weil er sich in einer anderen Stadt noch unbekümmerter seinem Vergnügen hingeben konnte? Oder handelte es sich, was am nächsten lag, um eine Flucht aus Scham über die scheußliche Freveltat, die er begangen hatte? Rosamunde nahm sich vor, kühl und wortkarg zu sein, war aber sicher, daß sein Verhalten ihr verraten würde, welcher der drei Gründe zutreffend war. Nicht ausgeschlossen schien es ihr, daß es sogar einen vierten gab: Furcht. Dieser Gedanke löste ein wenig die Spannung, die sie beherrschte, und entlockte ihr, erstmals an diesem Tag, ein dünnes Lächeln.

Als sie dabei in den Spiegel sah, wurde sie auf Calvina aufmerksam, die sich von hinten über sie beugte, mit Kamm und Haarnadeln hantierend. Die Veroneserin, siebenundzwanzig Jahre alt wie sie selbst, war ihre Vertraute, meist schwatzten sie miteinander, besprachen ausführlich den Hofklatsch, die Vorgänge in der Stadt, die neueste Mode und alle möglichen Nichtigkeiten. An diesem Nachmittag hatten sie bisher nur ein paar Worte gewechselt, die nötigen Verrichtungen betreffend. Die Königin war mit ihren Gedanken beschäftigt und hatte keine Lust zu reden, schon gar nicht über das Fest. Nun bemerkte sie plötzlich, daß wohl auch ihre Zofe ein Kummer plagte. Calvinas Augen waren verweint.

«Was hast du?» fragte Rosamunde.

«Ach, es ist nichts!» sagte Calvina rasch.

«Du hast doch nicht ohne Grund geweint. Warum willst du ihn mir nicht anvertrauen?»

«Du bist selber von Sorgen und Schmerzen gebeugt. Wie könnte ich dich an einem solchen Tag mit den meinigen belästigen?»

«Oft haben wir uns doch schon gegenseitig getröstet. Nun rede! Was ist es?»

«Es geht um Peredeo», sagte Calvina nach einem tiefen Seufzer. «Er wird als Kommandant der Leibwache abgelöst. Arichis soll seinen Posten bekommen, ihn aber schickt der König in irgendein Bergnest an der Grenze. Gerade hat er es erfahren.»

«Das ist eine Neuigkeit, in der Tat», bemerkte die Königin. «Es muß Peredeo schwer getroffen haben. Aber was wird nun aus dir? Willst du ihm etwa dorthin folgen?»

«Er stellt es mir frei. Wir wollten ja heiraten, aber er sagt, er könne mir das nicht zumuten, und es hängt natürlich vor allem von dir ab. Wenn du mich hier in Verona brauchst ...»

«Du weißt, wie schwer ich dich entbehren kann. Aber natürlich würde ich dich nicht zurückhalten. Ich weiß ja, ihr liebt euch.»

«Wie ungern würde ich selber fortgehen! Von dir, vom Hof, von meiner Familie. Ich bin das Leben in der Stadt gewöhnt ... kann mir kaum vorstellen, daß ich es in den Bergen aushalten würde. Warum tut uns der König das an? Diese himmelschreiende Ungerechtigkeit! Peredeo hat ihm doch treu gedient und immer seine Pflichten erfüllt. Er gilt als der tapferste Mann im Heer. Wofür wird er bestraft? Warum wird unsere Zukunft zerstört?»

Calvinas dunkle Augen füllten sich wieder mit Tränen, die ihr gleich darauf über die Wangen rollten. Die hübsche, aus dem ritterlichen Munizipaladel stammende Witwe eines byzantinischen Offiziers, nach dem Einmarsch der Langobarden plötzlich mittellos und froh, im Hofstaat der Königin untergekommen zu sein, hatte gehofft, über Peredeo wieder eine ihrer Geburt und Erziehung angemessene Stellung zu gewinnen. Gerade noch hatte sie davon geträumt, demnächst Herzogin von Spoleto zu sein, und nun waren alle Träume und Pläne zunichte.

«Soll Peredeo sofort in die Bergfestung gehen?» fragte die Königin.

«Nicht sofort. Erst wenn Herr Alboin zurückkehrt. In zwei, drei Wochen, wie es heißt. Arichis wird ihn begleiten. Peredeo soll solange noch die Palastwache kommandieren.»

«Dann ist ja vielleicht noch nicht alles verloren. Der König könnte ja seinen Sinn ändern.»

«Das wird er kaum tun», widersprach Calvina. «Es kam heute mittag zum Streit. Peredeo war so erbittert, daß er sich zu heftigen Äußerungen hinreißen ließ. In Gegenwart mehrerer Herren warf er dem König Willkür, Neid und Eifersucht vor. Und dann noch ...»

«Und dann noch?»

«Nun ... was heute nacht passiert ist.» Calvina schwieg und widmete sich dem Schleier, den sie mit zwei goldenen Haarnadeln befestigte. Sie war nicht sicher, ob es der Königin schon genehm war, über die Vorkommnisse auf dem Fest zu reden.

Doch Rosamunde merkte auf, wandte den Kopf und sah die Kammerfrau groß an.

«Das hat Peredeo ihm vorgeworfen? Er hat es gewagt?»

«Ja. Und nun glaubt er, daß er endgültig in Ungnade ist. Daß ihm Herr Alboin das nie verzeihen wird.»

«Ich fürchte, damit hat er recht. Es tut mir sehr leid

um euch beide. Wenn ich nur etwas für euch tun könnte.»

«Oh, Herrin, wir wären dir ewig dankbar! Wir ...»

Calvina wurde unterbrochen, weil eine andere Zofe eintrat.

«Herrin ...»

«Ist er da?» Rosamunde erhob sich rasch und ließ sich in das lange, vorn offene Übergewand helfen. «Ist mein Gemahl gekommen? Wartet er?»

«Nein. Es ist nur Herr Helmichis.»

«Helmichis? Hat er gesagt, was er ...»

«Er sagt, er komme im Auftrag ...»

«Im Auftrag des Königs?»

«Ja. Weil der ... weil der schon fort ist.»

«Schon fort?»

«Er ist eben über die Brücke geritten.»

Rosamunde schwieg betroffen. Sie trat rasch an das Fenster und sah hinunter. Gerade verließen die letzten Reiter der königlichen Gefolgschaft den Palasthof.

«Das ist doch nicht möglich!» murmelte sie. «Er verschwindet, ohne ...» In ihren Augen glühte plötzlich ein Haßfunke auf, sie ballte die Fäuste. Doch gleich darauf beherrschte sie sich und seufzte, als sei sie nur ein wenig enttäuscht.

«Er glaubte wohl, daß ich noch schliefe», sagte sie. Und zu der eingetretenen Zofe gewandt: «Ich komme. Unser Vetter soll warten!»

Sie legte ihren Gürtel um, und Calvina kniete neben ihr, um das Übergewand eine Handbreit unter der Schnalle mit zwei großen silbervergoldeten Bügelfibeln zuzustecken. Die Kammerfrau wagte jetzt nicht, auf das Gespräch und ihre Angelegenheit zurückzukommen. Die Königin hatte den Kopf gehoben, und mit halbgeschlossenen Lidern starrte sie unverwandt geradeaus, offenbar angestrengt nachdenkend. Erst nach einer Weile fragte sie unvermittelt, wie beiläufig:

«Trefft ihr euch eigentlich immer noch dort im Hain, bei der Tempelruine?»

«Peredeo und ich? Ja ... das heißt, sooft es uns möglich ist.» Die junge Witwe war etwas geniert. «Es hat ja keiner von uns ein eigenes Haus. Bei meinen Verwandten ist es eng ...»

«Und heute? Würdest du ihn auch heute gern sehen?»

«Wenn du mir freigibst ... natürlich! Ich hätte dich noch darum gebeten. Es wäre gut, er ist sehr niedergeschlagen, benötigt Zuspruch. Wenn ich mich nicht um ihn kümmere, geht er vielleicht in die Schenken, trinkt, verprügelt jeden, der im Weg steht. Am Ende wird er dabei noch umgebracht.»

«Ja, du hast recht. Du solltest ihm beistehen. Zum Brettspiel bin ich heute nicht aufgelegt. Ich werde nur noch ein wenig auf der Terrasse Luft schöpfen und mich dann gleich wieder hinlegen. Du darfst den Palast heute nacht verlassen.»

«Ich danke dir!» sagte Calvina freudig. «Glaubst du, daß es noch Hoffnung gibt? Ich meine, für uns ...»

Rosamunde sah sie mit einem seltsamen Lächeln an.

«Hoffnung? Das ist der Trost der Schwachen. Die anderen unternehmen etwas.»

Ehe jedoch die Kammerfrau noch eine Frage stellen konnte, war die Königin an der Tür.

Helmichis verbeugte sich bei ihrem Eintritt mit der ernsten Miene eines Mannes, der einen unangenehmen Auftrag zu erfüllen hat. Es fiel ihm schwer, doch es gelang ihm vollkommen, die Freude zu verbergen, die er tatsächlich empfand. Beim Heraufsteigen zu den Gemächern der Königin hatte er sich noch einmal strengste Zurückhaltung befohlen. Er durfte gerade jetzt keinen Fehler machen, da er dem Ziel seiner Wünsche so nahe war. Er war ein Mann mit beschränktem Verstand, doch als von den edelsten Frauen umschwärmter Schönling wußte er genug vom andern Geschlecht, um auf die Empfindsamkeit und Verletzbarkeit hoher Damen Rücksicht zu nehmen. Zu der Wunde, die Alboin seiner Gemahlin geschlagen hatte, würde noch eine weitere kommen, wenn er jetzt seine Genugtuung grob zur Schau stellte. Mit allen Finessen der Verstellungskunst, zu der er von Natur begabt war und in der er sich in den vier Jahren des Aufenthalts in Italien stark vervollkommnet hatte, galt es jetzt, die bisher uneinnehmbare, nun aber schwer erschütterte Festung sturmreif zu machen.

«Ich komme mit einer Nachricht, die dir keine Freude bereiten wird, Königin», sagte er, nachdem die Begrüßungsworte getauscht waren. «Dein Gemahl ist dem Ruf der Pflicht gefolgt und aufgebrochen, um in ein paar unbotsamen Städten die Ordnung wiederherzustellen. Die Sache duldet keinen Aufschub, aber er wollte deine Ruhe nicht stören. Deshalb trug er mir auf, dir seinen Abschiedsgruß zu überbringen. Hätte er gewußt, daß du dich schon vom Lager erhoben hattest ...»

«Er zieht es vor, mir aus dem Weg zu gehen!» unterbrach ihn die Königin. «Hat man ihm dazu geraten, oder war es sein eigener Entschluß?»

Einen Augenblick war Helmichis aus der Fassung gebracht. Er fragte sich, ob es wirklich nötig war, den Umweg zu machen, den er eingeschlagen hatte. Sie waren allein in dem geräumigen Wohngemach mit den fünf hohen Bogenfenstern. Er blickte unsicher in das maskenhaft geschminkte Gesicht Rosamundes, aus dem sich jedoch nichts ablesen ließ. Außerstande, so schnell zu entscheiden, ob jetzt vielleicht erst einmal ein Wort der Empörung oder eine Geste des Mitgefühls vorteilhaft wären, beschloß er fortzufahren – vorsichtig, wie er begonnen hatte.

«Wegen der Unruhe in den Städten hat er selber diesen Entschluß gefaßt. Obwohl es ihm leid tat, dich nicht um Verzeihung bitten zu können. Er bedauert die kleine Mißhelligkeit, die es zwischen euch auf dem Fest gab.»

«Er nannte das eine ‹kleine Mißhelligkeit›?»

«Ja, aber nur, weil er sicher war, daß auch du dem Vorfall nicht mehr Gewicht als nötig beimessen würdest. Er war betrunken, das entschuldigt ihn ja. Ich fand sein Benehmen auch recht arg und drängte ihn, vor dem Ausrücken zu dir zu gehen, sich dir zu Füßen zu werfen und Abbitte zu leisten. Aber er sagte, sie verzeiht mir auch so. Denn, so fügte er hinzu, sie liebt mich und schätzt meine edlen Eigenschaften und wird wegen einer im Rausch begangenen Verfehlung nicht alles vergessen, was sie an mir bewundert. Da konnte ich ihm nicht widersprechen. Ich hatte ja aus deinem eigenen Munde gehört, du seist überzeugt, daß er sich geändert habe. Daß von dem Rohling, der er mal war, nichts mehr übrig sei. So wird er wohl recht haben, dachte ich, und sie wird die dumme Geschichte vergessen. Und ich erbot mich, zu dir zu gehen und dir sein Bedauern auszudrücken.»

«Ist das alles, was er dir auftrug? Sein Bedauern?»

«Er sagte noch, daß er dich bitte, nicht kleinlich zu sein und ihm nichts nachzutragen. Er wolle alles wiedergutmachen und dir Geschenke mitbringen, die dich versöhnen werden.»

Rosamunde wandte sich ab. Mit auf der Brust verschränkten Armen, die Hände in den weiten Ärmeln des Übergewands, trat sie an eines der Fenster. Obwohl sie Helmichis gut genug kannte und nicht vergaß, daß er sonst keine Gelegenheit ausließ, seinen königlichen Verwandten vor ihr herabzusetzen, erschien ihr glaubhaft, was er sagte. Es war Alboin durchaus zuzutrauen, daß er den grausamen Schimpf, den er ihr angetan hatte, ohne das Bewußtsein von Schuld zu einer Bagatelle herabredete, zu einem etwas verunglückten Scherz, zu einem germanischen Gelagespaß, verübt im Zustand vorgeschrittener Trunkenheit. Er entfernte sich aus Verona nicht seines schlechten Gewissens wegen, sondern weil er keine Lust hatte, Vorwürfe anzuhören und ehelichen Unfrieden zu ertragen. Er glaubte, wenn er nach ein paar Wochen zurückkehrte, würde sie sich beruhigt haben, und alles würde wieder wie vorher sein.

Bei diesem Gedanken hätte sie aufschreien mögen. Es kostete sie die größte Willensanstrengung, vor Helmichis nicht die Beherrschung zu verlieren, gerade vor ihm nicht.

«Ich will versuchen, die Erwartungen meines Gemahls nicht zu enttäuschen», sagte sie in sarkastischem Ton, sich dem Vetter des Königs wieder zuwendend. «In der Tat ... was ist schon passiert? Ich habe nur aus einem Pokal getrunken, aus dem mir der Wein nicht recht munden wollte. Und der Nachgeschmack liegt mir noch auf der Zunge.»

«Wie sollte es anders sein!» sagte Helmichis.

«Übrigens tat ich dir unrecht», fuhr sie fort. «Er behauptete, das Gefäß sei vergraben, und ich glaubte es und bezichtigte dich der Lüge. Verzeih!»

«Sei versichert, es wäre mir lieber, du hättest recht gehabt, und ich stünde als Lügner da.»

«Dabei unterstellte ich dir auch noch häßliche Gründe: Schmähsucht und Neid.»

«Das geschah nur im Eifer. Du hast verteidigt, was du für wahr hieltest.»

«Jedenfalls bin ich nun deine Schuldnerin. Für diese Ungerechtigkeit.»

«Es genügt schon, daß du mir wieder Vertrauen schenkst.»

«Du hast mehr verdient. Und ich bin bereit, es zu geben!»

Sie trat vor ihn hin und sah ihm mit einem ernsten, prüfenden Blick in die Augen. Eine Blutwelle schoß ihm ins Gesicht.

«Königin», sagte er verwirrt. «Du weißt seit langem, was ich begehre!»

«Ich fürchte, was du begehrst, ist zuwenig.»

«Zuwenig?»

«Doch wir sollten darüber in Ruhe reden. Ich bin heute abend hier allein. Gleich nach Sonnenuntergang erwarte ich dich.»

Sie nahm eine der blonden Haarlocken, die bis auf seine Schultern wallten, und ließ sie spielerisch durch ihre Finger gleiten. Er ergriff ihre Hand und wollte sie mit Küssen bedecken. Doch sie entzog sie ihm und gab ihm ein Zeichen, daß er sich nun entfernen möge.

Träge Ruhe lastete an diesem schwülwarmen Nachmittag über Verona. Selbst auf dem Forum, zwischen den Buden und Tischen der Händler und Landleute, schien das sonst so quirlige Leben versiegt zu sein. Vereinzelt trieben Kähne auf der Etsch. In den weißen, von Gärten umgebenen Häusern am Ufer waren die Sonnensegel über die Dachöffnungen gespannt. Nur ein paar Eselskarren sah man von oben auf der Hauptstraße. Gaukler, Würfler und Straßenhändler hatten sich in den Schatten der Bäume verzogen. In dem Armenquartier um das alte Stadttor krochen Gestalten, die vom Palast aus nur noch wie Ameisen wahrgenommen wurden, über die Ruinen vom letzten Großbrand.

An der gewohnten Stelle des Umgangs, zwischen zwei Zinnen auf die Mauer gestützt, blickte Rosamunde hinunter. Sie stand im Schatten der Treppe zur oberen Plattform, und es war zwischen den Steinen sogar angenehm kühl. Hier oben herrschte fast vollkommene Stille. Nur der Schritt des Wächters, der in respektvoller Entfernung auf und ab ging, war manchmal zu hören.

Schon weit in der Ferne, hinter dem großen Amphitheater und jenseits der Stadtmauer, verschwand allmählich wie ein metallisch glänzender Wurm die langobardische Militärkolonne. Sie bewegte sich sehr langsam und würde wohl bis zum Einbruch der Dunkelheit nur wenige Meilen zurücklegen. Aber der König zog in dieser Nacht ein Lager auf freiem Feld der Bequemlichkeit seines Palastes vor.

Rosamunde war jetzt sicher, daß sie darüber froh sein mußte. Was sie vorhatte, brauchte Zeit. Mit Hast und Überstürzung war nichts zu erreichen. Durch seine Abwesenheit ermöglichte er eine gründliche, störungsfreie Vorbereitung. Und es war keine Gefahr, daß seine erdrückende Gegenwart alles in Kleinmut, Zweifeln und Angst erstickte.

In der Nacht, als sie den Entschluß gefaßt hatte, war ihr nur eines wichtig gewesen: alles schnell hinter sich zu bringen. Sie hatte weder die Schwierigkeiten der Ausführung noch die Folgen bedacht. Was danach kommen würde, war ohne Bedeutung. Es war dieselbe Gleichgültigkeit gegenüber der Zukunft, die sie damals in ihrer Hochzeitsnacht empfunden hatte. Und es war auch dieselbe Überschätzung ihres Opfermuts und ihrer Tatbereitschaft.

Immer wieder bewegten sie in diesen Stunden der Gedanke an ihr damaliges Versagen und die Verwunderung darüber, wie sie diese Ehe ertragen konnte. Es mußte wohl eine starke, tiefe Zuneigung gewesen sein, die ihre Haßgefühle gedämpft und schließlich sogar unterdrückt hatte. Anders war vieles nicht erklärbar, am wenigsten die törichte Hoffnung, der König könne sich wirklich ändern.

Wie war es möglich, fragte sie sich jetzt, daß sie in all den Jahren so vertrauensselig, wundergläubig und müßig – vor allem aber vergeßlich sein konnte? Mußte sie erst so brutal geweckt werden? Mußte sie erst durch eine abscheuliche, skandalöse Gewalttat daran erinnert werden, was ihre Pflicht war?

Die Königin fuhr auf aus ihren Betrachtungen. Lange hatte sie an der Brustwehr gestanden. Der Heerwurm war in der Ferne verschwunden. Die tiefstehende Sonne gab dem Wasser der Etsch, die im schwungvollen Bogen die Stadt zu umarmen schien, einen Goldschimmer. Ein leichter Abendwind kam auf. Im nahen Kloster wurde zur Vesper geläutet.

Rosamunde stieg die kurze Treppe zur oberen Plattform hinauf, wo sie von einer grauhaarigen Frau und einem elfjährigen Mädchen erwartet wurde. Frau Raunhild war unter ihren Verwandten die einzige, die den Untergang des Gepidenreichs überstanden hatte und nun bei ihr am langobardischen Hof lebte. Die über Fünfzigjährige war die Witwe jenes Turismod, des einstigen gepidischen Thronfolgers, den Alboin schon vor zwei Jahrzehnten getötet hatte. Um die Hoffnung, Königin zu werden, früh betrogen, beneidete sie ihre Nichte, die auf einen Thron gelangt war. Sie empfand dies als Ungerechtigkeit des Schicksals und versuchte zum Ausgleich immer wieder, auf anderen Wegen zu Ansehen und Einfluß zu gelangen. Beim König, dem sie nichts nachtrug, stand sie in Gunst, weil sie als erfahrene Intrigantin gelegentlich Interessantes mitteilen konnte, vor allem über die Vorgänge in der Residenzstadt, zu deren einheimischer Oberschicht sie enge Beziehungen unterhielt. Täglich ließ sie sich in ihrer Sänfte kreuz und quer durch die Stadt tragen. An diesem Tag war das Besuchsprogramm besonders umfangreich gewesen, so daß sie erst jetzt, gegen Abend, in den Palast zurückgekehrt war.

Krumm, auf ihren Stock gestützt, saß die kränkelnde Frau unter einem Sonnenschirm. Die Halbwüchsige, die bei ihr hockte, war Albsvinda, ein unansehnliches, spitznasiges Geschöpf, die Tochter Alboins aus seiner ersten Ehe mit einer Frankenprinzessin.

«Ich wollte dich nicht stören», sagte Frau Raunhild, als die Königin herankam. «Als ich dich so in Gedanken versunken an der Brustwehr stehen sah, hielt ich es für besser zu warten. Ich vermute, daß du über sehr ernste und wichtige Dinge nachdachtest.»

«Ich habe nur die Aussicht genossen», erwiderte die Königin, während sie auf dem Ruhebett Platz nahm, das hier immer für sie bereitstand. «Um diese Zeit ist sie besonders reizvoll.»

«Ja, Verona ist eine schöne Stadt, und ihre Bewohner sind dir freundlich gesonnen. Sie lieben und achten ihre Königin. Alle, die gestern auf dem Fest waren, sind voller Mitgefühl für dich und bewundern deine würdige Haltung.»

«Ich hoffe, sie sind auf ihre Kosten gekommen», sagte Rosamunde ironisch. «Ein Schauspiel hatten sie ja schon in Szene gesetzt, und nun bekamen sie sogar noch mehr als erwartet.»

«Du tust ihnen unrecht. Besonders Bassus und seine Frau Gallitta sind untröstlich. Natürlich hatten sie die beste Absicht, sie wollten den König für seine Befreiungstat ehren. Konnten sie ahnen, wie die Sache ausgehen würde? Daß sie dich damit verärgern würden und daß Alboin plötzlich diesen Pokal ...»

«Mir liegt nicht daran, das noch einmal nachzuerleben», unterbrach sie die Königin mit einem gelangweilten Seufzer. «Und Albsvinda hat sicher auch keine Lust dazu.»

«Wenn ich aus dem Schädel meines Vaters Wein trinken müßte», platzte das Mädchen heraus, «würde mir das bestimmt nichts ausmachen!»

«Wie kannst du so Schreckliches behaupten!» rief Frau Raunhild. «Hoffen wir, daß dir so etwas nie widerfährt!»

«Und warum sollte es nicht? Ich habe drei Onkel, und alle sind Könige. Vielleicht rächen sie einmal an ihm meine Mutter!»

«Rächen? Warum denn?»

«Weil sie bei ihm gestorben ist.»

«Aber doch an einer Krankheit», sagte Rosamunde.

«Er hat sie verprügelt, es ging ihr schlecht», beharrte Albsvinda trotzig. «Wer weiß, wie sie wirklich zu Tode kam. Er konnte sie ebensowenig leiden wie mich. Jedesmal, wenn er mich sieht, wird er gleich wütend. ‹Du bist ja noch immer nicht größer!› sagt er dann. ‹Wann kann ich dich nur endlich verheiraten! Aber ein anderer als ein Sklavenierhäuptling wird dich wohl nicht haben wollen!› So redet er, und dann geht er weiter. Er behandelt mich auch so schlecht wie dich ...»

Die Königin strich ihr über das Haar. Sonst war Albsvinda eher verschlossen und auf ihre schöne Stiefmutter eifersüchtig. Es war offensichtlich, daß sie nun, da sie plötzlich in ihr eine Leidensgefährtin sah, ihre Nähe suchte.

«Dein Vater wird einen guten Mann für dich finden, einen mächtigen König», sagte Rosamunde. «Aber mach dir jetzt darüber keine Gedanken.»

«Ehe ich zu den Sklaveniern gehe, fliehe ich!» erklärte Albsvinda. «Und dann besuche ich meine Onkel im Frankenreich. Wenn ich denen erzähle, was hier geschieht, werden sie gleich so wütend, daß sie ...»

«Wir wollen Gott lieber bitten, daß es nicht wieder zum Krieg kommt», sagte die Königin sanft. «Geh jetzt und verrichte dein Abendgebet. Es ist Zeit dazu.»

Sie küßte Albsvinda, was sie nur selten tat. Das Mädchen umarmte sie und verschwand dann gehorsam.

«An die Frankenkönige will sie sich wenden», bemerkte Frau Raunhild mit einem trockenen Lachen. «Wahrhaftig, das sind die Beschützer der Frauen! Schlimme Geschichten hört man von ihnen. Vier Jahre ist es erst her, daß Chilperich diese Gotin aus Toledo, seine Ehefrau, umbrachte. Vorausgegangen waren endlose Quälereien. Sie wagte nicht aufzubegehren und duldete es. Was hätte sie denn auch tun können ... als Fremde? Also litt sie so lange, bis sie tot war.» Frau Raunhild machte eine Pause und warf aus ihren schmalen Katzenaugen einen lauernden Blick auf Rosamunde.

Die Königin seufzte nur und schwieg.

«Hier in Italien dagegen», fuhr Raunhild fort, «sind die Frauen aus anderem Holz. Ein Kaiser, der es zu arg trieb, wurde von seiner Gemahlin vergiftet. Eine andere gehörte zu den Verschwörern, die den Wüterich schließlich umbrachten. Das haben mir die Leute erzählt ...»

Wieder schwieg sie und wartete. Rosamunde wußte, wovon die Rede war, sie kannte die Schriften des Sueton. Aber sie tat ihrer Tante nicht den Gefallen, den gattenmordenden Kaiserinnen ihre Sympathie zu bekunden. Statt dessen sagte sie in überzeugendem Tonfall:

«Das war in heidnischen Zeiten, und diese Frauen konnten nur so handeln, weil sie keinen Gott hatten, der ihnen beistand.»

«Ich hörte schon, daß du die halbe Nacht in der Kapelle verbracht hast», sagte Raunhild ein wenig enttäuscht. «Und? Hat es dir über den Schrecken hinweggeholfen?»

«Der Herr hat mir in seiner unendlichen Gnade einen Weg gewiesen», sagte Rosamunde mit einem Augenaufschlag zum Himmel. «Ich weiß, wo ich künftig Zuflucht finde.»

«Zuflucht? Was heißt das? Du willst doch nicht etwa fort? Wohin denn?»

«Willst du wissen, worüber ich nachgedacht habe, als ich dort an der Brustwehr stand? Über das Leben einer heiligen Frau. Sie war Königin wie ich, doch es gelang ihr, aus dem häßlichen, erniedrigenden Dasein am Hofe zu entkommen – in die reine Welt der vorweggenommenen Himmelsfreuden.»

«Sprichst du von der, die dem König Chlothar davonlief, dem Großvater unserer Kleinen, und die dann ein Kloster gründete?»

«Ja, ich spreche von Radegunde. Ihr Schicksal ähnelt dem meinen ein wenig. Als die Franken das Thüringerreich eroberten, wurde sie, die Tochter eines ihrer Könige, als Gefangene fortgeschleppt. Der Eroberer, dieser Chlothar, bestimmte sie zu seiner Gemahlin, doch sie war noch ein Kind, und so ließ er sie großziehen und wartete, bis sie ins heiratsfähige Alter kam. Von Priestern und frommen Frauen geleitet, fand sie in dieser Zeit zu Gott, und als sie schließlich Königin wurde – eine von mehreren, wie dort üblich –, erschien ihr das als ein großes Unglück. Sie verabscheute das eitle, sinnentleerte, von Eifersucht, Intrigen und Machtkampf erfüllte Leben am Hof. Die Gefühllosigkeit und Grobheit ihres Gemahls ertrug sie nur mit dem größten Widerwillen. Eines Tages beging er eine grausame Ungerechtigkeit. Aus geringfügigem Anlaß ließ er ihren Bruder, der mit ihr gefangen war, hinrichten. Da brach sie bei Nacht und Nebel auf und eilte von Soissons nach Noyon zum dortigen Bischof Medard. Und sie brachte den heiligen Mann dazu, sie trotz der Drohungen des Königs, der sie zurückhaben wollte, zur Nonne zu weihen. Und der König wagte es nicht, dagegen aufzubegehren und überließ ihr sogar ihre Morgengabe. So hatte sie die Mittel, ein Kloster zu bauen, wo sie heute als einfache Nonne lebt und im Dienste des Herrn gute Werke tut. Was für ein wundervolles, erfülltes Dasein ...» Rosamunde schloß die Augen und verharrte in völliger Reglosigkeit.

Frau Raunhild hatte mit wachsendem Staunen zugehört. Sie war so oberflächlich bekehrt wie die meisten Germanen, ihre Frömmigkeit war nicht sehr tief. Auch der vierjährige Aufenthalt im christlich geprägten Italien hatte daran nicht viel geändert. Sie kniete selten vor einem Altar, verwahrte aber in ihrer Truhe einige grob geschnitzte Idole, die sie nachts als Wächter um ihr Bett stellte.

«Aber was bedeutet das?» fragte sie, als sie sich von ihrer Überraschung erholt hatte. «Du willst dieser Radegunde doch nicht etwa nacheifern?»

«Nein, das könnte ich nicht», erwiderte die Königin mit einem bescheidenen Lächeln. «Dazu bin ich noch nicht berufen. Aber mein Leben von Grund auf zu ändern ... dazu fühle ich mich imstande.»

«Und wie stellst du dir das vor? Was soll künftig in deinem Leben anders werden?»

«Ich würde mich gern von Zeit zu Zeit in ein Kloster zurückziehen. Vielleicht zu längeren Aufenthalten. Dort in Demut einfache Arbeiten verrichten. Und beten ... für meine Seele und für die meines Gemahls. Ich weiß, er ist im Grunde gütig und freundlich. Deshalb habe ich ihm verziehen, was er mir heute nacht angetan hat. Ich will aber auch, daß Gott ihm verzeiht. Und nicht nur dies, sondern auch alles andere, seine früheren Taten. Er selbst ist nicht so stark im Glauben, deshalb werde ich für ihn Buße tun. Trotz allem liebe ich ihn, und will, daß wir einst auch im Himmel vereint sind!»

Rosamunde fuhr mit der Hand über ihre Augen, als wische sie Tränen fort, und erhob sich.

«Es ist Zeit für die Abendandacht», sagte sie.

Frau Raunhild sah ihr mit einem Blick nach, in dem sich Verwunderung und Skepsis mischten.

Calvina verließ den Palast bei Beginn der Dämmerung. Sie ging an der Mauer entlang und erreichte dann einen schmalen Weg, der leicht ansteigend durch ein Wäldchen von Zypressen, Steineichen und Judasbäumen führte. Schon nach knapp dreihundert Schritten sah sie vor sich die Säulen eines kleinen Tempels schimmern.

Sie betrat die Lichtung, in deren Mitte der Bau sich erhob, im selben Augenblick, als seitlich aus dem Gebüsch ein Reiter hervorsprengte. Er saß ab und lief auf sie zu. Calvina erkannte die Riesengestalt des Peredeo.

«Ich danke dir, daß du gekommen bist!» rief er, wobei er sie an sich preßte und ihr Haar, ihren Hals und ihre Schultern mit Küssen bedeckte. Doch gleich, als ob ihn sein rohes Ungestüm reue, gab er sie wieder frei und trat fast ehrerbietig zwei Schritte zurück.

«Hast du denn daran gezweifelt?» fragte sie.

«Verzeih! Ein wenig, ich gebe es zu. Ich sagte mir: Wenn du vom Pferd steigst und an der gewohnten Stelle wartest, erscheint sie nicht! So blieb ich im Sattel und wagte mich nicht hervor.»

Calvina lachte.

«Wie zaghaft der berühmte Peredeo ist!»

«Ich fürchtete noch eine Niederlage. Die zweite an diesem Tag. Die schlimmere!»

Sie trat zu ihm und strich ihm das wirre Haar aus dem breiten, kantigen Jungengesicht.

«Vielleicht ist noch nicht alles entschieden. Wenn aber doch ...»

«Wenn aber doch?»

«Komm!»

Sie ergriff seine Hand und zog ihn mit sich zu dem kleinen Tempel. Hier lagerten sie sich hinter einer der

Säulen auf dem schmalen, von Gräsern und Moos überwachsenen Pronaos. Die Tür der halbverfallenen Cella, in der einst das Kultbild gestanden hatte, war von Gesträuch halb zugewuchert.

«Wüßte ich nur einen Ausweg!» brummte Peredeo, während er seinen Mantel ausbreitete, damit sie bequemer lag.

«Die Königin meinte ...»

«Die Königin?» fiel er ihr gleich ins Wort. «Wie sollte die einen wissen! Die ist in derselben Lage wie ich. Du hast ja erlebt, wie er sie behandelt. Auch sie strahlt zu hell neben ihm, verdunkelt sein Licht. Das läßt er nicht zu!»

Er schnallte den Gürtel mit dem Sax ab und legte ihn neben sich auf die oberste Tempelstufe.

Calvina löste ihr Haar, beugte sich vor und lehnte sich an ihn.

«Du glaubst wirklich, es sei nur Eifersucht?»

«Ich habe ein wenig in meinem Gedächtnis gegraben», sagte Peredeo und blickte düster zu den Wipfeln der Bäume empor, die ein leichter Abendwind bewegte. «Mir scheint nun, ich weiß, womit ich mir so geschadet habe. Mit einem siegreichen Kampf!»

«Gegen ihn?»

«Nicht gegen ihn. Wir lagen vor einer dieser stark befestigten Städte, ich komme jetzt nicht auf ihren Namen. Der byzantinische Kommandant kam mit einigen seiner Leute heraus, um zu verhandeln. Alboin trat ihm entgegen, ich war unter seinen Begleitern. Der Byzantiner bot einen Zweikampf an, um unnützes Blutvergießen zu vermeiden. Im Fall seiner Niederlage wollte er die Stadt übergeben, für einen Sieg verlangte er unsern Abzug. Er fügte hinzu, er selbst werde kämpfen, allerdings nur mit unserem Anführer. Alboin lehnte ab, er hatte nicht die geringste Aussicht, gegen diesen gewaltigen Kerl von fast sieben Fuß Höhe zu gewinnen. Schon seit längerem scheute er überhaupt den Kampf, griff kaum noch ein, sah sich alles nur aus der Entfernung an. Der Byzantiner sagte höhnisch, wenn alle Belagerer so viel Mut hätten wie ihr Anführer, sei er sicher, die Stadt zu halten. Diese Worte erfüllten mich so sehr mit Wut und Scham, daß ich mich nicht mehr beherrschen konnte. Ich schob Alboin beiseite, trat vor und sagte: ‹Ich bin der Anführer! Den da ließ ich nur einstweilen verhandeln. Wenn es jedoch darum geht, die Schwerter sprechen zu lassen, braucht mich niemand mehr zu vertreten. Ich bin bereit!›»

«Und ich vermute, du hast gewonnen», sagte Calvina lächelnd. «Das ist allerdings unverzeihlich!»

«Ja, ich besiegte den Byzantiner. Und ohne einen Tropfen Blut zu vergießen zogen wir in die Stadt ein. Alboin ließ sich wie immer huldigen. Doch bei der Siegesfeier fand er kein einziges Wort des Lobes für mich, und ich erhielt nicht einmal einen besonderen Beuteanteil. Und Zaban nahm mich später beiseite und sagte: ‹Wenn du das noch einmal tust, ist es aus mit dir!› Ja, das ist es ... Er kann nicht verwinden, daß ihn sein Heldenmut damals verlassen hat, daß ich ihn bloßgestellt habe und daß er mir Dank schuldet. Zunächst nahm ich Zabans Worte nicht ernst und glaubte, Alboin spare den Dank für später auf. Ich dachte, er wolle mir ein Herzogtum geben. Nun endlich habe ich begriffen! Wahrscheinlich hofft er, daß die Awaren ihn von mir befreien!»

«Warum glaubst du das? Dann müßte er doch ein Narr sein! Wie kann er als König im fremden Land auf seinen besten Kämpfer verzichten?»

«Kämpfer? Er braucht keine Kämpfer mehr. Er

braucht nur noch Lobsinger. Vorbei ist die Zeit, da er die Männer seines Gefolges wie seinesgleichen behandelte. Heute, wo alles vor ihm, dem ‹Befreier Italiens›, das Knie beugt, ärgert es ihn, wenn diese Männer aufrecht stehen bleiben und auf ihren Rechten beharren. Einigen gab er ja Herzogtümer ... Zaban, Zotto, Amo, Cleph. Für mich hob er sich etwas Besseres auf. Ein dreckiges Bergnest an der Grenze!»

«Und wenn du dich weigerst, dorthin zu gehen?»

«Unmöglich! Ich bin sein Gefolgsmann. Unbedingt zu Gehorsam und Treue verpflichtet. Das hab ich geschworen!»

«Du bist doch beliebt, hast mächtige Freunde. Warum bittest du sie nicht, sich für dich einzusetzen?»

«Man hat keine Freunde, wenn man in Ungnade ist.»

«Du glaubst also, daß sich nichts ändern läßt?»

«Solange Alboin König ist ...»

Peredeo seufzte. Calvina streckte sich auf dem Mantel aus.

«Wir werden trotzdem nicht verzagen!»

Er beugte sich über sie, auf einen Ellbogen gestützt und bemüht, sie das Gewicht seines schweren Körpers nicht spüren zu lassen. Hoffnungsvoll blickte er in das schmale Gesicht mit der hohen Stirn und den feuchtglänzenden dunklen Augen.

«Du würdest mir wirklich dorthin folgen?»

«Man wird dort auch leben können.»

«Aber du bist an die Stadt gewöhnt. An Gesellschaft, Bequemlichkeit, Unterhaltung.»

«Das wirst du mir alles ersetzen müssen!»

«Ich bin doch nur ein einfacher Krieger, ganz ungebildet. Ich werde dich langweilen.»

«Bis jetzt hast du das noch nicht getan.»

«Und du wirst mir nicht vorwerfen, daß ich dir nicht das versprochene Herzogtum biete?»

«Wenn du mir nicht vorwirfst, daß ich nur Kammerfrau bin, für einen edlen Langobarden eigentlich nur als Kebse geeignet ...»

«Warum sagst du das? Du liebst mich also!»

«Sonst hätte ich dich wohl kaum hierhergelockt, als du mich fragtest, ob man noch irgendwo hier die alten Götter verehre.»

«Ich wollte nur ein Gespräch anknüpfen.»

«Und ich wollte es etwas verlängern. Auch wenn man die alten Götter schon lange nicht mehr verehrt. Falls es sie aber noch geben sollte, werden sie nichts dagegen haben, daß wir uns hier ein bißchen lieben. Es waren keine traurigen Götter, sie dürften Gefallen daran haben!»

Calvina nahm die Pranke des Peredeo, der sich, obwohl sie schon einige Nächte hier verbracht hatten, immer noch scheu wie ein Knabe benahm, und führte sie über das Seidengewebe der Stola an ihrem Körper hinab. Gehorsam zügelte er seine Ungeduld und ließ sich willig in die Geheimnisse der verfeinerten Liebeskunst, die sie nicht nur aus dem Ovid kannte, einweihen. Er erwies sich als eifriger und begabter Schüler und hatte schon sehr viel gelernt.

Als Helmichis im Südflügel des Palastes die Treppe zu den Gemächern der Königin hinaufstieg, kam ihm Bischof Julianus entgegen. Der Schildträger des Königs und der Gottesmann tauschten einen höflichen Gruß und gingen aneinander vorbei, überraschten sich jedoch gegenseitig, als sie sich gleichzeitig argwöhnisch umdrehten. Julianus hielt den Blick länger aus, und Helmichis entzog sich schnell der peinlichen Musterung, indem er mit beschleunigtem Schritt die gewundene Treppe weiter hinaufstieg.

Er war ein wenig außer Atem, als er bei Rosamunde eintrat.

«Hat er dich gesehen?» fragte die Königin gleich, nachdem die Dienerin, die ihn hereingeführt hatte, gegangen war.

«Du meinst den Bischof?» Etwas verunsichert durch den Empfang, hob er verlegen die Schultern. «Ja, auf der Treppe ... es war nicht zu vermeiden. Konnte ich ahnen, daß ich ihm jetzt hier begegnen würde? Ich komme nach Sonnenuntergang, wie du es wolltest.»

Rosamunde erhob sich von ihrem Korbstuhl unter einem der hohen Bogenfenster. In dem großen Raum brannte eine einzige Kerze. Die Königin nahm einen harzgetränkten Span, ließ ihn an der Kerze aufflammen und trat zu einem fast mannshohen Lampadarium, wo sie ohne Hast einige an Ketten hängende Öllämpchen entzündete.

Dann erst wandte sie sich erneut dem Besucher zu.

Im hellen Lichtschein war Helmichis eine im wahrsten Sinne glänzende Erscheinung. Er trug eine rote Seidentunika mit Borten von Goldgespinst, und aus Gold waren Armreife, Ringe und Gürtelbeschläge. Auch seine Schuhschnallen waren von diesem edlen Metall. Goldig schimmerte sogar sein mit Brennstab und Duftöl behandeltes Haar, das an der Stirn schon etwas dünn war, doch über den Nacken in reicher Lockenfülle herabwallte.

«Der gute Julianus wird mißtrauisch werden», sagte sie. «Dabei habe ich ihm gerade versichert, daß ich in Zukunft nur noch fromme Besucher empfange. Vielleicht hat er dich aber auch für einen Engel gehalten ... so strahlend, wie du daherkommst. Man ist geblendet!»

Sie lachte spöttisch.

«Ich hielt es für angemessen, im Festkleid zu meiner Königin zu gehen!» sagte Helmichis, der wenig Humor besaß. «Wie konnte ich wissen, daß sie zur gleichen Zeit den Bischof bestellte.»

«Oh, er war nicht bestellt, er kam ungerufen. Er wollte mir Trost zusprechen, wie alle heute. Außerdem hatte er erfahren, ich beabsichtigte längere Aufenthalte in einem Kloster. Da kam er, um mich zu warnen. Die Klöster seien hier alle römisch verseucht, und ich solle mich vorsehen und an meinem rechten Glauben und den Lehren des Arius nicht irre werden.»

«Du hast die Absicht, in ein Kloster zu gehen?» fragte er beunruhigt.

«Das habe ich meiner Tante Raunhild erzählt, erst vor ein paar Stunden. Und sie hat, wie erwünscht, die Nachricht schon fleißig verbreitet. Zuvor versuchte sie, mich hereinzulegen. Sie hoffte, mir eine Äußerung zu entlokken, die meine wahre Absicht erkennen ließ. Ich spielte ihr die Betschwester vor, und wenn sie auch zuerst mißtrauisch war, glaube ich, daß ich sie überzeugt habe.»

«Ah, ich verstehe!» rief Helmichis erleichtert. «Das ist raffiniert!»

«Still!» sagte Rosamunde. «Ich habe zwar alle fortgeschickt, doch ganz sicher sein kann man nie vor Lauschern.»

Sie ging hinaus, kam aber gleich darauf wieder.

«Es scheint, daß tatsächlich keiner mehr hier ist. Die Wache hat Befehl, niemand mehr vorzulassen. Wir haben nichts zu befürchten, Goldhähnchen!»

Er lachte.

«Ist das der Name, mit dem du mich künftig ansprichst, wenn wir allein sind?»

«Gefällt er dir nicht? Er paßt zu dir.»

«Aus deinem Munde ist es ein Ehrenname. Oder sollte ich sagen: ein Kosewort?»

«Das wird allein von dir abhängen.»

«In dem Falle bin ich zuversichtlich!» sagte er selbstgefällig. «Ich weiß wahrhaftig, was Frauen gefällt, und bin bereit, es ihnen zu geben. Für dich aber werde ich mich selbst übertreffen. Du sollst dich in mir nicht getäuscht haben!»

Er trat forsch auf sie zu und umarmte sie.

«So warte doch noch!» rief sie ärgerlich und entwand sich ihm.

«Aber warum? Gewartet haben wir viel zu lange! Wozu noch zögern? Hast du mich nicht dazu hergerufen? Also lege den Panzer der Sittsamkeit ab! Wirf die Waffen fort, mit denen du dich so lange verteidigt hast! Ergib dich endlich!»

Er packte ihren Arm, zog sie abermals an sich und wollte sie küssen.

Sie drehte heftig den Kopf zur Seite.

«Ich bitte dich, Helmichis, laß mich los!»

«Dich loslassen? Nein, jetzt nicht mehr! Es ist auch gar nicht dein Wunsch. Auch du hattest Sehnsucht nach diesem Augenblick. Du willst Liebe! Du willst endlich die Freuden, die dieser Rohling dir immer vorenthielt. Du hast nur auf einen Anlaß gewartet, der dich entschuldigt. Er hat ihn dir heute nacht gegeben! Was könnte dich jetzt noch hindern, dich schadlos zu halten für die erlittene Schmach? Warum sträubst du dich noch, Rosamunde?»

Er drängte sie gegen einen der Pfeiler, die das Dachgebälk trugen, und versuchte, die Fibeln zu lösen, die ihr Überkleid unter dem Gürtel zusammenhielten.

«Wenn du nicht sofort von mir abläßt, schreie ich!» keuchte die Königin.

Eine der Fibeln fiel zu Boden. Helmichis lachte.

«Schreie nur! Ich will meinen Triumph! Den lasse ich mir jetzt nicht mehr entgehen. Endlich, endlich ist es soweit! Ich bin oben, und er liegt im Staub! Immer bekam er, was er sich wünschte. Den Thron, die Macht, die Siege ... alles! Er wurde König, ich nur Schildträger. Bin ich nicht ein Gause wie er, aus demselben edlen Geschlecht? Auch dich bekam er, an jenem Tag nach der Schlacht ... Er schleppte dich wie ein Beutestück fort. Wer kümmerte sich darum, wie ich litt? Nichts habe ich mir jemals mehr als dich gewünscht. Jetzt bekomme ich dich, jetzt besiege ich ihn! Jetzt nehme ich mir, was ihm gehört! Ich erniedrige ihn, ich mache ihn lächerlich! Ich ... ah! Ah!»

Helmichis schrie auf und wich ein paar Schritte zurück. Er faßte nach seiner linken Schulter und spürte etwas Feuchtes, Warmes. Erschrocken starrte er auf seine blutbefleckten Finger.

Rosamunde stand vorgebeugt, noch immer angriffsbereit, in der Hand die lange, spitze Haarnadel.

Mit einer heftigen Kopfbewegung warf sie ihr aufgelöstes Haar zurück und sagte verächtlich:

«Hast du dich deshalb so herausgeputzt, Goldhähnchen, weil du einen Triumph feiern wolltest? Vorsicht! So leichte Siege sind hier nicht zu holen!»

Sie schleuderte die Nadel fort, brachte ihr Kleid in Ordnung und setzte sich in ihren Korbstuhl.

Er lehnte sich an den Pfeiler und schnaufte empört.

«Das habe ich nicht erwartet, Königin!» stieß er nach einer Weile hervor. «Und wahrhaftig auch nicht verdient! Ich liebte dich immer mit treuer Hingabe, habe dir manchen Dienst geleistet. Wenn mein Vetter sich nicht um dich kümmerte, kamst du zu mir. Wenn du verzweifelt warst, weil dir das Leben in der Fremde so schwer wurde, weintest du an meiner Schulter. Solange du unter den Langobarden lebst, bin ich der einzige, dem du immer vertrauen konntest. Du warst nie im Zweifel darüber, was ich begehrte. Heute versprachst du, es mir zu geben!»

«Ich sagte, was du begehrst, sei zuwenig.»

«Deine Liebe sollte zuwenig sein?»

«Meine Liebe bekommst du nicht, das darfst du niemals erwarten», sagte sie in einem Ton, der jeden Widerspruch ausschloß. «Aber du kannst meinen Körper haben, und wir werden gemeinsam unsere Lust befriedigen. Wenn du darin einen Triumph siehst, sollst du ihn haben. Doch was du dafür getan hast, genügt nicht. Dafür wird mehr von dir erwartet.»

Eine kurze Zeit herrschte Schweigen. Dann wandte er sich ihr langsam zu.

«Was verlangst du?» fragte er argwöhnisch.

«Komm her und setz dich.»

Sie deutete auf einen Hocker, der in ihrer Nähe stand. Helmichis zögerte einen Augenblick trotzig, bevor er herantrat und Platz nahm. Auf seiner roten Tunika hatte sich um die beiden winzigen Löcher ein dunkler Fleck gebildet.

«Nun? So nenne mir endlich deine Bedingung!»

«Es kann keiner Alboins Frau besitzen», sagte Rosamunde sehr ruhig, «solange der König am Leben ist. Will er sie dennoch haben, muß er ihn töten.»

Er starrte sie lange ausdruckslos an. Seine weichen, vollen Lippen begannen zu zucken.

«Ihn töten?» stammelte er. «Alboin töten?»

Sie blickte ihm klar und fest in die Augen.

«Ja!»

Er schüttelte heftig den Kopf.

«Ich hatte manchmal gehofft, daß er stürbe», sagte er schließlich wie zu sich selbst. «Doch nicht durch mich ... von meiner Hand. Ich dachte, vielleicht im Krieg ... bei einem Sturmangriff ... oder durch Unfall. Vielleicht auch durch einen der Herzöge ... einen Mörder ...»

«Er selbst ist ein Mörder! Er hat zwei Verbrechen begangen, die ungesühnt sind. Es wird höchste Zeit, das Gesetz zu erfüllen.»

«Du sprichst von der Hinrichtung deines Vaters.»

«Ich spreche vom Mord an meinem Vater!» sagte sie scharf. «Und von dem Mord an Turismod, seinem Bruder. Der erste vor fünf, der zweite vor einundzwanzig Jahren begangen.»

«Das ist vergangen und vergessen!»

«Es war vergessen. Heute nacht aber wurde ich daran erinnert. Der Mörder selbst hat mein Gedächtnis geweckt. Ich war verantwortungslos und dachte nur an mich und mein Wohlleben. Jetzt weiß ich, daß ich noch eine Pflicht habe.»

«Und warum tust du es nicht mit eigener Hand?» begehrte er auf, wobei er nach seiner verletzten Schulter faßte. «Du bist doch nicht zimperlich, Königin!»

In der Tat, dachte sie, dich könnte ich kaltblütig umbringen, wenn ich dazu einen Anlaß hätte. Bei ihm versuchte ich es und konnte es nicht.

Sie setzte ein überlegenes Lächeln auf.

«Warum soll ich, eine Frau, so grobe Arbeit verrichten? Das ist nichts für mich, das hab ich nicht nötig. Wer mich liebt und begehrt, wird das für mich tun. Er wird das Werkzeug meiner Rache sein und dafür eine hohe

Belohnung empfangen. Ich werde ihn zu meinem Gemahl machen!»

«Zu deinem Gemahl?»

«Das meinte ich, als ich dir sagte, daß du zu wenig begehrst.»

«Du würdest mich heiraten?» rief Helmichis.

«Ja. Aber ich will Königin bleiben!»

Sie blickte ihn immer noch lächelnd an.

Er wußte lange nichts zu erwidern. Eine Weile starrte er vor sich hin, wobei er unruhig an seinem Gürtel nestelte. Dann erhob er sich mit einem Ruck und lief mehrmals von einem Ende des großen Gemachs zum anderen.

Sie beobachtete ihn mit der gespannten Reglosigkeit einer Spinne, der ihre Fliegenbeute nicht mehr entkommen kann.

Plötzlich trat er wieder heran, blieb vor ihr stehen und fragte mit einem Ausdruck ungläubiger Freude:

«Du meinst also, ich könnte König sein?»

«Natürlich könntest du das, Goldhähnchen.»

«Ich bitte dich, treibe nicht deinen Spott mit mir!»

«Es ist mir blutiger Ernst, das weißt du ja. Nun liegt alles an dir. Wenn du zu zaghaft bist und dir nicht zutraust, der Erste unter den Langobarden zu sein ...»

«Warum denn nicht? Warum sollte ich es mir nicht zutrauen? Ich war immer schon sicher, daß ich der Bessere bin! Es war nur mein Unglück, daß er als Sohn des Königs Audoin, ich aber nur als Sohn von dessen jüngerer Halbschwester auf die Welt kam. Doch wir sind Milchbrüder, haben die Milch derselben Amme getrunken. Das hat mich nicht weniger stark gemacht!»

«Dann beweise, wie stark du bist. Töte ihn!»

Er zitterte vor Erregung.

«Ja, wenn es so ist ... dann will ich es tun! Dann muß

es sein! Du zeigst mir endlich den Weg, Rosamunde! Es geschähe ja nicht nur deiner Blutrache wegen. Es wäre eine nützliche Tat, von vielen ersehnt. Die Langobarden sind seiner längst überdrüssig. Er behandelt die Edelsten wie Knechte, er will ihnen die alten Freiheiten nehmen. Allen zwingt er seinen Willen auf, Widerspruch duldet er nicht mehr. Wer gegen ihn aufbegehrt, gilt als Verräter. Er verlangt die niedrigsten Huldigungen, fängt an, den byzantinischen Hof nachzuahmen. Vielleicht will er eines Tages noch Kaiser werden. So viel Übermut darf man nicht länger dulden! Wer ihn bestraft, wird ein Held sein! Und er wird Anspruch auf den Thron haben!»

«Vorausgesetzt, daß es genügend Männer gibt, die diesen Anspruch anerkennen», sagte Rosamunde, den Schwung des Helmichis bremsend. «Man mag unzufrieden mit Alboin sein. Doch selbst wenn du die Langobarden von ihm befreist, könnten sie zweifeln, ob du imstande bist, ihn zu ersetzen und sie zu führen.»

«Als Gause kann ich mich auf mein Heil verlassen, das wissen sie!» sagte Helmichis überzeugt.

«Wenn du Alboin tötest, lieferst du selbst den Beweis des Gegenteils. Du bringst Unheil über eure Familie. So wirst du dich anders empfehlen müssen. Aber du hast keine große Gefolgschaft, hast niemals selbständig Krieg geführt, keine Heldentaten vollbracht ...»

«Ich hatte dazu nie Gelegenheit!» rechtfertigte er sich vorwurfsvoll. «Er ließ ja nicht zu, daß ich zeigte, was in mir steckt. Ich durfte nicht aus seinem Schatten treten!»

Wo du dich nur zu gern verstecktest, dachte sie, solange Schwerter krachten und Blut floß.

«Da du also selber nichts aufweisen kannst», sagte sie unbeirrt, «wirst du dir die Verdienste leihen müssen.»

«Wie meinst du das?»

«Nun, du brauchst einen starken Verbündeten, dessen Ruhm und Beliebtheit dir die nötigen Anhänger zuführen. Er muß ebenfalls unter Zurücksetzung leiden und einen tiefen Groll gegen Alboin haben.»

«Diesen Mann gibt es!» sagte Helmichis, ohne zu zögern. «Es ist Peredeo.»

«Ja, und den meine ich. Ich war sicher, daß du den Namen gleich nennen würdest. Du hast dich bei mir ja schon für ihn eingesetzt.»

«Er ist mein Freund.»

«Um so besser. Und wie ich höre, ist er fast jedermanns Freund. Aber Alboin will ihm kein Herzogtum geben, weil er nichts von seinem Verstand hält.»

«Das ist nur ein Vorwand! Er ist eifersüchtig und fürchtet ihn!»

«Jedenfalls will er ihn jetzt sogar in ein Bergnest abschieben. Das müßte doch ausreichen, um diesen Mann zu gewinnen. Er muß sich in seiner Ehre tief verletzt fühlen!»

«Ja, das ist wahr», sagte Helmichis, dem die Aussicht, die Tat nicht allein ausführen zu müssen, gleich zusagte. «Dennoch wird es nicht ganz leicht mit ihm sein. Er ist ein untadeliger Gefolgsmann. Auch wenn er gekränkt wird, ist er treu.»

«Aber er ist auch verliebt. Und Calvina schaudert es vor der Zukunft, die er ihr bietet. Sie ist allerdings ein gutes Mädchen und bereit, sich in alles zu fügen. So wird man ihm vorhalten müssen, daß er sie unglücklich macht ... vielleicht umbringt. Das muß man ihm in den düstersten Farben malen!»

«Gleich morgen nehme ich ihn beiseite!» erklärte Helmichis entschlossen. «Ich wende alle meine Beredsamkeit auf. Sei zuversichtlich, daß ich Erfolg haben werde! Du hast recht ... Er ist genau der Mann, den ich brauche. Der starke Arm, der das Schwert führt ... der grobe Stiefel, der alles niedertritt. Mag er der Held sein, den alle bewundern ... wenn er mir nur ergeben ist. Wenn er sie nur dazu bringt, mich zu wählen. Mir wird genügen, daß ich König bin und daß ich Macht habe!»

Er ballte die Fäuste, reckte das Kinn und schloß vor Entzücken die Augen.

Sie dachte: Ich werde die Macht haben, Goldhähnchen! Du wirst nur stolzgeschwellt auf dem Thron sitzen. Das wird die Entschädigung für meinen Verlust sein.

«Knie nieder!» sagte sie und erhob sich feierlich.

Er gehorchte ohne Widerspruch.

Sie holte einen Kodex herbei, der auf einem Tisch in der Ecke des Gemachs bereitgelegen hatte.

«Das Evangelium», sagte sie, indem sie ihm das Buch hinhielt. «Lege beide Hände darauf!»

Auch dies tat er ohne Zögern.

Sie blickte ihm fest in die Augen und sagte: «Sprich mir nach! Ich schwöre bei dem allmächtigen Gott, meinem obersten Herrn, daß ich dem Alboin, meinem Verwandten, Gefolgschaft und Gehorsam aufkündige. Hinfort will ich nur noch Rosamunde, meiner Königin, treu sein und alle ihre Befehle gewissenhaft ausführen. Ich verdiene den Tod, wenn ich diesen Schwur breche.»

Er wiederholte alles Wort für Wort.

Sie sagte «Amen!» und trug den Kodex an seinen Platz zurück.

Dann kam sie wieder, trat vor ihn hin und berührte lächelnd mit dem Zeigefinger den Blutfleck auf seiner Tunika.

«Tut das noch weh?»

«Nein. Jetzt nicht mehr.»

Rosamunde seufzte tief. Dann legte sie ein wenig den Kopf zurück.

«Du darfst mich nun küssen. Aber nur vorsichtig. Ich habe Verletzungen, die noch schmerzen.»

Was Peredeo in Italien von Anfang an am meisten beeindruckt hatte, waren die Amphitheater, von denen es in jeder größeren Stadt eines gab. Wenn sie irgendwo eindrangen, war stets die Arena der erste Ort, wohin es ihn zog. Oft wurden hier unter seinem Kommando gefangene Einwohner zusammengetrieben und zur Belustigung der Langobarden gegeneinandergehetzt. Manchmal stieg er auch selber gerüstet in die Arena hinab und griff ein. Dabei verschaffte er sich keine besonderen Vorteile, wurde allerdings aufgrund seines Riesenwuchses und seiner außerordentlichen Körperkraft mit jedem Gegner schnell fertig. Wäre es nach ihm gegangen, hätte man trotz des Widerstandes der Kirche wieder regelmäßige Fechterspiele eingeführt, wie sie im alten Rom üblich waren. Im Scherz beklagte er sich gelegentlich, daß er Jahrhunderte zu spät auf die Welt gekommen sei und kein gefeierter Gladiator mehr werden könne. Zweikämpfe waren sein Element, er suchte sie aus dem geringsten Anlaß, und als langobardischer Herkules hatte er Tausende – fast alle siegreich – bestanden. Daß er allgemeinen Respekt und die größte Beliebtheit genoß, verdankte er seinem Ruf als nimmermüder Raufbold und Schlagetot.

Wenn sich die Langobarden und ihre Hilfstruppen auf der Braida, einem Wiesenplatz vor den Toren Veronas, bei militärischen Übungen tummelten, blickte er oft hinüber nach dem gewaltigen Bauwerk mit Bogenreihen von rotem Stein, das sich gleich hinter der Mauer erhob. Und hatte er allein das Kommando, führte er seine Krieger manchmal dorthin und ordnete in der Arena Zweikämpfe an. Aber der König schätzte das nicht, für ihn war das Fechten im Theater Sklavenarbeit und Unterhaltung und hatte nichts zu tun mit dem edlen, die höchste Mannestugend fordernden Kriegshandwerk. Er untersagte schließlich solche Eigenmächtigkeiten Peredeos. Auch sonst war Alboin kein Freund der Arena. Von den noch immer beliebten Tierhetzen, die Bassus regelmäßig im Veroneser Amphitheater veranstaltete, besuchte er nur eine einzige und verließ sie lange vor dem Ende gelangweilt.

Es war bereits später Vormittag, als Helmichis mit einem kleinen Gefolge zum Stadttor hinaus nach der Braida ritt. Er hatte sich aus dem Bett der Königin unbemerkt unter die Morgenbesucher gestohlen und war dann absichtsvoll von Rosamunde erst nach langem Warten und gemeinsam mit anderen empfangen worden. Sie hatte vollendete Haltung gezeigt und die ganze Zeit nur über den Bau einer neuen Kirche gesprochen, zu dem sie den König nach seiner Rückkehr bewegen wollte. Nachdem er entlassen und so ohne Aufsehen aus den Gemächern der Königin entkommen war, hatte Helmichis sich gleich des Peredeo erinnert und der nicht leichten Aufgabe, die ihm bevorstand. Nach Auskunft der Torwache war der Kommandant mit einem Teil der ihm untergebenen Schar nach der Braida geritten. Als Helmichis jetzt dort eintraf, erblickte er auf dem weitläufigen Militärübungsplatz allerdings nur eine friedlich grasende Schafherde. So machte er gleich kehrt und ritt wieder zum Tor hinein. Er wußte schon, wo er Peredeo finden würde.

In der Tat, der unermüdliche Kämpfer nutzte die Abwesenheit des Königs, um ungestört seiner Leidenschaft zu frönen. Das Amphitheater befand sich gleich in der Nähe des Tores. Helmichis stieg in das erste Stockwerk hinauf und betrat eine der Treppen. Sofort erblickte er seinen Freund, der in der weiten Arena mit einem Krieger der Palastwache ein Kämpferpaar bildete. Um Peredeos Gegner abzulösen, standen zwei Dutzend Männer in einer Reihe bereit. Andere, die nicht beschäftigt waren, hatten sich in der Nähe auf den ansteigenden Sitzreihen niedergelassen.

Peredeo schien sich tatsächlich in einen Gladiator verwandelt zu haben. Der Helm mit dem leuchtenden Busch war sein einziger Schutz. Die mächten Schultern und die behaarte Brust waren nackt, ein breiter, silberbeschlagener Gürtel hielt die bis über die Knie mit Binden umwickelten Hosen. Zwar wurden nur stumpfe Waffen verwendet, doch offenbar hatte sein Gegner Befehl, ihn nicht zu schonen. Beherzt drang der Mann mit Schwert und Schild auf ihn ein. Nach der alten Regel, die den Fechtern in der Arena ungleiche Waffen vorschrieb, schwang Peredeo selbst eine hölzerne Keule. Helmichis hatte sich kaum in einer der Logen niedergelassen, als ein Schlag vor die Brust, die ein Panzerhemd schützte, den Übungspartner des Riesen zu Boden streckte.

So ging es weiter. Dem nächsten, der herantrat, wurde der Schild zerschmettert, einem anderen der Helm zerbeult. Die Krieger, vorwiegend Einheimische, die zum Dienst im Heer der Langobarden gezwungen wurden, sanken halb ohnmächtig in den Sand der Arena. Peredeo wechselte die Waffe und ergriff einen Übungsspeer, mit dem er ebenso erbarmungslos wütete. Als einer der letzten in der Reihe trat schließlich ein schwarzgelockter junger Mann von kleinem Wuchs vor. Peredeo stach nachlässig mit dem Speer nach ihm. Aber der junge Mann, ein zweiter David, duckte sich blitzschnell, unterlief den Angriff und stieß seinen Schild dem Goliath mit voller Wucht gegen das bärtige Kinn. Der Kommandant der Palastwache taumelte benommen und fiel in den Sand.

Er rappelte sich fluchend auf, kraulte aber seinem Bezwinger anerkennend die Lockenmähne. Er sah ein, daß er eine Pause brauchte, und befahl, eine Weile ohne ihn weiterzumachen. Dazu winkte er auch die Männer von den Tribünen herab.

Plötzlich bemerkte er den Vetter des Königs in einer der Logen für Honoratioren. Er gab ihm ein Zeichen, ließ sich einen Krug Wasser geben und verschwand in den unterirdischen Gängen. Gleich darauf tauchte er in der Loge auf und setzte sich ächzend neben Helmichis auf der Marmorbank nieder. Er nahm den Helm ab, Schweiß lief ihm über das Gesicht in den Bart. Sein staubbedeckter Körper wies zahlreiche Schrammen und kleine Stichwunden auf, denen er jedoch nicht die geringste Beachtung schenkte.

«Dich sieht man selten hier draußen», sagte er grinsend. «Was gibt es? Willst du mich an das königliche Arena-Verbot erinnern? Laß es bleiben, es kümmert mich nicht mehr. Soll er es nur erfahren. Was kann sich verschlechtern an meiner Lage? Ich bin auch auf alles gefaßt. Du siehst, ich übe schon für den Fall, daß ich mich eines Tages doch noch damit ernähren muß. Es sollen ja immer noch irgendwo Fechterspiele veranstaltet werden ... in Byzanz zum Beispiel. Dann muß ich eben die Seiten wechseln.»

Er lachte unlustig auf, trank, goß sich den Rest des Wassers über den Kopf und schüttelte sich.

«Was redest du da für einen Unsinn!» sagte Helmichis und rückte ein Stück von ihm ab, um seine blütenreine hellblaue Tunika vor den Spritzern zu schützen.

«Schon gut, es war nicht ernst gemeint!» knurrte Peredeo. «Was wäre ich auch für ein Gladiator? Bin wahrscheinlich fast vierzig Jahre alt, meine Muskeln werden allmählich schlaff. Hast ja gesehen, wie mich eben das Bürschlein da unten umwarf ... wie eine von diesen alten Statuen, die hier überall herumstehen und die wir vom Sockel stürzen.»

«Ich sah nur, daß du noch immer der Stärkste bist.»

«Und wenn schon. Was nützt das, wenn etwas anderes fehlt. Ich glaube, ich hätte den alten Göttern nicht abschwören sollen, sie lassen an mir ihren Unmut aus. Ich werde dem Donar eine Ziege opfern. Vielleicht kann ich ihn damit noch einmal versöhnen.»

«Auf Donar würde ich mich hier nicht mehr verlassen.»

«Und auf wen sonst? Vielleicht auf den Christengott? Was kann man von dem schon erwarten? Und es ist ja auch nicht einmal der Richtige, den wir anbeten.»

«Wie kommst du darauf?»

«Calvina sagt es. Der, den die Römer anbeten, soll der Richtige sein. Der mit der Dreifaltigkeit oder wie sie das nennen. Sie will sich bei dem für mich verwenden ... na, soll sie nur, nützen wird es nicht viel. Zum Teufel mit dem läppischen Kreuz! Donars Hammer war mir allemal lieber.» Auf einmal sprang er auf und schrie nach unten in die Arena: «Ihr faulen Hunde! Hab ich befohlen, daß ihr euch ausruhen sollt?»

Er nahm den Krug und schleuderte ihn in weitem Bogen mitten in die Gruppe der Männer. Sie stoben auseinander, der Krug zerschellte.

«Drecksbande!» grollte Peredeo und ließ sich wieder auf die Bank fallen.

«Ich verstehe deine üble Laune», sagte Helmichis. «Auch daß du mit allem haderst und an Gott zweifelst. Wenn einem verweigert wird, worauf man Anspruch hat ...»

«Ich werde es mir schon nehmen», sagte Peredeo grimmig. «Verlaß dich darauf!»

«Das höre ich gern. Aber hast du schon einen Plan, wie du es anfangen willst?»

«Es gäbe immerhin eine Möglichkeit.»

«Laß hören.»

«Wenn du schweigen kannst.»

«War ich nicht immer dein Vertrauter?»

«Nun, also ...» Peredeo beugte sich herüber und sagte, vertraulich die Stimme senkend: «Ich übernehme diese verdammte Bergfestung. Von der Art des Gesindels, das du da unten siehst, gibt es dort mehr als genug: Sklavenier, Sarmaten, versprengte Gepiden ... vielleicht auch unzufriedene Langobarden. Sobald ich ein paar tausend zusammen habe, hole ich mir das Land für mein Herzogtum – von den Awaren!»

Helmichis strich seine Locken zurück, ließ seinen Blick über die Arena schweifen und seufzte vernehmlich.

Peredeo blickte ihn unsicher an.

«Nun, was sagst du dazu? Gefällt dir das nicht?»

«Die Absicht ist gut, doch nicht ausführbar.»

«Warum nicht?»

«Krieg auf eigene Faust? Und noch dazu gegen die Awaren, mit denen wir einen brüchigen Frieden haben? Willst du uns diese Wilden auf den Hals hetzen? Den Spaß wird dir Gisulf, dein Herzog, verderben.»

«Was dieser Jüngling tut, ist mir gleichgültig.»

«Er ist Alboins Neffe, auch mein Verwandter, ein Gause. Du solltest ihn nicht unterschätzen. Er wird dich als Verräter behandeln und gegen dich anrücken. Und notfalls wird Alboin mit einem großen Aufgebot eingreifen. Dann ist es aus mit dir, Gladiator!»

Peredeo schwieg verstimmt. Schweißbäche zogen Streifen auf seiner staubbedeckten Stirn. Er saß vorgebeugt, die Ellbogen auf die Knie gestützt, und knetete seine riesigen Hände. Helmichis beobachtete ihn aufmerksam.

«Also verzichte lieber auf Abenteuer», sagte er nach einer Weile. «Verhalte dich ruhig und trage dein Unglück. Immerhin wirst du ja eine Frau haben, die es teilt. Jedenfalls eine Zeitlang.»

Peredeo blickte unmutig auf.

«Was heißt: eine Zeitlang? Calvina kommt mit mir, die Königin gibt sie frei. Sie bleibt bei mir!»

«Ja, ich weiß. Rosamunde sagte es mir. Calvina hat sich bei ihr ausgeweint.»

«Sie hat geweint? Warum?»

«Sie ist sicher, daß sie dort nicht lange leben wird ... dort, wo du sie hinbringst.»

«Nicht lange leben? Wie kommt sie darauf?»

«Die Menschen aus dem Süden vertragen die rauhen Berge nicht ... Schnee und Eis, Wind und Regen. Wie du weißt, stammt sie aus Campanien, wo immer die Sonne scheint. In deiner Alpenfestung wird sie eingehen wie eine empfindliche Pflanze.»

«Davon hat sie mir nichts gesagt! Sie meinte, man wird auch dort leben können.»

«Sie hat gelogen, um dich zu schonen. Wollte dir nicht noch mehr Kummer aufbürden. Sie muß dich sehr lieben, da sie zu einem solchen Opfer bereit ist.»

Peredeos Jungengesicht verzog sich gequält.

«Aber ich will nicht, daß sie stirbt!»

«Dann wirst du dich von ihr trennen müssen. Und sie hier in Verona zurücklassen.»

«Das kann ich nicht!»

«So gibt es keine Hoffnung für euch. Außer der einen: daß Alboin seinen Sinn noch ändert.»

«Ich kenne ihn gut genug. Das tut er niemals!»

Peredeo starrte vor sich hin. Dumpf brütend vergrub er den Kopf in den Händen. Ein neues Unheil zeichnete sich ab, das seinen schwerfälligen Verstand auf die Probe stellte.

Helmichis blickte in die Arena hinunter, wo die halbnackten Krieger auf dem glühenden Sand ihre Übungen ausführten. Die meisten bewegten sich träge und unlustig, nur wenige täuschten noch Eifer vor.

«Ich glaube, es ist für heute genug. Laß sie abrükken!»

Peredeo grunzte etwas. Helmichis nahm es für Zustimmung und winkte einem seiner Leute, die in einigem Abstand auf der Treppe hockten. Der Mann empfing den Befehl und ein Goldstück. Er sollte mit seinen Gefährten in einer Schenke am Eingang des Theaters auf den Schildträger und den Kommandanten der Palastwache warten.

Nach kurzer Zeit war außer den beiden Männern in der Loge niemand mehr im weiten Rund der Arena.

«Nun, glaubst du immer noch», fragte Helmichis, «daß eine Ziege für Donar dir helfen kann?»

«Vielleicht gewähren mir die Götter die Gnade, mich von der Hand eines Feindes sterben zu lassen», murmelte Peredeo. «So bleibt mir ein ehrenvoller Tod, wenn mir schon alles andere versagt wird.»

«Was ist nur aus dir geworden, mein Freund? Du verlierst allen Mut. Du klagst, du jammerst. Ist es wirklich schon so weit mit dir gekommen?»

«Aber was soll ich denn tun?» fuhr Peredeo auf.

Helmichis fing seinen Blick und ließ ihn nicht los.

«Wie viele Kämpfe hast du bestritten! Wie viele Gegner und Feinde niedergestreckt! Du fällst sie noch immer reihenweise. Nur an den einen wagst du dich nicht!»

«Wen meinst du?» fragte Peredeo, mißtrauisch blinzelnd.

«Den Mächtigen, der sein Spiel mit dir treibt und dich willkürlich deiner Rechte beraubt! Den Wortbrüchigen, der deiner Treue den Lohn versagt! Den Eifersüchtigen, der dir den Ruhm neidet! Den Verursacher deiner Not!»

«Alboin? Du meinst, ich soll ihn zum Kampf fordern?»

«Zum Kampf? Er wäre zu feige, sich dir zu stellen!»

«Als Gefolgsherr hat er das auch nicht nötig. Und ich selber wäre ja nicht berechtigt, ihn ...»

«Nicht berechtigt! Bist du so langsam von Verstand? Begreifst du nicht, was du zu tun hast? Welche Pflicht hast du noch gegen einen Gefolgsherrn, der sich so schändlich gegen dich aufführt? Nur eine: Du mußt dich von ihm befreien!»

«Befreien? Wie denn?»

«Ich spreche von einer Tat, die dir mehr Ruhm bringen wird als alle deine früheren Heldentaten zusammen! Hast du Augen und Ohren? Bemerkst du nicht, was um dich vorgeht? Alle Großen wenden sich von ihm ab, alle hassen und verabscheuen ihn. Und alle warten auf eine Tat! Wie werden sie denjenigen preisen, der ihnen ihre alten Rechte zurückgibt. Sein Nachfolger würde niemals vergessen, was er dir zu verdanken hätte. Mit Geschenken und Ehrungen würde er dich überhäufen. Und dein Herzogtum? Das größte und schönste. Und mitten in Italien gelegen, unter der ewigen Sonne. Du hättest alles, was du dir wünschen kannst!»

Noch immer sahen sie sich in die Augen, und jetzt war es Peredeos Blick, der scharf und durchdringend wurde.

«Ich höre deine Verlockungen, Freund. Aber sage mir endlich, was sie bedeuten. Du sprichst schon von seinem Nachfolger. Wer soll das sein? Und was meinst du mit dieser ruhmvollen Tat? Ist es Mord?»

Helmichis sah sich erschrocken um und überzeugte sich, daß niemand die laut gestellte Frage gehört hatte.

«Wer spricht denn von Mord?» sagte er dann rasch. «Mord ist ein Verbrechen. Was wir meinen, ist ...»

«Wir? Wer außer dir noch?»

«Viele. Ja, viele! Ich sagte es ja. Vor allem aber ... die Königin selbst! Sie wurde gekränkt und erniedrigt wie du, sie ...»

«Die Königin? Ja, sie wurde gekränkt. Und er hat eine alte Schuld bei ihr. Sie also steckt dahinter! Du rühmst dich, ihr Vertrauter zu sein ...»

«Vielleicht bin ich mehr als ihr Vertrauter.»

«Wie? Was sagst du da?»

«Wundert es dich, daß eine so herrliche Frau mich dem Alboin vorzieht?» sagte Helmichis in einer Anwandlung törichter Eitelkeit.

«Nun, ich verstehe ... ich verstehe vollkommen.» Ein zorniges Flackern war in Peredeos Augen. «Jetzt wird mir alles klar! Jetzt begreife ich, was ihr vorhabt! Loswerden wollt ihr ihn, weil er euch lästig ist! Aber ihr scheut euch, es selber zu tun. Es soll jemand für euch die Dreckarbeit machen, damit ihr nicht mit blutigen Händen dasteht. Und mich habt ihr dazu auserwählt. Welches Glück! Welch unerwartete Auszeichnung! Was, zum Teufel, hab ich verbrochen, damit mir eine so hohe Ehre zuteil wird?»

Peredeo fuhr wie ein Raubtier gegen Helmichis los, packte ihn an der Tunika und schüttelte ihn.

«Antworte! Welche Schuld habe ich auf mich geladen, daß ihr mir so etwas zutraut?»

Diese plötzliche Wendung des mit so viel Vorsicht begonnenen Gesprächs überraschte Helmichis. Er war nicht in der Lage, die richtigen Worte für einen rettenden Rückzug zu finden.

Keuchend wehrte er sich gegen den Griff der eisernen Pranken.

«Was fällt dir ein? Wie kannst du es wagen, mich anzugreifen? Ist das der Dank für meine Freundschaft? Lohnst du es damit, daß sich ein Gause zu dir herabließ? Daß er sich Sorgen um dein Heil machte?»

Peredeo stieß ihn zurück, nahm seinen Helm und sprang auf.

«Mein Heil? Du sprichst von meinem Heil? Wahrhaftig, das dürfte kaum darin liegen, daß ich meinen Gefolgsherrn ermorde! Und wenn er mich hundertmal kränkt und zurücksetzt – nie werde ich ihm die Treue brechen! Sei froh, daß wir so lange miteinander vertraut waren. So will ich vergessen, was du mir vorschlugst. Aber versuche es niemals wieder!»

Er drehte sich um und trat auf die Treppe hinaus, die er, mehrere Stufen auf einmal nehmend, hinaufeilte.

An ihrem Absatz stand auf einem niedrigen Pfeiler die halb mannshohe Statue eines Fechters.

Peredeo versetzte ihr einen so wütenden Faustschlag, daß sie zu Boden stürzte und zerbrach.

Helmichis kehrte unverzüglich nach dem Palast zurück. Während Peredeo mit seinem Trupp die Stadt nochmals verließ, um ein Bad in der Etsch zu nehmen, wählte er gleich den kürzesten Weg über das Forum. Als er jedoch die Flußbrücke überquert und das Tor vor Augen hatte, entließ er plötzlich sein Gefolge und ritt allein auf dem schmalen Uferweg weiter. Dann entfernte er sich vom Fluß und durchstreifte – zum erstenmal und ganz gegen seine Gewohnheit ohne Schutz – das den Palast umgebende Hügelgelände.

Er befand sich in der größten Verlegenheit und wußte nicht, was jetzt zu tun war. Der Mißerfolg bei Peredeo war so unerwartet gekommen, daß er ihn noch immer nicht begreifen konnte. Sein erster Gedanke war gewesen, sich gleich bei der Königin melden zu lassen und ihr alles zu gestehen. Doch rechtzeitig war er davor zurückgeschreckt. Um diese Zeit war sie in ihren Gemächern selten allein, und es mußte auffallen, wenn er jetzt bei ihr erschien, nachdem er sie erst vor kurzem verlassen hatte. Er konnte auch noch kaum seine Erregung verbergen. Und was gab es zu berichten? Nur daß er schmählich gescheitert war. Sollte er den schönen Erfolg im nächtlichen Liebeskampf, bei dem er sich so tapfer bewährt hatte, durch diese traurige Niederlage zunichte machen? Sollte er sich schon wieder dem Tadel und den verächtlichen Blicken Rosamundes aussetzen?

Während er den Zügel lockerte und sein Pferd im Schritt gehen ließ, versuchte er sich zu beschwichtigen. Unzweifelhaft gab es jetzt einen Mitwisser. Aber Peredeo hatte versprochen zu schweigen, und so treu wie er zu seinem Gefolgseid stand, würde er auch zu seinem Versprechen stehen. Andererseits ... verpflichteten ihn nicht gerade dieser Gefolgseid und seine Stellung als Kommandant der Palastwache, den König zu warnen und einen Anschlag auf ihn zu vereiteln? Und mußte er nicht in seiner Lage jede Gelegenheit, die Gnade seines Gefolgsherrn zurückzugewinnen, dankbar ergreifen?

Je länger Helmichis diesen Gedanken verfolgte, desto weniger Grund fand er zur Beruhigung. Zwar hatte ihm Alboin immer vertraut, doch darauf konnte er jetzt nicht bauen. Er hatte den Vetter zum Aufbruch gedrängt, er hatte sich als Ratgeber Rosamundes empfohlen ... mußte der König, wenn ihm Peredeo von dem Gehörten Mitteilung machte, nicht glauben, es sei ihm von Anfang an nur darum gegangen, ein Mordkomplott vorzubereiten? Warum hatte er sich dazu hinreißen lassen, die Königin mit hineinzuziehen? Warum hatte er damit geprahlt, daß sie seine Geliebte sei? Erst damit hatte er sich in die schlimmste Bedrängnis gebracht.

Helmichis bekam die schlotternde Angst. Ihm wurde übel, kalter Schweiß brach ihm aus. Kaum konnte er sich noch auf dem gemächlich trottenden, alle Augenblicke verharrenden, Gras und Blätter zupfenden Pferd halten. Ständig warf er Blicke zurück – in Sorge, man könne schon hinter ihm her sein. Er war allein und vollkommen hilflos. Das prächtige Langschwert an seiner Seite war mehr eine Zierde als ein Schutz, er besaß weder Kraft noch Geschick, es wirksam zu führen. Zwar bekleidete er ein hohes Ehrenamt, doch was nützte das, wenn man ihm eine solche Anklage vorhielt. Er sah sich schon in den unterirdischen Kerker geworfen. Er sah schon das Henkerschwert vor sich aufblitzen. In einem Anfall von Verwirrung ließ er den Zügel fahren und begann, seine Schläfen, seine Stirn, seine Wangen zu betasten. Würde sein schöner, edel geformter Kopf demnächst dem Alboin als Trinkbecher dienen?

Schuld hat nur sie! dachte er, als er sich wieder ein wenig gefaßt hatte. Sie hatte ihm nicht getraut und von Anfang an darauf bestanden, Peredeo einzuweihen. Sie hatte ihm das alles eingerührt! Ein Opfer ihrer Rachsucht und ihres Ehrgeizes war er, es war ja gar nicht seine Absicht gewesen, den Vetter beiseite zu räumen und König zu werden. Ein kleiner Triumph hätte ihm gereicht, ein einziges Mal mit ihr im Bett, vielleicht auch zweimal oder öfter – das war alles, was er begehrt hatte!

Tränen traten ihm in die Augen. Er hatte sich immer aus den Machtkämpfen und den Rivalitäten der Großen herausgehalten. Auch wenn er Alboin glühend beneidet hatte, war er doch stets so einsichtsvoll und vorsichtig gewesen, nichts Unüberlegtes zu unternehmen. Nun steckte er plötzlich tief im Sumpf, und eine Frau war es, die ihn hineingezogen hatte ... der Teufel selber mußte ihn in diesen rothaarigen Dämon verliebt gemacht haben!

Aber sie steckte selbst mit drin, und das gab etwas Hoffnung. Es würde verdienstvoll sein, sie zu warnen. Da sie das Mißgeschick verursacht hatte, durfte sie ihm keine Vorwürfe machen – er würde ihren Tadel zurückweisen. Und sie würde vielleicht einen Ausweg finden, war sie doch tatkräftig und durchtrieben.

Durch diese Gedanken ein wenig gestärkt, entschloß er sich, nun nicht mehr zu zögern und die Königin aufzusuchen. Nach dem Stand der Sonne war mittlerweile die Stunde herangerückt, zu der sie fast täglich im Garten des Palastes spazierenging. Da konnte man sie «zufällig» treffen, und es ließ sich einrichten, sie allein zu sprechen. Er kehrte geradenwegs nach dem Palast zurück, ließ sein Pferd in den Stall führen und begab sich in die weiträumigen Anlagen.

Er hatte sich nicht getäuscht. Nachdem er eine Weile suchend zwischen verwilderten Hecken, ausgetrockneten Brunnen und den Resten von Marmorbildwerken umhergeirrt war, entdeckte er die Königin in einer der besser erhaltenen Pergolen, wo sie, von einigen ihrer Vertrauten umgeben, auf und ab schritt. Es störte Helmichis, daß sich der Bischof Julianus in der Gruppe befand, der vielleicht einen Verdacht geschöpft hatte und ihn beobachten würde. Auch die Anwesenheit der Kammerfrau Calvina, der Geliebten des Peredeo, beunruhigte ihn. Zum Glück waren noch Gellios, Rosamundes früherer Lehrer, und ein Gepide namens Munolf dabei, zwei eifrige, unterhaltsame Plauderer, die die Aufmerksamkeit ein wenig ablenken konnten.

Helmichis trat näher, verneigte sich vor der Königin und schloß sich der Gruppe an. Das Lächeln, mit dem er grüßte, mißlang ihm, und Rosamunde sah ihm prüfend und argwöhnisch in die Augen, so als ahne sie bereits etwas. Gleich wandte sie sich jedoch wieder Munolf zu, der gerade das Wort führte. Der Gepide, ein wohlgenährter, reich gekleideter Mann mit einem fröhlichen, runden Gesicht, berichtete über eine Reise, von der er vor einer Woche zurückgekehrt war. Er hatte zu Schiff Ravenna besucht, den Sitz des byzantinischen Statthalters. Auf einer eigenen Galeere war er die Etsch hinuntergefahren und dann ein Stück längs der Adria-Küste bis in die berühmte Seefestung gelangt. Als friedlicher Kaufmann, der nebenbei ein paar geheime Aufträge erledigte, hatte er byzantinische Ware an Bord genommen. Wie die meisten auswärtigen Besucher Ravennas war er vom Statthalter Longinus persönlich einem Verhör unterzogen worden.

«Ein nicht mehr ganz junger Mann», berichtete Munolf, «energisch, aber von edler Gesinnung. Was mich betrifft, so schöpfte er nicht den geringsten Verdacht. Über die Zustände im langobardischen Herrschaftsgebiet stellte er lediglich ein paar allgemeine Fragen. Und als er erfuhr, daß ich Gepide bin, interessierte ihn gar nichts mehr – mit einer Ausnahme. Er sprach jetzt nur noch von dir, meine Königin. Er hatte viel von dir gehört, über die Wechselfälle deines Geschicks. Da war er erfreut, einen Mann zu treffen, der ihm nähere Auskünfte gab.»

«Wie schön», sagte Rosamunde, «daß du den Statthalter mit meiner Geschichte ablenken konntest. So fragte er dich wenigstens nicht über unsere Truppenstärke und unsere Bewaffnung aus.»

«Mir macht es den Mann sympathisch», bemerkte Gellios, «daß er seine schlechte Sache vergaß, um eine gute Geschichte anzuhören. Ich hoffe, mein Freund, du hast die richtigen Worte gefunden für das beeindrukkende Schicksal unserer Königin.»

«Wahrhaftig, ich bin fast zum Dichter geworden!» erwiderte Munolf lachend. «Vor allem, als er mich aufforderte, deine äußere Erscheinung, Herrin, zu beschreiben. Auch der Ruhm deiner Schönheit war zu ihm gedrungen, und er fragte mich nach allen Einzelheiten. Gleich rief er einen Maler herbei, der nach meiner Schilderung dein Bild entwarf. Es war von sprechender Ähnlichkeit, der Künstler hatte Talent. Alles traf er genau: deine Augen, dein Haar, dein Gesicht, und sogar ...»

«Und sogar?» fragte Rosamunde lächelnd.

«Sogar das, was ich nicht wagte zu beschreiben», sagte Munolf ein wenig verlegen. «Er tat es hinzu, so wie er es sich eben vorstellte.»

«Ein bedrückender Gedanke», meinte der Bischof Julianus säuerlich, «daß nun ein Bildnis unserer frommen Königin diesen verkommenen Byzantinern zu ihrem Ergötzen dient.»

«Jedes Bild hat die Aufgabe zu ergötzen, ehrwürdiger Vater», sagte Gellios, «weil es die Sinne nun einmal stärker anspricht als das gesprochene oder geschriebene Wort. Ergötzen nicht auch wir uns an den Bildnissen heiliger oder frommer Frauen, zum Beispiel der Mutter Maria oder der christlichen Märtyrerinnen ...»

Der Bischof widersprach. Es sei etwas anderes, wenn das reine Ergötzen durch die läuternde Wirkung des stummen Gebetes beim Anblick solcher Bildnisse gemildert werde. Es entspann sich ein akademischer Streit. Da er, wie auch das vorausgegangene Gespräch, in lateinischer Sprache geführt wurde, verstand Helmichis nur das wenigste. Obwohl er sich nun schon vier Jahre in Italien aufhielt, beherrschte er diese Sprache noch immer nur unzulänglich. Schweigend schritt er am Rande der Gruppe und suchte immer wieder durch Blicke die Aufmerksamkeit Rosamundes auf sich zu lenken. Da sich auch Munolf und Calvina für den Gegenstand des Gesprächs interessierten und sich mit Zwischenbemerkungen beteiligten, konnte die Königin, als die Gruppe kehrtmachte und unter dem Laubendach noch einmal denselben Weg zurücklegte, unbemerkt ihren Schritt verlangsamen. Dabei sprach sie Helmichis an und fragte ihn dieses und jenes Belanglose.

Schließlich sagte sie leise: «Du siehst aus wie ein Knabe, der mit dem Feuer gespielt und dabei ein Haus angezündet hat. Was ist geschehen?»

Helmichis seufzte und blickte vorwurfsvoll.

«Du hast dich getäuscht. Mit Peredeo ist nicht zu rechnen. Er wird uns nicht beistehen.»

«So hast du schon mit ihm gesprochen? Ihn eingeweiht?»

«Ja. Doch das hätte ich besser bleibenlassen. Aber du wolltest es ja so. Ich sagte dir gleich, es würde schwierig. Er steht zu seinem Gefolgseid – trotz allem, was er erdulden muß. Er gehört zu diesen bedingungslos Treuen, die durch nichts zu erschüttern sind. Weder durch Warnungen noch durch Versprechungen.»

«Du hast also alles verdorben!»

«Ich habe nur getan, was du wolltest! Mit meiner ganzen Beredsamkeit ...»

«Schweig doch!» zischte sie und sagte gleich darauf laut, weil der Bischof sich nach ihnen umdrehte: «Ich bin deiner Meinung, lieber Helmichis. Es wird weniger Plünderungen und Morde geben, wenn die Sklavenier und die anderen Heiden endlich getauft werden. Wir haben ja gestern, als du mich in dieser Angelegenheit aufsuchtest, schon ausführlich darüber gesprochen, wie nötig es ist.»

Abermals verhielt sie den Schritt, so daß die Vorangehenden sich noch weiter entfernten.

«Was hast du ihm alles gesagt? Was weiß er?»

«Ich sagte, es gebe unter den Großen viel Unzufriedenheit.»

«Und weiter? Was noch?»

«Die Langobarden wünschten sich einen anderen König.»

«Sprachst du dabei von dir?»

«Es schien, er erriet es.»

«Und hast du auch mich erwähnt? Antworte!»

«Ich wollte es erst vermeiden ...»

«Doch was? Du hast mich bloßgestellt? Wie?»

«Ich hoffte, es würde ihn noch umstimmen, wenn er

erführe, daß du den Plan unterstützt. Er war ja zornig und empört, weil Alboin dich ...»

«Und weiß er auch, wo du die letzte Nacht verbracht hast? Rede! Hast du auch das gleich ausgeplaudert ... dich damit gebrüstet, Geliebter der Königin zu sein?»

«Nichts habe ich davon gesagt!» log Helmichis feige. «Wenn er es glaubt, bin ich daran schuldlos.»

Rosamunde blieb einen Augenblick stehen und holte tief und verzweifelt Atem.

«O Gott, hilf mir! Was soll ich jetzt tun?»

Sie griff aus Gewohnheit mit jeder Hand nach einem der goldenen Brakteaten, die als Amulette an schmalen Lederriemen von ihrem Gürtel hingen. Dann ging sie rasch weiter, weil diesmal Calvina sich nach ihnen umsah.

«Er weiß also alles. Das heißt, er kann dieses Wissen verwenden und uns vernichten.»

«Er versprach aus Freundschaft zu mir, daß er schweigen werde!» warf Helmichis mit einer hilflosen Geste ein.

«Er könnte warten, bis Alboin zurückkommt, aber auch selbständig handeln. Das heißt, jeder Tag ist kostbar ... jede Stunde, jeder Augenblick. Nur eines ist wichtig: ihm zuvorzukommen. Es muß noch heute geschehen. Ja, unbedingt heute!»

«Was meinst du damit? Was soll noch heute ...»

«Aber ...» Sie sprach nur noch zu sich selbst. «Aber wie kann man sich ihm nähern? Er ist stets von seinen Leuten umgeben. Vielleicht, wenn er schläft, in seinem Quartier? Nein, unmöglich! Es stehen ja immer Wachen da. Und wer sollte es tun?»

«Du willst ihn töten?» flüsterte Helmichis erschrokken.

«Er könnte erwachen ... und mit seiner Riesenkraft ...

Also muß es anders ... ganz anders ... Calvina hat mich gebeten, auch heute wieder ...»

Die Gruppe hatte die Pergola abermals langsam durchschritten und wartete nun auf die Königin und ihren Begleiter.

Rosamunde bückte sich rasch zu einer Säulenbasis und pflückte ein paar Blumen, die dort wuchsen. Dabei sagte sie, ohne Helmichis anzusehen: «Sei bei Sonnenuntergang an der Nordmauer! Verstecke dich im Gebüsch gegenüber! Wenn Calvina kommt, folge ihr! Halte dich aber zurück und warte, bis du ein Zeichen bekommst! Und vergiß deine Waffen nicht!»

Sie erhob sich, roch an den Blumen und schritt lächelnd auf die anderen zu.

«Eine frohe Nachricht, Vater! Wir haben beschlossen, ein frommes Werk zu tun. Wir bauen außer der Kirche ein Baptisterium! Unser Vetter Helmichis wird etwas beisteuern, ich habe ihn gerade überredet.»

«Oh, meine Tochter!» rief der Bischof. «Gott wird deinen neuen Eifer belohnen!»

Nie wollte ich glauben, was manche sagten, dachte Helmichis. Tatsächlich, sie hat den Teufel im Leib.

Und ein eiskalter Schauer lief ihm bei dem Gedanken an ihren Befehl den Rücken hinab.

Rosamunde hatte allerdings in dem Augenblick, als sie sich nach den Blumen bückte, noch keineswegs darüber entschieden, was jetzt zu tun war. Fest stand für sie nur, daß Peredeo mit allen Mitteln – notfalls dem äußersten – daran gehindert werden mußte, gefährlich zu werden. Sie hatte Helmichis Anweisungen erteilt, die ihr zweckmäßig schienen, ohne sich schon über ihre wirkliche Absicht im klaren zu sein.

Blitzschnell hatte sie nur erwogen, daß sich der Kommandant der Palastwache in dieser Nacht an einem einsamen Ort einfinden sollte, wo er zwar nicht ganz allein, doch kaum geschützt und also verwundbar sein würde. Auf irgendeine Art und Weise mußte dieser Umstand genutzt werden, um die tödliche Bedrohung, die nun den Namen Peredeo hatte, abzuwenden.

Sie war sich auch ziemlich sicher, daß sie Helmichis dazu brauchen würde. Eines war aber gewiß: Er durfte nicht mehr selbständig handeln. Wenn sie sich manchmal gefragt hatte, warum Alboin seinen geliebten Vetter stets nur mit einem fast pflichtenlosen Ehrenamt und höchstens von Zeit zu Zeit kleineren Sonderaufträgen betraute, so war ihr nun die schlagende Antwort erteilt. Auf diesen Helfer war kein Verlaß, und sie mußte ihn unter strengster Kontrolle halten. Schon seine erste Unternehmung war fehlgeschlagen. Er würde wieder das Falsche tun, wenn sie ihn am Abend allein ließ. Zum Glück hatte sie ihm noch befohlen zu warten, bis er ein Zeichen bekäme. Dieses Zeichen würde sie selbst geben und sich somit in eigener Person heimlich aus dem Palast entfernen müssen. Was dann geschehen sollte, wußte sie im Garten noch nicht. Sie dachte unentwegt darüber nach und folgte nur noch zerstreut den Gesprächen. Aber es wollte ihr nicht einfallen.

Kurz darauf jedoch war es Munolf, der ihr in der unschuldigsten Absicht einen verwegenen Gedanken eingab. Er hatte der Königin von seiner Reise ein prachtvolles byzantinisches Seidengewand als Geschenk mitgebracht. Während die Gesellschaft sich auf dem Palasthof trennte und Munolf sich ehrerbietig von Rosamunde verabschiedete, lud er sie ein, sein Haus am Forum zu besuchen. Dort habe er weitere Kostbarkeiten aus Ravenna am Lager, die er der Königin anbieten wolle, bevor er sie anderweitig verkaufe. Er empfahl ihr, Calvina dazu mitzubringen, damit sie nicht selber die Geduld zu den vielleicht nötigen Anproben und den Änderungen, die seine geschulten Sklavinnen gleich vornehmen würden, aufbringen müsse. Denn ihre Kammerfrau, scherzte Munolf, gleiche ihr, sehe man einmal von den Gesichtszügen und der Haarfarbe ab, wahrhaftig wie eine Zwillingsschwester.

Diese Feststellung, die schon andere getroffen hatten, war der Funke im Heuhaufen. Rosamunde war gleich entflammt, und als sie kurz darauf ihre Gemächer betrat, war der kühne Plan schon fast fertig. Sie befahl, die byzantinische Festrobe, Munolfs Geschenk, aus der Truhe zu nehmen, in der sie zunächst verschwunden war. Solche schweren Gewänder mochte sie nicht, noch weniger ihre grellen Farben, schon gar nicht die eingewebten Blumen und Vögel. Nun erklärte sie, daß sie, durch Munolf erinnert, immerhin einmal probieren wolle, ob ihr das kostbare Stück nicht doch gefiele. Sie wolle sich einmal selber darin zur Tür hereinkommen sehen. Um diesen Eindruck vollkommen zu machen, werde sie auf die unzulänglichen Spiegel verzichten und ihrer «Zwillingsschwester» zuschauen, die an ihrer Stelle das Kleidungsstück tragen werde.

Calvina war dazu mit Freuden bereit. Sofort legte sie ihre Palla ab, das einfache schwarze Umschlagtuch, das sie fast immer trug, mal über den Kopf und die Schultern geworfen, mal um die Hüften geschlungen. Zwei Mägde halfen ihr in die Seidenrobe, Rosamunde selbst faßte zu. Eine kupferfarbene Perücke wurde sogar herbeigeholt, dazu noch ein Diadem, damit die Wirkung vollkommener würde. Calvina schritt strahlend auf und ab, drehte sich und ließ sich bewundern. Die Mägde behaupteten, daß man sie für die Frau Königin halten könne, wenn sie sich so öffentlich zeige. Rosamunde hörte das mit Befriedigung. Was das Gewand betraf, blieb sie aber bei ihrer Meinung. Sie fand, es passe nicht zu ihr. Da es Calvina jedoch gefiele und sie es so graziös zu tragen wisse, mache sie es ihr zum Geschenk.

Ein freudiger Aufschrei dankte ihr. Die hübsche Kammerfrau beugte das Knie, und hätten der Standesunterschied und das schwere Gewand sie nicht gehindert, wäre sie wohl der Königin um den Hals gefallen.

«Ich werde es zu meiner Hochzeit tragen!» rief sie. «Bisher wußte ich nicht, was ich anziehen sollte. Es wird mir den schönsten Tag noch schöner machen!»

Die Königin lächelte starr. Ihr Gesicht war wieder sehr stark geschminkt, um die noch immer beträchtliche Schwellung über der Oberlippe und die Verletzung am Mundwinkel zu verdecken. Sie sagte den Mägden, sie würden im Augenblick nicht mehr benötigt, und schloß selber die Tür hinter ihnen.

Calvina löste die Spangen und wollte das Gewand ohne Hilfe ausziehen, doch Rosamunde sagte:

«Behalte es an, und freue dich noch ein wenig an ihm. Leider muß ich aber dem Becher der Freude einen bitteren Tropfen beimengen. Es fällt mir schwer, doch ich meine, es ist meine Pflicht.»

Sie ließ sich seufzend auf ihrem Korbstuhl nieder. Die Kammerfrau nahm das Diadem und die Perücke ab und legte beides auf einen Hocker. Beunruhigt trat sie näher.

«Einen bitteren Tropfen, Herrin?»

«Als ich vorhin im Garten mit Helmichis sprach, erfuhr ich eine seltsame Neuigkeit. Du hast vielleicht bemerkt, wie verärgert ich war.»

«Etwa meinetwegen? Aber warum? Was soll ich getan haben?»

«Nichts, meine arme Calvina, nichts. Verärgert hat mich, was dir geschehen soll. Ich war empört über ein so treuloses Verhalten.»

«Gegen mich? Von wem denn?»

«Von Peredeo.»

«Das kann nicht sein!» rief Calvina.

«Beruhige dich, und höre mir zu. Wahrscheinlich weißt du nicht, daß Helmichis eine jüngere Schwester hat. Sie lebt in Mailand bei ihrer Mutter, Alboins Tante, die sich kürzlich dort wieder verheiratet hat. Helmichis ist seit langem, das heißt seit dem Tode seines Vaters, Muntwalt dieser Schwester. Sie ist zwanzig Jahre alt und noch unvermählt ... kein Wunder, sie ist nicht gerade anziehend. Jetzt hat sich aber ein Bewerber gefunden. Es ist Peredeo.»

«Er hat sich beworben? Um dieses Mädchen?»

«Bei ihrem Muntwalt. Nach unserem Brauch.»

«Aber ...»

«Aber er wollte ja dich zur Frau. Im Grunde hat sich daran nichts geändert. Du weißt ja, es gibt nach unserem Recht verschiedene Formen der Ehe. Die Muntehe ist die wichtigste. Der Ehemann übernimmt vom Muntwalt die Vormundschaft über die Braut, erhält eine Mitgift und spendet die Morgengabe. In diesem Fall bietet sich dem Peredeo aber noch etwas, das ihm wichtiger ist als die wertvollste Mitgift: der Vorteil, durch Heirat Mitglied der Gausenfamilie zu werden. Der König könnte ihn nun nicht mehr zurücksetzen. Was er dem einfachen Edelfreien verwehrte, würde er einem Verwandten...»

«Ich verstehe», sagte Calvina, um Fassung ringend. «Peredeo muß ja an seine Zukunft denken.»

«Ja, und so wünscht er sich Helmichis' Schwester als seine erste und eigentliche Gemahlin. Dich will er dagegen zu seiner Friedel machen.»

«Zu seiner Friedel? Was ist das?»

«Das ist – wieder nach unserem Recht – eine Ehefrau minderen Ranges.»

«Minderen Ranges?» fragte Calvina, in stolzer Abwehr den Kopf hebend.

«Eine Geliebte, die man im Haus hält», erklärte Rosamunde, «der man nichts schuldet und die man leicht wieder loswerden kann. Die allerdings etwas mehr ist als nur eine Kebse, eine Ehefrau von unfreiem Stand.»

«Ich soll neben einer anderen ...?»

«Hinter einer anderen.»

«Aber er liebt mich doch!» rief Calvina verzweifelt.

«Und daran hat sich wohl nichts geändert. Als Bettschatz will er dich ja behalten ... da die andere, wie gesagt, nicht sehr reizvoll ist. Er meinte, Calvina ist so vernarrt in mich, daß ihr das vollkommen genügen wird.»

«Aber es wäre doch demütigend, wäre ehrlos!»

«Er sagte, du würdest dich schon damit abfinden. Auch ich hätte ihm so viel Kälte nicht zugetraut. Aber was zählen weibliche Gefühle, wenn es den Männern um Macht und Ansehen geht?»

«Ich kann das alles nicht glauben, Herrin!» Die junge Kammerfrau brach in Tränen aus und schlug die Hände vor das Gesicht. «Er ist ein so ehrlicher und empfindsamer Mann ...»

«Aber er steht an der Schwelle des Alters und möchte gern unter ein sicheres Dach. Helmichis hat natürlich eingewilligt. Peredeo ist sein Freund, und er will ihm helfen. Außerdem macht es ihm Spaß, den König zur Rücknahme einer Entscheidung zu zwingen. Sobald Alboin zurückkehrt, wird er von der bevorstehenden Heirat in Kenntnis gesetzt. Sie hoffen, Peredeo werde dann die Verbannung in die Wildnis erspart bleiben.»

«Kein Wort hat er mir von alldem gesagt!» schluchzte Calvina. «Noch gestern fragte er, ob ich mit ihm zusammen dorthin gehen würde ... in die Berge ...»

«Er will es so lange wie möglich vor dir geheimhalten. Natürlich hat er ein schlechtes Gewissen, und so ganz sicher, wie er behauptet, scheint er deiner doch nicht zu sein. Er fürchtet, daß es dann erst einmal aus ist mit den heißen Umarmungen auf kühlem Marmor. So hat er es Helmichis gesagt. Diese Bemerkung hat mich am meisten empört.»

«Ich werde mich nie mehr mit ihm treffen! Niemals! Ich ertrage es nicht, belogen ... getäuscht ... zurückgesetzt ...»

Calvina konnte nicht weitersprechen. Ihre Schultern zuckten. Die Tränen rannen ihr über die Wangen und tropften vom Kinn auf die Blumen und Vögel des reichgemusterten Festgewands.

Rosamunde seufzte, es war geschafft. Solange mußte sie grausam sein, nun brauchte sie nur noch Anteilnahme zu zeigen. Sie nahm sich vor, alles wiedergutzumachen und die erfundene Schwester des Helmichis sterben zu lassen, sobald die Zeit dazu reif sein würde. Vorerst aber mußte sich die Getäuschte mit ihren Tröstungen zufriedengeben. Und mit dem geschenkten Gewand, einer armseligen Entschädigung, wie Rosamunde sich selber eingestand. Calvina wollte es, da sie nun keine Verwendung mehr dafür zu haben glaubte, auch nicht mehr behalten. Die Königin mußte sie fast gewaltsam hindern, es auszuziehen. Von den Tränen der jungen Witwe gerührt, weinte auch sie – über den traurigen Umstand, der sie zwang, des Leides wegen, das ihr selber zugefügt wurde, einer anderen, die ganz unschuldig und ihr fast eine Freundin war, Leid zuzufügen.

Sie rief die Mägde wieder herein, damit sie Calvina in die Kammer geleiteten, die sie mit anderen Zofen teilte. Dort sollte sie gleich zu Bett gehen, stärkende Tränke zu sich nehmen und es vor dem nächsten Morgen nicht mehr verlassen. Von den Mägden gestützt, wankte die Unglückliche hinaus.

Die schwarze Palla ließ sie zurück. Rosamunde schlug sie sich um den Kopf und die Schultern. So trat sie vor den kupfernen Spiegel, der zwischen zwei Fensterbogen in die Wand eingelassen war.

Sie warf hinter dem halb über das Gesicht gezogenen Tuch ihrem Spiegelbild einen düsteren Blick zu und wandte sich gleich schroff wieder ab.

Schon lange vor Sonnenuntergang hatte Peredeo sich in dem kleinen Hain am Tempel eingefunden. Er hockte auf der obersten Stufe, rieb den Rücken an einer Säule und wartete. Dabei dachte er nach, und diese Beschäftigung, die ihn weit mehr anstrengte als Ringkämpfe und Schwertgefechte, nahm ihn nun schon den ganzen Tag in Anspruch. Er war erschöpft und noch mehr als am Abend zuvor von Unruhe und Spannung erfüllt.

Wie schwere Steine wälzte er seine Gedanken und brachte sie immer nur ruckweise vorwärts. Was ihm Helmichis über Calvina gesagt hatte, beschäftigte ihn am meisten. Er durfte sie keiner tödlichen Gefahr aussetzen, indem er sie in die rauhen Berge mitnahm. Wenn er sie also behalten wollte, mußte er in Verona bleiben oder an einen Ort gehen, der ihrer Gesundheit zuträglich war. Er würde den König darum bitten, Rücksicht zu nehmen und ihn noch einmal an seine Verdienste erinnern. So viel mußte seine Treue doch wert sein, sagte er sich, die er gerade erst wieder bewiesen hatte, als er das Ansinnen des Helmichis zurückwies.

Dieses für seinen Zweck zu benutzen, fiel Peredeo aber nicht ein. Er dachte nicht so weit, daß Alboin seine Standhaftigkeit ja nicht würdigen konnte, wenn er nichts von ihr erfuhr. Er hatte Helmichis zu schweigen gelobt, und das galt. Auf Peredeos Wort war Verlaß, das war seine Ehre. Allerdings kochte noch immer in ihm die Empörung auf, wenn er sich des Gesprächs in der Arena erinnerte.

Der Fall war für ihn vollkommen klar. Die Königin war ein schwaches Weib, noch dazu eine Fremde, und hatte keinen hohen Begriff von Ehre und Treue. Um sich an Alboin zu rächen, wozu sie Grund hatte, gab sie sich seinem Schildträger hin. Nun bekamen sie es jedoch mit der Angst zu tun und hatten bei ihm, Peredeo, Hilfe gesucht. Denn nur einer wie er konnte ihnen einen gewaltigen Mann wie den Alboin vom Halse schaffen. An seiner unverbrüchlichen Treue gescheitert, würden sie solche Pläne aufgeben und aus Furcht vor Entdeckung auch ihr heimliches Treiben nicht fortsetzen. So hatte er die Genugtuung, seinem Gefolgsherrn erneut einen wertvollen Dienst geleistet zu haben.

Tief schmerzte ihn allerdings, daß ihn Helmichis, mit dem er vertraut zu sein glaubte, einer so scheußlichen Untat für fähig hielt. Jedesmal, wenn er seine schweren Gedankenbrocken bis zu diesem Punkt gewälzt hatte, packte ihn wieder der Zorn. Dann mußte er irgend etwas zerschlagen, zerbrechen, zermalmen, zerstampfen.

«Hätte ich ihm nur den Hals umgedreht, dem Verfluchten!» Solche und ähnliche Rufe ausstoßend, sprang er dann auf, um zu wüten. Einige Sträucher ringsum waren schon entwurzelt, Äste und sogar Stämme geknickt. Eine der brüchigen Seitenwände des kleinen Tempels war durch einen Fußtritt eingedrückt und zusammengefallen.

Als es schon völlig dunkel war, Calvina nicht erschien und ein erneuter Anfall den Wartenden packte, war die Ruine des früheren Heiligtums dem teutonischen Wüterich endgültig preisgegeben. Was vom Dachgebälk übrig war, wurde zerschmettert, die restlichen Wände sanken in Trümmer. Bretter und Steine wirbelten durch die Luft. Schließlich waren nur noch die Wandzungen und die geborstenen Säulen der Vorhalle übrig, und auch sie wurden nicht verschont. Einmal in Schwung geraten, konnte der Riese nicht mehr einhalten, und er wütete mit verbissener Gründlichkeit.

Er nahm sich gerade die letzte Säule vor, als er hinter sich ein girrendes Lachen hörte. Herumfahrend sah er etwa zehn Schritte entfernt, mitten auf der kleinen Lichtung, die schlanke dunkle Gestalt. Mondlicht fiel durch die lockere Wolkendecke und setzte rings um sie helle Tupfer. Sie selber jedoch stand im Schatten.

«Calvina!»

Er schleuderte die Säulentrommel, die er gepackt hielt, von sich und trat auf sie zu. Als er auf etwa fünf Schritte heran war, wich sie zurück.

«Calvina! Ich warte schon lange auf dich ... war etwas ungeduldig geworden. Verzeih, wenn ich dich erschreckt habe. Komm doch!»

Mit gebreiteten Armen ging er weiter, doch sie hob das lange Gewand, drehte sich um und lief ein Stück von ihm fort. Dabei lachte sie wieder leise und aufreizend.

«Ich will dir etwas sagen, Calvina, etwas sehr Wichtiges! Den ganzen Tag hab ich nachgedacht. Es läßt mir keine Ruhe, ich ... Warte!»

Wieder versuchte er, sie einzuholen. Er stolperte über eine Wurzel, fiel beinahe. Leichtfüßig eilte sie vor ihm her. Dabei vermied sie, aus dem Schatten zu treten. Das Umhangtuch, das ihr über den Kopf und die Schultern fiel und tief in die Stirn gezogen war, wehte hinter ihr her. Sie hielt es mit der freien Hand fest, damit es nicht rutschte.

«Ah, so ist das ... du willst mir entkommen! Das schaffst du nicht! Ich habe dich gleich!»

Er glaubte nun endlich zu begreifen. Sie lud ihn zu einem Spiel ein. Niemals kam sie ja gleich zur Sache, sie wollte vorher scherzen und schäkern. Das war etwas Neues – sie spielte das Wild, er war der Jäger. Er schleuderte den Gürtel mit Dolch und Sax in das Gras, zog die verschwitzte Tunika über den Kopf, warf sie von sich. Mit ein paar Sätzen war er bei der Fliehenden. Sie sprang zur Seite und glitt am Waldrand entlang. Er stürzte ihr nach, da verschwand sie hinter den Bäumen. Seine Beine verfingen sich in einem Dornengebüsch. Er fluchte, und schon hörte er wieder ihr Lachen.

Sie stand mitten auf der Wiese im Mondlicht, und er sah, wie sie plötzlich ihr dunkles Gewand hob und ihre langen weißen Beine entblößte.

Heftig riß er sich von dem Dornenstrauch los. Seine Wadenbinden hingen in Fetzen, auch seine Hose war zerrissen. Ohne Zögern streifte er alles ab. Nackt stürmte er auf die Lichtung hinaus.

Die Frau war verschwunden wie ein Trugbild.

«Calvina! Wo bist du? Ich sehe dich nicht! Wo versteckst du dich? Hab Mitleid! Erbarmen! Genug des

Spiels! Komm doch und zeige dich mir, Calvina! Ergib dich!»

Wieder das leise, girrende Lachen. Er drehte sich zweimal im Kreise, sah immer noch nichts. Da erhob sich die weiße Gestalt aus den Trümmern des Tempels. An die letzte, nur noch halbhohe Säule geschmiegt, den Kopf verhüllt, den Körper bis an die Schultern entblößt, wartete sie auf ihn.

Peredeo stieß einen kehligen Schrei aus. Im nächsten Augenblick war er bei ihr, packte sie, trug sie ein paar Schritte fort, sank mit ihr ins Gras. Noch immer bedeckte das Tuch ihr Gesicht, sie hielt es fest, nur ihre Augen schimmerten aus dem Dunkel. Er kümmerte sich nicht mehr um die Mummerei, sondern machte sich keuchend an die Liebesarbeit.

Schnell war er fertig, nach seiner Gewohnheit. Diesmal wurde er nicht angehalten, die Lust zu verlängern. Mit wohligem Grunzen drehte er sich auf den Rücken, schloß die Augen und streckte sich. Schon wurde er schläfrig.

Ein Rascheln ließ ihn jedoch wieder aufmerken. Die Frau neben ihm erhob sich, und blinzelnd sah er, wie sie ihr langes, dunkles Gewand, das sie bis an den Hals hinaufgeschoben hatte, über den Körper herabzog. Sie stand im Licht, von ihm abgewandt.

«Willst du etwa schon gehen, Calvina?» fragte er, wobei er sich etwas aufrichtete und auf den Ellbogen stützte. «Wir haben doch noch die ganze Nacht Zeit. Hoffentlich tut es dir nicht leid um den Tempel. Er war ja schon halb verfallen, aber ich lasse ihn wieder aufbauen, wenn du es willst. Ich war unruhig, weißt du, ziemlich aufgeregt ... du kamst ja sehr spät. Da mußte ich irgend etwas tun. Den ganzen Tag hab ich an dich gedacht, Calvina. Es war nicht richtig von mir, dir angst zu machen. Vielleicht müssen wir gar nicht in die Berge, noch gibt es Hoffnung, daß es anders kommt. Alboin ist ja kein Ungeheuer ... er wird sich besinnen und meine Treue doch noch belohnen. Ja, ich bin sicher, das wird er tun!»

Die Frau stand noch immer schweigend vor ihm – schmal, schlank und hochaufgerichtet. Langsam drehte sie sich zu ihm um.

«Das war eben ein eigenartiges Spiel», fuhr er lachend fort. «Du hast mich ein bißchen verwirrt, Calvina, doch es gefiel mir. Aber warum verbirgst du dich immer noch? Ich möchte dich ansehen und küssen!»

Er sprang auf, und mit einem Ruck riß er ihr selbst die Verhüllung weg. Seine Hand erstarrte in der Luft, das schwarze Umhangtuch fiel auf den Stein. Er war stumm. Er konnte nicht fassen, was er sah.

«Wahrhaftig, ein treuer Gefolgsmann!» sagte die Königin. «Unermüdlich im Dienst seines Herrn. Stets zum letzten Einsatz bereit, vor keiner tollkühnen Tat zurückschreckend. Ich beglückwünsche dich, Peredeo! Du hast tatsächlich von Alboin eine Belohnung verdient. Und ich verspreche dir, du wirst sie erhalten. Das Richtschwert!»

«Herrin», stammelte der Unglückliche und flüchtete hinter die halbe Säule, um seine Blöße zu verbergen, «das war ein Irrtum, ich hätte doch niemals gewagt ... Du hast mich getäuscht! Ich glaubte, es mit Calvina ...»

«Was kümmert den König, was du glaubtest? Nur die vollendete Tat zählt. Und denke nicht, daß du dich vor ihm herausreden kannst. Es gibt einen Zeugen, der alles von Anfang an beobachtet hat.»

Sie hob einen Arm, und auf der anderen Seite, am Eingang der Lichtung, trat unter den Bäumen ein Mann hervor.

«Helmichis, der Verfluchte!» stieß Peredeo hervor.

«Durch Zufall bemerkte er», sagte Rosamunde, «wie Männer unter deinem Befehl ein großes Bündel aus dem Palast schleppten. Argwöhnisch folgte er – hierher. Da sah er gerade noch von weitem, wie ich, von Fesseln und Knebel befreit, in den Wald fliehen wollte. Vergebens, denn gleich darauf war ich von dir gepackt und geschändet. Deine Rache an Alboin für das entgangene Herzogtum! Von mir erfährt der König die Einzelheiten. Wird er auch nur den geringsten Zweifel haben, daß es so und nicht anders gewesen ist?»

«Das ist grausam!» stöhnte Peredeo. «Das ist ein großes Unrecht, Herrin! Was habe ich dir getan? Warum vernichtest du mich?»

Rosamunde lächelte kalt.

«Noch bist du ja frisch und lebendig, und der Kopf sitzt noch auf deinen Schultern. Wenn du vermeiden willst, daß ihn das Richtschwert vom Rumpf trennt, ergreife es selbst ...»

«Das Richtschwert?»

«... und komm deinem Richter zuvor, indem du ihn tötest. Willst du leben? Antworte mir! Willst du leben?»

Peredeo stieß einen Seufzer aus, der tief aus seiner gequälten Seele kam, und senkte den Kopf.

«Ich will es.»

«Knie nieder und küsse den Saum meines Kleides. Dann ist dir vergeben, was du mir angetan hast.»

Der nackte Koloß sank demütig auf die Knie.

«Du hörst von jetzt an auf meine Befehle», sagte die Königin, «die dir Helmichis übermitteln wird. Ich bestimme, was zu tun ist ... vor allem den Zeitpunkt und die Umstände. Wehe dir, wenn du nicht schweigst! Denke stets dabei an Calvina, die ich für deinen Ungehorsam bestrafen würde. Bis alles getan ist, seid ihr getrennt. Danach hast du dein Glück gemacht, so wie es dir heute schon einmal versprochen wurde. Du wirst Herzog sein und Calvina heiraten. Und sie lieben, soviel und sooft du willst. Ich neide ihr einen solchen Liebhaber nicht!» fügte Rosamunde spöttisch hinzu.

Im nächsten Augenblick sah er sie über die Lichtung gehen und mit Helmichis, der sich ihr anschloß, auf dem zum Palast hinunterführenden Weg verschwinden.

«Hure!» grollte er verzweifelt. «Verdammte, niederträchtige Hure!»

II

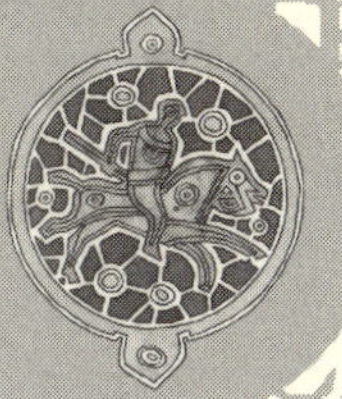

Der 28. Juni 572

An jene Juniwochen des Jahres 572 erinnere ich mich noch sehr gut. Äußerlich blieb alles beim alten, das Leben am Hof von Verona nahm seinen gewohnten Verlauf. Es gab allerdings keine Feste und Gelage mehr, und es ging überhaupt etwas ruhiger und beschaulicher zu, denn den größten Teil der lärmenden Kriegermeute hatte ja König Alboin mit sich genommen.

Trotzdem spürte man, daß sich noch etwas anderes geändert hatte, daß seit der unglückseligen Siegesfeier nichts mehr wie früher war. Eine dumpfe Spannung beherrschte und lähmte uns, die freie, ungezwungene Art des Umgangs, die vorher im Kreise der Königin üblich war, ging verloren. Rosamunde selbst tat zwar so, als sei nichts geschehen, und ließ es bei ihrem gewohnten Tagesablauf. Doch wer sie genauer ansah und darauf achtete, was und wie sie sprach, bemerkte die Folgen der Erschütterung und ahnte, daß die Wunde, die ihr geschlagen war, nicht oder wenigstens nicht in absehbarer Zeit heilen würde. Meist war sie zerstreut und unaufmerksam, häufig sogar vollkommen abwesend. In Gesprächen hatte sie Mühe, bei einem Gegenstand zu bleiben, unvermittelt sprang sie von einem Thema zum anderen, weil sie dazwischen durch einen Gedanken, den sie uns nicht mitteilte, abgelenkt wurde. Sie versuchte auch manchmal, fröhlich zu sein, doch es wirkte unnatürlich und übertrieben. Über die Vorgänge auf dem Fest sprach sie nie, und es versteht sich, daß wir uns nach ihrem Beispiel richteten. Was wirklich in ihr vorging, errieten wir natürlich nicht, schon gar nichts ahnten wir aber von ihrem Entschluß und der unheimlichen Zielstrebigkeit, mit der sie sich an seine Ausführung machte. Es fiel nur auf, daß sie in dieser Zeit oft mit Helmichis unter vier Augen redete und daß es dabei, wenn man die beiden aus der Entfernung beobachtete, keineswegs nur um Nichtigkeiten ging. Oft sprach sie lange auf ihn ein und geriet dabei sichtlich in Wallung. Überhaupt schien sich im Verhältnis der beiden etwas geändert zu haben, besonders von seiner Seite war eine gewisse Vertraulichkeit, auf die er sehr stolz zu sein schien, nicht zu übersehen. Ich bemerkte das mit Besorgnis, denn es lag ja nahe, daß Rosamunde dem König die ihr angetane Schmach durch eine Liebschaft mit seinem Vetter vergalt. Weiter mochte ich aber nicht denken, schon dies schien mir gefährlich genug zu sein.

Ich will auch nicht verhehlen, daß mir kaum in den Sinn gekommen wäre, Helmichis könne Ansprüche auf den langobardischen Thron erheben. Wie er mir später einmal gestand, war das ja eigentlich auch nicht der Fall, sondern er wurde von Rosamunde gedrängt, weil sie Königin bleiben wollte. Ich hatte in ihm stets eine eher unbedeutende Persönlichkeit gesehen, einen Mann ohne Ehrgeiz oder irgendwelche besonderen Eigenschaften, der seine Stellung in der Umgebung des Herrschers nur dem Umstand verdankte, daß er Alboins Vetter und Milchbruder war. Er fiel freilich auf durch seine einnehmenden Gesichtszüge und seine wallenden hellblonden Haare, und er verstand es, wenn man sich seines langobardischen Idioms oder des in Verona gesprochenen romanischen Dialekts bediente, eine recht muntere und gewandte Unterhaltung zu führen. Aufgrund seiner Neigung, mit Kleidern, Waffen und Pferden zu prunken, machte er stets eine glänzende Figur, und da er wenigstens oberflächlich bemüht war, sich römische Kultur anzueignen, unterschied er sich immerhin wohltuend von den meisten langobardischen Edlen. Bei den wenig sittenstrengen Damen der einheimischen Oberschicht hatte er als «Prachtgermane» sogar großen Erfolg, den er auch, da seine herrische Frau vor ein paar Jahren gestorben war, unbeschwert auskosten konnte. Was Rosamunde zu diesem schwadronierenden Gecken hinzog, wollte mir damals nicht recht einleuchten. Eher schon verstand ich den König, der nur noch wenige Verwandte besaß und diese wenigen sorgsam hegte. Er ließ seinen Vetter den großen Herrn spielen, behandelte ihn stets mit Auszeichnung und wies ihm an der Tafel meist einen Platz an seiner Seite zu. Allerdings schien auch er sich der begrenzten Fähigkeiten des Helmichis bewußt zu sein. Mehr als das Ehrenamt eines Schildträgers, das der nun etwa Fünfunddreißigjährige schon seit zwei Jahrzehnten bekleidete, mochte er ihm wohl nicht anvertrauen. Selbst auf dem großen Marsch hatte er ihn höchstens gelegentlich Teile der Nachhut kommandieren lassen. Das alles mag meine Betroffenheit erklären, als ich dann von der Verschwörung erfuhr und der Rolle, die dem Helmichis dabei zugedacht war.

Was den zweiten Verschwörer betrifft, Peredeo, so stand

ich damals, wie wohl verständlich ist, in keinerlei Beziehung zu ihm. Erst später lernte ich ihn etwas näher kennen, als er schon ein heilloser Trunkenbold und trotz seines martialischen Gehabes ein gebrochener Mann war. Ich ahnte nicht im entferntesten, in was Rosamunde diesen lärmenden, aber im Innersten seines Wesens tief empfindsamen Kraftprotz verstrickte.

Wir erhielten im Laufe des Juni immer wieder Nachricht vom König, der sich in verschiedenen Städten, so in Mailand und dem kürzlich eroberten Pavia, aufgehalten hatte, um die Garnisonen zu inspizieren und zu Gericht zu sitzen. Mitte Juni hieß es noch, es gebe Unruhen an der Grenze zum fränkischen Burgund und er werde wohl noch weiter nach Westen rücken. Plötzlich aber erschien eines Abends bei Sonnenuntergang ein Mann aus seinem Gefolge mit der überraschenden Botschaft, Herr Alboin werde am nächsten Tag, dem achtundzwanzigsten Juni, in Verona eintreffen.

Ich erinnerte mich gleich, daß die Königin eine Woche zuvor beiläufig erwähnt hatte, ihrem Gemahl geschrieben und einen Boten an ihn abgesandt zu haben.

Es war dieses Schreiben, das den Ahnungslosen zurückrief ...

«Rosamunde an Alboin, König der Langobarden. Mögest Du, mein lieber Herr und Gemahl, bei guter Gesundheit sein, Deine Feinde in Furcht versetzen und alle Deine hehren Ziele erreichen. Gott der Allmächtige schütze Dein teures Haupt und wende Ungemach von Dir ab. Tag und Nacht bete ich für Dein Heil, denn es gibt nichts, was mir mehr am Herzen liegt.

Ich befinde mich wohl und könnte mich glücklich preisen, müßte ich nicht auf etwas verzichten, was mein Dasein erst mit Freude erfüllt. Es ist Deine Gegenwart, an die ich mich in der letzten Zeit gewöhnt hatte und die mir immer unentbehrlicher wird. Wie sehnlich wünsche ich mir die Zeit herbei, in der Du nicht mehr genötigt sein wirst, mich so oft allein zu lassen. Denn auch das angenehmste Leben ist schal und langweilig ohne die Wonnen der Liebe, so wie der schönste und wärmste Sommer ohne den erfrischenden Regen. Wann endlich, mein teurer Gebieter, wirst Du Deiner Rosamunde, die schon wie eine Blume nach langer Trockenheit den Kopf hängen läßt und zu welken beginnt, wieder Deine erfrischende und belebende Nähe gönnen? Täglich gehe ich in die Kammer, in der Du, wenn Du Dich hier in Verona befindest, Mittagsruhe zu halten pflegst und wo wir so viele unvergeßliche Stunden miteinander verbrachten. Ich nehme dann nach unserer Gewohnheit etwas Mandelgebäck und einen Becher Mulsum zu mir und schwelge in Erinnerungen. Manchmal denke ich dabei so fest an Dich, daß ich schon glaube, Du seist anwesend. Dann entkleide ich mich, lege mich zwischen die Bettücher, schließe die Augen und warte. Und es kommt vor, daß mir plötzlich so ist, als ob Du mir beiwohntest, und dann gaukelt mir meine Einbildungskraft das Wunder vor, das wir so oft gemeinsam erlebt haben. Ach, könnte dies doch bald wieder Wirklichkeit sein!

Ich war traurig, weil Du mich ohne Abschied verlassen hattest. Helmichis hat mir aber erklärt, daß es notwendig war. Ich empfange ihn wenigstens einmal am Tage, um jemand zu haben, mit dem ich ausführlich über Dich sprechen kann. Er liebt Dich sehr und wird nicht müde, Deinen edlen Charakter zu rühmen. So überbieten wir uns gegenseitig in Lobpreisungen, die Dir gewiß gefallen würden, wenn Du sie hörtest.

Manchmal glaube ich, daß seinem Eifer eine bestimmte Absicht zugrunde liegt. Er scheint zu vermuten, daß unser Verhältnis getrübt sei und daß ich Dir etwas nachtrage. Allerdings ist er so zartfühlend, niemals lästige Fragen zu stellen. Wahrscheinlich befürchtet er, der Festabend vor Deiner Abreise sei der Anlaß zu der Verstimmung. Ich gestehe, daß ich in jener Nacht von Zweifeln an Deiner Liebe und von allerlei unguten Gefühlen geplagt war. Ich suchte daraufhin Trost bei Gott und erhielt von ihm eine Antwort auf meine Fragen, die mich erstaunte. Er sandte mir eine Vision, in der ich Teufel und Dämonen sah, die ausgesandt waren, den heiligen Bund unserer Ehe zu stören. Sie nahmen verschiedene Gestalten an, erschienen als verführerische Frauen oder entstiegen als Verwirrung und Unheil stiftender Geister dem Weinfaß. Einige trübten Dein Gedächtnis, damit Du vergaßest, Deine Christenpflicht an einem Toten zu erfüllen. Alle diese Teufel und Dämonen stürzten sich auf uns, und in jener Nacht hatte Satan sie zum entscheidenden Sturm aufgeboten. Beinahe hätten sie gesiegt, aber Gott wollte es nicht und vertrieb sie, damit unser heiliger Bund erhalten blieb. Das war die Vision. Ist dem etwas hinzuzufügen? Vorher glaubte ich, Wunden empfangen zu haben. Doch nun fühlte ich keine Verletzung mehr, und nichts blieb zurück als eine große Dankbarkeit dafür, daß der Herr uns diese Prüfung bestehen ließ. Wir wollen ihn loben und künftig untereinander kein Wort mehr über diese Schlacht mit den Teufeln verlieren. Doch möchte ich, wenn Du es mir erlaubst, Wallfahrten unternehmen, um in Klöstern und an heiligen Stätten zu beten und für unsere Sünden Buße zu tun.

Wie sehne ich mich nach Deiner Rückkehr! Manchmal wünsche ich mir, noch einmal die große Zeit zu erleben, in der wir täglich zusammen waren, Glück und Erfolg, Gefahr und Not miteinander teilend. Mit wieviel Stolz erfüllte es mich, die Frau eines solchen Mannes zu sein! Du führtest Dein Volk in dieses Land, Du eiltest von Sieg zu Sieg. Die Nachwelt wird nur Lob für Dich haben, was immer auch noch geschehen sollte. Das ist mir eine große Beruhigung, für mich selber erhoffe ich nichts. Was man mir auch vielleicht einmal nachsagen sollte, es wird Deinen Ruhm nicht schmälern können.

Ich hoffe, mein teurer Herr und Gemahl, daß mein Abgesandter den kürzesten Weg zu Dir findet und daß Du meine Botschaft mit Wohlwollen aufnimmst. Wenn es so ist, dann zögere nicht und mache Dich, wenn Deine Pflichten es zulassen, sobald als möglich auf den Weg zu mir. Deine treue Gemahlin Rosamunde erwartet Dich mit brennender Sehnsucht und mit verzehrender Ungeduld.»

Alboin hielt das Pergament in der Hand und blickte noch lange auf die schmalen, hohen, feierlich aufgereihten Lettern, die er selber nicht lesen konnte. Während er auf dem Markt einer kleinen Stadt zu Gericht saß, hatte der Bote sich durch die Menge gedrängt und war zu ihm heraufgestiegen. Der König hatte die Verhandlung sofort unterbrochen und sich mit einem jungen Geistlichen, der zu seinem Troß gehörte, in eine Nische der Gerichtshalle zurückgezogen. Beim Vorlesen hatte der Diakon ihm über die Schulter gesehen.

«Lies die Stelle noch einmal ... die mit den Bettüchern!»

Der junge Mann errötete, suchte einen Augenblick und las vor.

«Auch die, wo von den Wonnen der Liebe die Rede ist!»

Schließlich ließ sich der König den ganzen Brief nochmals vorlesen. Während er zuhörte, lächelte er beseligt und nickte immer wieder zustimmend. Ein feuchter Glanz trat in seine Augen.

Draußen lärmte das Volk, in der Vorhalle drängten sich die Klägerparteien. Es waren viele, die durch Plünderungen und Brandschatzungen oder auf andere Weise geschädigt waren. Sie hofften, beim König Recht zu finden, und tatsächlich hatte er schon in zahlreichen Fällen die Rückerstattung oder einen Schadenersatz angeordnet. Mit finsterer Miene hatte der Herzog, der für die Übergriffe verantwortlich war, diese Urteile zur Kenntnis genommen.

Die Sonne stand bereits tief, und je länger die Unterbrechung dauerte, desto aufgeregter wurde die Menge. Nicht wenige hatten weite Wege zurückgelegt und fürchteten nun, ihre Klage nicht mehr vorbringen zu können. Schreiend versuchten sie, zum König vorzudringen. Die Reihe der Leibwächter, die den Eingang der Halle bewachte, wankte bereits.

Arichis näherte sich dem König.

«Verzeih! Was soll ich mit ihnen machen? Befiehlst du, daß ich sie auseinanderjage?»

«Störe mich nicht!» sagte Alboin und gab dem Diakon ein Zeichen, zu Ende zu lesen.

Schon waren die ersten eingedrungen. Arichis zog sein Schwert und trieb sie zurück. Verzweifelte Rufe wurden laut.

«Gnade! Gerechtigkeit!»

Der junge Vorleser kam zum Schluß.

«... Rosamunde erwartet Dich mit brennender Sehnsucht und mit verzehrender Ungeduld.»

Glückstrahlend rollte der König das Pergament zusammen und steckte es in den Halsausschnitt seiner Tunika. Er wollte das Blatt mit der kostbaren Botschaft auf seinem Körper spüren.

Dann nahm er wieder seinen erhöhten Sitz ein.

«Laßt alle eintreten!»

Die Halle füllte sich in Augenblicksschnelle.

Alboin hob die Hand, und Ruhe trat ein. Er ließ seinen heiteren Blick über die Versammelten gleiten und sagte in fast fehlerfreier Aussprache der örtlichen romanischen Mundart:

«Allen Klagen, die noch nicht vorgebracht wurden, ist stattgegeben! Damit ist der Gerichtstag beendet!»

Ein Jubelschrei ließ die Halle erdröhnen, setzte sich draußen über den Markt fort. Die Nutznießer der unverhofften königlichen Gunst lagen sich lachend und weinend in den Armen.

Der Herzog trat vor den Stuhl des Königs und sagte mit kaum unterdrücktem Zorn: «Warum diese Übereilung? Warum hörst du nicht erst die Klagen an? Wer weiß, was diese Spitzbuben jetzt von uns fordern werden! Befrage sie erst, bevor du urteilst! Du hast Zeit, es ist noch lange nicht Abend!»

«Nein», sagte Alboin, «ich muß fort. Die Sache duldet keinen Aufschub. Wir brechen auf. Unverzüglich!»

«Noch heute?» fragte Arichis. «Wohin, Herr?»

«Nach Verona.»

«Das sind zweihundert Meilen.»

«Ich muß spätestens in drei Tagen dort sein!»

Und schon verließ er die Halle. Bevor ihm die Leibwächter eine Gasse bilden konnten, schritt er mitten durch die Menge, die ehrfurchtsvoll und unter Verbeugungen zurückwich.

«Zweihundert Meilen in drei Tagen!» seufzte Arichis. «Dazu werden wir Flügel brauchen!»

Am Abend des siebenundzwanzigsten Juni erschien ein Bote in Verona und brachte die Nachricht, daß der König der Langobarden am nächsten Vormittag in seiner Hauptstadt eintreffen werde.

Rosamunde fand lange keinen Schlaf. Es war schwül, nach mehreren heißen Wochen brachten die Nächte kaum Abkühlung. Die Königin warf die Tücher ab, wälzte sich und tauchte immer wieder den Schwamm in die Wasserkanne, um ihre glühende Stirn und ihren schweißfeuchten Körper zu kühlen. Mehrmals stand sie auf und trat an eines der Bogenfenster, um in tiefen Zügen die Nachtluft zu atmen. Dabei blickte sie in den Palasthof hinunter, wo ein einsamer Wächter auf und ab schritt. Um Mitternacht wurde er abgelöst. Sie hörte die Stimmen, die die Parole brüllten, und das Geräusch der dreimal gegeneinandergeschlagenen Lanzen.

Vergebens suchte sie sich gegen die Gedanken zu wehren, die ihr das Hirn zermarterten und sich wie schwere Gewichte auf ihre Brust legten. Seit sie zehn Tage zuvor den Lockbrief geschrieben hatte, war sie die Zweifel nicht mehr losgeworden. Sie hatte die Rohrfeder zur Hand genommen, um ein heuchlerisches, den Empfänger vollständig täuschendes Schreiben zu verfertigen. Was dann aber dabei herauskam, war ein Liebesbrief, der wider Willen aufrichtige Bekenntnisse und tatsächliche Wünsche enthielt. Ihre gewaltsam von dem Verlangen nach Rache unterdrückten Gefühle befreiten sich in dem Augenblick, als sie nach Worten suchte, und so kam – seltsamer Widersinn – vieles von dem, was sie niederschrieb, aus ehrlichem Herzen. Sogar die Vision von den Teufeln und Dämonen, die sie erfunden hatte, um Alboin Schuldgefühle zu nehmen, die ihn vielleicht an der Rückkehr hinderten, erschien ihr auf einmal tatsächlich als eine von Gott gesandte Botschaft zu seiner Entlastung. Und wenn sie sich weiterschreibend auch auf ihr Ziel zurückbesann, so hatte sie doch auf einmal die noch undeutliche Einsicht, vor der Welt und der Nachwelt unrecht zu tun. Die dunklen Andeutungen gegen Ende des Briefes, die er nicht verstand oder nicht wahrnahm, waren der Ausdruck dieser Unsicherheit.

Als sie sich entschloß, den Brief zu schreiben, tat sie es, um den Zeitpunkt des Handelns nicht mehr unerträglich lange hinausschieben zu müssen. Von durchziehenden Heerhaufen hatte man in Erfahrung gebracht, daß sich der König immer weiter nach Westen entfernte und sogar einen Vorstoß bis an die Grenzregionen zum Frankenreich plante. Die Gefahr, die Verschwörung könne zusammenbrechen oder gar auffliegen, wurde von Tag zu Tag größer.

Sie richtete es so oft wie möglich ein, mit Helmichis unter vier Augen zu reden. Er schwankte ständig zwischen Überhebung und Kleinmut, Feigheit und Größenwahn. Mal wollte er auf der Stelle die Macht an sich reißen und Alboin in Abwesenheit vom Thron stoßen, dann wieder versuchte er, sie zu überreden, den Schatz zu nehmen und mit ihm zu fliehen. Sie mußte mehr Geduld mit ihm aufbringen, als es ihrem Charakter entsprach, und sie wußte, daß irgendwann eine Grenze erreicht sein würde.

Seine wichtigste Aufgabe war jetzt, unter den Langobarden, die sich im Palast aufhielten, Parteigänger zu gewinnen, ohne bereits seine Absichten preiszugeben. Durch Trinkgelage und Geschenke, die aber noch nicht zu üppig ausfallen durften, mußte der Boden für sein Königtum allmählich bereitet werden. Er stellte sich aber dabei so ungeschickt an, daß hinter seinem Rücken gespottet wurde. Dies kam ihr zu Ohren, sie machte ihm Vorwürfe und erteilte ihm Verhaltensmaßregeln. Es gab Verstimmungen und sogar Streit. Immer wieder mußte sie ihn auch abwehren, wenn er, als sei er schon ihr Gemahl, das nächtliche Beilager von ihr forderte. Aus Vorsicht schien es ihr geboten, jetzt keinerlei Verdacht zu innigen Einvernehmens zu wecken. Er drängte sie dennoch und verstieg sich sogar zu der eifersüchtigen Vermutung, sie treffe sich weiter mit Peredeo. So gab sie schließlich einmal nach, doch als er am frühen Morgen aus ihrem Schlafgemach schlich, begegnete er auf der Treppe Calvina. Damit war nun eine Person am Hofe schon eingeweiht.

Noch größere Sorgen bereitete der Königin freilich ihr zweiter Mitverschworener, Peredeo. Der Kommandant der Palastwache begann, seinen Dienst zu vernachlässigen und saß schon am Vormittag beim Becher. Mit einem Gefolge von Kriegsvolk unterschiedlichster Herkunft und einheimischen Müßiggängern zog er durch die Schenken rund um das Forum. Dabei führte er nach seiner Gewohnheit martialische Reden, prahlte mit seinen Heldentaten und führte Kraftstücke vor. Die Königin ließ ihm durch Helmichis befehlen, sich seinen Pflichten zu widmen und jedes Aufsehen zu vermeiden. Peredeo nannte Helmichis einen «treulosen Weiberknecht, Spion und Verräter», nahm sich aber ein paar Tage zusammen. Doch dann berichtete der Bischof Julianus empört, der betrunkene Kommandant sei mit seinem Anhang in eine Kirche eingedrungen, habe das Kreuz heruntergerissen, den Altar umgeworfen und lästerliche Reden geführt – des Inhalts, der «Hundsfott von Christengott» sei schuld, daß er jetzt tief im Unglück sitze, und niemals hätte er den alten Göttern abschwören dürfen. Rosamunde ließ daraufhin Peredeo zu sich kommen, empfing ihn auf der Dachterrasse unter vier Augen und erneuerte ihre Drohungen. Sie sagte ihm in eiskaltem Ton, nach der nächsten Klage, die ihr über ihn zu Ohren komme, werde sie dem König schriftlich sein «Verbrechen » anzeigen. Er duckte sich wie ein geprügelter Hund und versprach Besserung. Als er bat, mit Calvina, die sich in der Nähe aufhielt, ein paar Worte wechseln zu dürfen, wies Rosamunde ihn schroff ab.

Dazu hatte sie allen Grund, denn die junge Witwe war inzwischen mißtrauisch geworden. Seit der morgendlichen Begegnung mit Helmichis verhielt sie sich der Königin gegenüber zurückhaltend, vermied die vertraulichen Gespräche und beschränkte sich auf ihre Pflichten. Mehr oder weniger unverhohlen zeigte sie dem Paar, wenn sie es nun beisammen fand, ihre Mißbilligung. Einmal fragte sie Helmichis spöttisch, warum er denn seine Schwester noch nie nach Verona gebracht habe, wo ihre anderen Verwandten lebten, und ob ihr Bräutigam Peredeo sie überhaupt kenne. Da antwortete er zerstreut – er hatte gerade mit der Königin Streit gehabt –, eine Schwester habe er nicht. Zwar fielen ihm Rosamundes Instruktionen gleich wieder ein, und er berichtigte sich stotternd, doch die spontane Antwort hatte Calvinas Argwohn geweckt. Helmichis gestand Rosamunde sein Ungeschick, wurde verächtlich gerügt und mußte Peredeo den Befehl überbringen, jeder Annäherung Calvinas unbedingt auszuweichen. Die Zofe begann, ihrem Liebhaber wieder von weitem zuzulächeln und fragte sich jedesmal, warum er eine so traurige Miene zog und sich eilig davonmachte.

Mißtrauisch wurde auch Frau Raunhild. Nachdem ihre Nichte den Wunsch nach einem Seelenbad in klösterlicher Abgeschiedenheit geäußert hatte, vermißte sie Konsequenzen aus dieser neuen Haltung. Rosamunde machte keine Anstalten zu einer frommen Pilgerfahrt, sondern ließ sich statt dessen lieber auf einer Luxusgaleere die Etsch hinauf und hinab rudern. Auf diesen Widerspruch hingewiesen, erwiderte die Königin gereizt, sie werde nicht das Feld für die veronesischen Huren räumen, die ihre Tante, um sich Einfluß zu verschaffen, dem König dann anschleppen würde. Zum Beispiel jene Gallitta, die Verursacherin des Skandals auf der Siegesfeier. Frau Raunhild äußerte darauf nur boshaft, sie beobachte dieses und jenes und glaube allmählich, es gebe Grund, den König zu warnen. Mehr zu sagen, weigerte sie sich jedoch und deutete nur an, es werde ihr ein leichtes sein, mit Alboin in Verbindung zu treten. Rosamunde fürchtete die alte Kupplerin, deren Katzenaugen immer schon manches gesehen hatten, was noch im Dunkel lag.

Furchtbar erschrocken war die Königin, als ihre Stieftochter Albsvinda, die sich neuerdings zu ihr hingezogen fühlte, eines Tages plötzlich herantrat und ihr ins Ohr flüsterte: «Rächst du dich an ihm, wenn er wiederkommt? Bringst du ihn um? Ich helfe dir dabei, wenn ich kann. Du mußt mir nur sagen, was ich tun soll!»

Rosamunde gebot ihr heftig zu schweigen, worauf das Mädchen sie mit einem komplizenhaften Lächeln umarmte und sich zurückzog.

Sie schrieb den Brief zweieinhalb Wochen nach Alboins Aufbruch und lebte die darauffolgenden Tage in sich steigernder Unruhe. Den Ablauf der Tat hatte sie längst festgelegt, und immer wieder durchdachte sie alle Einzelheiten. Helmichis war teilweise eingeweiht, Peredeo noch gar nicht. Zu ungewiß war, ob er sich nicht wieder betrinken und in diesem Zustand etwas preisgeben würde. Erst kurz vorher sollte er ihre Anweisungen erhalten.

Mehrmals täglich betrat sie den Ort, wo es geschehen sollte. Es war eine Kammer am Ende eines langen Korridors im zweiten Obergeschoß des Südflügels. Alboin pflegte hier seine Mittagsruhe zu halten. Sie schritt die Entfernung von der Tür zum Bett ab und legte sich nieder, um zu prüfen, wie man aus dieser Position an ein Schwert kam, das am Bettpfosten hing. Sie überlegte auch, ob sie die beiden kleinen, hochgelegenen Fenster, die wegen der Dicke der Wand wenig Licht herein- und kaum Geräusche hinausließen, verglasen lassen sollte. Sie verwarf die Idee, es konnte Verdacht erwecken.

Das Seltsame war, daß sie den Raum, wo die Mordtat stattfinden sollte, in ihrem Brief erwähnte, ohne sich des makabren Zusammenhangs bewußt zu sein. Sie glaubte beim Schreiben tatsächlich, sie habe sich dort auf das Bett gelegt, um ihrem Glück nachzuträumen. Es gab Augenblicke, in denen sie ihr Vorhaben völlig vergaß. Dann wieder hielt sie es für unausführbar oder für sündig. Je öfter sie – eigentlich nur zum Trug, um ihre wahren Absichten zu verschleiern – die Kapelle des Palastes besuchte, desto häufiger unterließ sie es, sich für das, was sie vorhatte, im Gebet zu rechtfertigen. Sie dachte plötzlich nicht mehr daran, sondern verließ sich lieber darauf, daß ja Gott alles sah und irgendwann jeden Schuldigen richten würde und daß er den Menschen von solchen schmutzigen, blutigen Pflichten befreite. Man mußte nur glauben und vertrauen und alles wurde von oben geregelt. Man durfte sogar einen Mörder lieben, ohne Gewissensbisse zu haben. Wenn sie vor dem Altar kniete, wichen plötzlich der Zorn, der Haß und die innere Spannung, und sie fühlte nur eine große Ruhe und die Befreiung von einer Last.

Danach aber, wieder allein und nicht mehr in der sakralen Umgebung, lachte sie über sich und spottete über ihre Einfalt. Sie klagte sich wütend an, nur wieder einen bequemen Vorwand zu suchen, um selber nichts unternehmen zu müssen. Um das uralte Gesetz ihres Volkes, welches den nächsten Blutsverwandten zur Vergeltung eines Mordes verpflichtete, außer Kraft setzen und sich auch künftig ihrer sträflichen Liebe widmen zu dürfen. Um alles der höheren Macht überlassen zu können. Was aber war schon von einem Gott zu erwarten, der zusah, daß man den Gerechtesten der Gerechten, seinen eigenen Sohn, ans Kreuz schlug? Würde er sich des Verbrechens erinnern, das vor ihren Augen geschah, der Ermordung ihres Vaters Kunimund, einer grausamen, übermütigen Siegertat? Würde er sich der barbarischen Schändung des Leichnams und der höhnischen Demütigung der Tochter des Toten durch den Mörder erinnern? Was ließ dieser Gott nicht alles zu, und wie wollte er jemals die zahllosen Untaten richten, deren Zeuge allein sie selber in ihrem siebenundzwanzigjährigen Leben geworden war!

Sie hörte wieder die Posten brüllen und die Lanzen gegeneinanderschlagen. Von weitem ertönte ein Glöckchen, das Mönche zum Frühgebet rief. Die Dämmerung zog herauf, es war nun ein wenig kühler geworden.

Die Königin rollte sich in ihr feuchtes Bettuch. Sie war erschöpft und endlich schläfrig. Ihr letzter Gedanke vor dem Einschlummern war: Es muß heute geschehen, sonst wird es zu spät sein. Heute geschieht es – oder niemals! Nur so kann ich Frieden finden ...

Schon am frühen Vormittag sichteten die Wachen in der Ferne den Heerhaufen, und Helmichis und Peredeo begaben sich an der Spitze einer Hundertschaft zu Alboins Empfang vor das Stadttor. Der schöne Vetter des Königs trug einen Prunkschild mit juwelenbesetztem Buckel und Ornamenten von Goldblech, mit dem er den Herrscher bei festlichen Anlässen zu begleiten pflegte.

Es war bereits wieder sehr heiß, nur ein schwaches Lüftchen wehte. Die sich nähernde Schar, etwa fünfhundert Krieger, war sichtlich erschöpft. Die schwitzenden Pferde trotteten schwerfällig und mit hängenden Köpfen, die Männer – alle sonnenverbrannt und fast nackt, doch über und über mit Waffen behangen – saßen krumm in den Sätteln. Aus den bärtigen, staubbedeckten Gesichtern blickten stumpf und finster die eingefallenen Augen.

Allein dem König an der Spitze des Haufens schien der dreitägige Gewaltritt, nur einige Male kurz unterbrochen, nichts ausgemacht zu haben. Lachend sprang er vom Pferd und ging raschen, federnden Schrittes auf die Hundertschaft zu, vor deren breiter Front sich Helmichis und Peredeo verbeugten. Auch er trug nur Hosen und Stiefel, Gürtel und Wehrgehänge. Sein graues Haar war von einem breiten Stirnband umwunden. Er hob beide Arme und rief: «Seid gegrüßt, langobardische Krieger!»

Sie antworteten ihm mit ihrem Kampfruf.

«Willkommen, mein Vetter und König!» sagte Helmichis und trat mit einem eingemeißelten Lächeln auf Alboin zu. «Wir freuen uns, dich gesund wiederzusehen!»

Der König umarmte ihn herzlich.

«Auch ich freue mich, mein Teurer! Hast du mir mein Haus gut behütet? Und du? Hast du zuverlässig Wache gehalten?»

Er ging auch zu Peredeo und schüttelte ihm die Hand. Der Riese stammelte ein paar Begrüßungsworte.

«Du siehst sorgenvoll aus, mein Freund!» sagte Alboin heiter. «Hast doch nicht etwa Liebeskummer? Wie steht es bei euch? Wie geht es der Königin? Ist sie wohlauf? Habt ihr gut auf sie aufgepaßt?»

Die beiden bejahten murmelnd, wobei sie vermieden, einander anzusehen.

«Nun, und der Rest ist meine Sache!» scherzte der König. «Sie hat mich dringend herbeigerufen, also wird sie wohl meine Dienste benötigen!»

Er befahl vor dem Einzug in die Stadt eine kurze Rast. Die Pferde wurden zur Tränke geführt, die Gefolgschaften lagerten sich am Flußufer. Arichis schnauzte herum, um gegenüber Peredeo den Ranghöheren hervorzukehren.

Alboin legte Helmichis den Arm um die Schultern

und zog ihn ein Stück beiseite. Er warf den Schwertgurt ab und streckte sich im Schatten eines Wacholdergebüschs im Gras aus.

«Ein schönes Land, doch zu heiß für uns. Wie angenehm hatten es unsere Vorfahren, die irgendwo da oben im Norden hausten. Könnte man sich jetzt in Eis und Schnee tummeln! Aber die Qual hat ja gleich ein Ende ...» Er lachte unbeschwert, mit fast kindlicher Vorfreude. «Erst gibt es ein Bad ... und Rosamunde hat sicher auch schon einen Krug Mulsum für mich kühl stellen lassen!»

«Das hat sie gewiß», sagte Helmichis, der neben ihm in der Hocke saß, um seine blütenweiße Tunika nicht zu beschmutzen. «Sie erwartet dich mit großer Ungeduld.»

«Ja, ich glaube, sie steht schon da hinten an der Brustwehr und schaut nach uns aus. Schade, sie kann mich nicht erkennen, es ist noch zu weit. Aber ich werde ihr ein Zeichen geben!»

Er sprang auf, nahm den Schild, der neben Helmichis im Gras lag, hob ihn hoch über seinen Kopf und ließ das Metall mehrmals kurz in er Sonne blinken.

«Ich bin gleich bei dir, meine Schöne!» rief er. «Hab noch ein bißchen Geduld!»

Er setzte sich wieder, schnürte die Stiefel auf und befreite die Füße.

«Ich hatte nie Zweifel, daß sie verzeihen würde. Du weißt wohl, sie hat mir geschrieben. Was für ein Brief! Ein leidenschaftliches Liebesgeständnis. Ich hab ihn mir einige Male vorlesen lassen, kann ihn schon Wort für Wort auswendig. Sie sehnt sich nach mir, ohne die Wonnen der Liebe, schreibt sie, ist das Leben schal und langweilig. Viel Mühe mußtest du wohl nicht aufwenden, wie? Es scheint, sie ist gut über alles hinweggekommen. Sie liebt mich nun einmal, und eine liebende Frau verzeiht mit Freuden. Ja, es ist ihr sogar ein Bedürfnis! Eigentlich hätte ich gar nicht fortgehen müssen, sie brauchte nicht allzuviel Zeit dazu. Aber dein Rat war trotzdem gut. Nun wird unsere Liebe ein erfrischender Regen nach langer Trockenzeit sein, wie sie schreibt. Ist das nicht wunderbar gesagt? Ja, sie ist eine unvergleichliche Frau, und wahrhaftig ... ich werde ihr nie wieder weh tun. Das hab ich mir feierlich geschworen! Von nun an wird unser Glück nichts mehr trüben ... und wenn wir hundert Jahre alt werden!»

Helmichis schluckte und lächelte dünn. Um das Thema zu wechseln, fragte er:

«Warst du erfolgreich unterwegs? Hast du die Unruhen niedergeworfen?»

Der König seufzte.

«Ach, mein Lieber, das ist eine andere Geschichte. Leider viel weniger erfreulich. Es liegt vieles im argen, und es gab für mich eine Menge zu tun. Auch deshalb war dein Rat nützlich. Leider konnte ich nicht überall sein, sondern nur hie und da das Schlimmste verhindern.»

«Dieses Volk hat keine Vernunft. Es müßte doch längst begriffen haben, daß Auflehnung sinnlos ist.»

«Gewiß. Doch was sollen sie machen, wenn ihnen über dem Kopf das Dach angezündet und unter dem Hintern die letzte Matte gestohlen wird?»

«Heißt das, du hast Verständnis für sie?»

«Wenn es Leute ohne Vernunft gibt, dann sind es unsere Herzöge und Grafen. Vier Jahre sind wir jetzt hier in Italien, und sie hausen noch immer wie Banditen. Stehlen den Bauern die Ernte, rauben die Kaufleute aus, plündern Kirchen und Klöster. Eine Landplage, keine Obrigkeit! Ich habe einige abgesetzt, doch die Nachfolger werden nicht besser sein. Es muß dringend etwas geschehen!»

«Und was willst du unternehmen?»

«Zunächst die Generalversammlung einberufen. Seit wir hier sind, hab ich das leider versäumt. Ich muß ihnen klarmachen, daß wir hier nur überleben können, wenn nach Gesetzen regiert wird statt mit der Faust und dem Schwert. Die Versammlung muß mir mehr Vollmachten geben, damit ich gegen die Unbelehrbaren vorgehen kann, auch gegen die größten. Dazu brauche ich aber Mittel, ich muß ja meine Gefolgschaft verstärken. Sie alle sollen zu diesem Zweck die Hälfte ihrer Beute aus dem Italienzug herausrücken. Das verlange ich, und so muß es beschlossen werden!»

«Das wird Unruhe geben.»

«Gewiß. Einige werden gegen mich aufbegehren, vielleicht sogar zu den Waffen greifen. Nun, ich werde schon mit ihnen fertig! Dazu brauche ich aber mehr Macht. Sonst ist Italien verloren, und die letzten von uns werden dieses herrliche Land als Wüste verlassen!» Der König fuhr wieder in seine Stiefel und griff nach dem Schwertgurt. «Ich hoffe, ihr habt ein tüchtiges Mahl vorbereitet. Der Haufen dort hat es zwar nicht verdient, trotzdem muß man die Kerle bei Laune halten. Unterwegs gab es fast eine Meuterei, ich habe zwei Männer hinrichten lassen.»

«Was war geschehen?»

«Das Übliche. Es packte sie wieder die Raub- und Mordlust. Auf dem Gut, wo wir gestern übernachteten. Der Besitzer hatte noch eine volle Truhe. Ein paar Scheunen, die man niederbrennen und ein paar Weiber, die man schänden konnte, gab es auch. Alles Weitere kannst du dir denken. Zum Glück hielt die Mehrzahl zu mir. Aber wie lange tut sie das noch? Und sie haben nicht einmal ganz unrecht, wenn sie sagen, die Leute des Königs seien die Ärmsten.»

Helmichis schwieg dazu und überschlug im stillen, wieviel ein Geschenk für jeden kosten würde.

Alboin trat zu einer Gruppe, in der sich auch Arichis und Peredeo befanden. «Auf, Männer! Ausgeruht wird im Palast. Sorge dafür, Arichis, daß wir nicht wie eine Räuberbande in unsere Hauptstadt einziehen. Daß keiner barfuß zu Pferde sitzt! Daß die Binden ordentlich geschnürt sind! Wer einen Helm hat, setzt ihn auf! Verstanden?»

«Verstanden, König!»

Arichis eilte beflissen davon und begann, Kommandos zu brüllen. Auch Peredeo wollte sich zu seinem Trupp begeben.

Alboin nahm ihn jedoch beim Arm.

«Ich hab eine gute Nachricht für dich. Du bist an der Grenze nicht mehr nötig, die Awaren sind abgezogen. Gisulf hat seine Festungen wieder unter Kontrolle, vor ein paar Tagen kam seine Meldung. Ich brauche dich auch für andere Aufgaben, für wichtigere. Es gibt nur wenige, die mein Vertrauen verdienen, und ich weiß, du gehörst zu dem kleinen Häuflein. Verzeih mir, daß ich zuletzt nicht immer gerecht zu dir war. Es wird wiedergutgemacht, du wirst zufrieden sein. Laß jetzt aufsitzen!»

Peredeo wollte etwas erwidern, doch die Worte erstarben ihm auf der Zunge. Er wandte sich ab und ging mit steifen Schritten zu seinem Pferd.

Rosamunde hielt sich selber den silbernen Handspiegel, um zu prüfen, ob Calvina ihr Haar genau nach ihren Anweisungen richtete. Die Frisur sollte nicht zu streng sein, doch dem festlichen Anlaß entsprechen, so wie es sich für eine Königin gehörte, die ihren Gemahl nach mehrwöchiger Abwesenheit in seinem Palast empfing. Sie sollte auch Freude und Heiterkeit anzeigen. Mit dem Brennstab war deshalb etwas Haar an den Schläfen und an der Stirn zu Löckchen gedreht, die vorwitzig wie kleine Flammen unter dem meergrünen Schleier hervorlugten. Auf Schminke konnte fast völlig verzichtet werden. Die Schwellungen waren längst zurückgegangen, die Verletzung am Mund war geheilt. Durch die häufigen Aufenthalte im Freien war das gewöhnlich blasse Gesicht leicht gebräunt, und nur ein paar Sommersprossen mußten überpudert werden. Der kühle und etwas starre graugrüne Blick, dessen Wirkung Rosamunde bewußt war, wurde durch ein paar Pinselstriche, die den Brauen Schwung gaben und die Augen sanft umschatteten, etwas lebhafter, freundlicher, wärmer.

Calvina hatte den Schleier befestigt und trat nun zurück. Rosamunde drehte den Kopf hin und her und probierte zuerst ein sanftes, dann ein schelmisches, schließlich sogar ein verführerisches Lächeln. Sie lachte kurz und gekünstelt auf.

«Ja, es ist gut so», sagte sie dann. «Ah, ehe ich es vergesse ... das schmale Lederband, das mit Silberplättchen verzierte ... du weißt schon, das lange, das bis an die Knöchel reicht ... Hole es mir!»

«Aber du hast doch schon mehrere Bänder am Gürtel», wandte die Zofe ein. «Würde das dann nicht zuviel ...»

«Überlasse das mir! Und beeil dich. Ich möchte fertig sein, wenn der König kommt!»

Calvina beugte sich über eine aufgeklappte Truhe. Die Königin erhob sich und ging durch die offene Tür aus ihrem Schlaf- und Ankleideraum in das Wohngemach. Hier trat sie vor den Kupferspiegel zwischen den Fensterbogen. Sie war auch zufrieden mit der Gesamtwirkung. Das lange weiße Übergewand, unter dem Gürtel mit zwei schweren langobardischen Fibeln zugesteckt, war für die Öffentlichkeit bestimmt und entsprach germanischer Tradition und dem festlichen Anlaß. Später, mit dem König allein, würde sie es ablegen und dann nur noch das zartgrüne, jetzt mit einer Brosche geschlossene Unterkleid anhaben. Sie hatte allerdings vorgesorgt und trug darunter noch ein fest geknotetes Lendentuch.

Vom Palasthof drangen Rufe und Lärm herauf. Rosamunde trat an ein Fenster und beobachtete einen Augenblick das Treiben. Unter den Arkaden gegenüber, im Schatten, wurden Tische zu einer langen Tafel zusammengeschoben. Knechte und Mägde trugen Fässer, Krüge und Becher herbei. In der Mitte des Hofes standen in Grüppchen bärtige Männer in altgermanischer Tracht beisammen, vorwiegend ältere und verdiente langobardische Edle, die in den schönsten Häusern der Stadt von den Abgaben einheimischer Bauern und Grundherren lebten. Rosamunde hatte nicht verhindern können, daß diese Treuesten der Treuen, die dem König zu Dank verpflichtet waren, sich einfanden. Zu schnell hatte sich die Nachricht von Alboins Rückkehr verbreitet. Auch einige Stadtobere waren zur Begrüßung des Herrschers erschienen. Bei ihnen standen Bischof Julianus, Gellios, Munolf und ein paar andere aus der Umgebung der Königin.

In aller Frühe, nach kaum zwei Stunden Schlaf, hatte sie Helmichis und Peredeo kommen lassen. Daran war nichts Auffälliges gewesen, es konnte niemand, weder Wachen noch Dienerschaft wundern, wenn die Königin dem Schildträger und dem Kommandanten der Palastwache ein paar Anweisungen für den Empfang ihres hohen Gemahls gab. Sie hatte den beiden sofort eröffnet, daß «es» an diesem Tag zu geschehen habe. Einwände, zu denen sie gleichzeitig die Münder öffneten, schnitt sie mit harter Geste ab. Als erste Maßnahme wurde beschlossen, aus dem Südflügel des Palastes, in dessen zweitem Stockwerk die Kammer lag, alle eventuellen Zeugen zu entfernen. Auch dies konnte unauffällig vor sich gehen. Nur in der kleinen Eingangshalle und an der Brustwehr auf dem Dach ließ Peredeo Wächter zurück, alle anderen, die in den drei Stockwerken postiert waren, wurden abkommandiert und dem Trupp zugeteilt, der dem König entgegenzog. Im Empfangstrubel sollte dann vergessen werden, sie auf ihre Posten zurückzuschicken.

Die Königin selbst übernahm es, für die Entfernung aller übrigen Personen aus dem Südflügel zu sorgen. Da der erste Stock mit den Prunkgemächern für hohe Gäste im Augenblick unbewohnt war, handelte es sich nur um Leute, die ihr im zweiten Stock dienstbar und im dritten untergebracht waren. Unter dem Vorwand, dem ruhebedürftigen König den Lärm ihrer Geschäftigkeit ersparen zu wollen, gab sie den Zofen den ganzen Tag frei, und sie waren – mit Ausnahme Calvinas – auch schon alle verschwunden. Die Mägde wurden der Dienerschaft zugeteilt, die im Hof des Palastes die Heimkehrenden zu umsorgen hatte. Allen war untersagt, im Laufe des Tages in ihre Quartiere zurückzukehren.

Nach der Ankunft des Königs, während er sich, wie zu erwarten, eine Zeitlang im Bade aufhalten würde, sollten Helmichis und Peredeo sich abermals bei Rosamunde einfinden. Dann wollte sie ihnen genaue Anweisungen für den weiteren Ablauf erteilen.

Calvina kam mit dem Lederband. Die Königin ließ es von ihrem Gürtel hängen und begutachtete die Wirkung im Spiegel.

«Du hattest recht», sagte sie. «Es paßt nicht zu diesem Übergewand. Aber lege es nicht zurück, gib es her. Ich ziehe mich später noch einmal um, da kann ich es vielleicht brauchen. Jetzt nur noch die Kette mit dem Kreuz. Dann erlaube ich dir zu gehen.»

«Ich würde lieber hierbleiben, Herrin», sagte Calvina, während sie die Kette mit dem Goldblattkreuz befestigte.

«Aber ich benötige dich heute nicht mehr!» erwiderte Rosamunde ärgerlich.

«Warum willst du nicht wie die anderen die Gelegenheit nutzen und deine Verwandten besuchen?»

«Ich würde sie nicht antreffen. Sie sind alle auf dem Lande, zu einer Hochzeit. Ich wüßte nicht, wo ich hingehen sollte.»

«Gehe spazieren, besuche das Forum, sieh dir die Gaukler an, höre den Sängern zu!»

«Ich würde lieber auf meiner Kammer bleiben und Kleidung ausbessern. Dort störe ich ja niemand.»

Ausgerechnet in der Kammer, die unmittelbar darüber liegt, dachte Rosamunde. Es fehlte gerade noch, daß sie etwas hört!

«Nun gut», sagte sie. «Aber vorher wirst du verschiedenes für mich erledigen. Geh zum Goldschmied auf dem Cardo und hole die fertigen Ohrringe ab. Bring ihm die Kette mit den Münzanhängern, einer hat sich gelöst, er soll ihn festmachen. Dann geh noch ...»

Rasch erfand und erteilte sie weitere Aufträge, bis sie sicher war, daß die Zofe erst gegen Abend zurück sein konnte.

«Mach dich gleich auf den Weg!» fügte sie hinzu. «Aber nimm dir dann Zeit, du hast keine Eile!»

Calvina verneigte sich und ging hinaus. Im Korridor wunderte sie sich, daß die beiden Wächter, die gewöhnlich am Treppenabsatz saßen und würfelten, noch immer nicht auf ihre Posten zurückgekehrt waren. Sie begann die Treppe hinaufzusteigen, um ihren Umhang zu holen und Sandalen mit festeren Sohlen anzuziehen. Plötzlich fiel ihr etwas ein. Sie machte kehrt und ging zurück. Die Tür zum Wohngemach hatte sie offengelassen, auch die Verbindungstür zum Schlafraum stand offen. Als sie sich dieser näherte, hörte sie das helle Geräusch eines leichten metallenen Gegenstands, der zu Boden fiel. Gleich darauf sah sie die Königin halb abgewandt auf dem Bett sitzen. Mit einem Obstmesser trennte sie hastig die kostbaren Silberbeschläge von dem Lederband.

Der Anblick war seltsam. Calvina befürchtete, daß sie stören würde. Schon wollte sie sich leise wieder zurückziehen, doch im selben Augenblick sah Rosamunde auf und bemerkte sie.

Die Königin fuhr heftig zusammen.

«Hast du mich erschreckt! Was willst du noch?»

«Die Kette mit den Münzanhängern. Ich hab sie vergessen. Sie ist in der Truhe.»

«Dann hole sie dir. Nein, laß ... Es ist ja nicht dringend. Geh jetzt! Nun geh schon!»

«Wenn ich helfen kann ...»

«Nein, nicht nötig! Ich ... ich will nur ausprobieren, ob es ohne das viele Silber ... ich meine, ob das Band dann nicht doch zu diesem Kleid paßt ...»

«Vielleicht ...»

«Verschwinde doch endlich!» fauchte die Königin.

«Heil, König Alboin!
Salve, liberator Italiae!»

Die im Palasthof versammelten Veteranen, Hofleute und Veroneser Honoratioren schrien aus Leibeskräften und stimmten sogar Gesänge an. Alboin, jetzt mit einem seidenen Umhang bekleidet, winkte nach allen Seiten, zog lachend sein Schwert und stieß es hoch in die Luft. Dann sprang er aus dem Sattel, umarmte die alten Kampfgefährten, schüttelte jede Hand, die sich ihm entgegenstreckte. Ein paar hübsche Mägde liefen herbei und streuten Blumen vor ihm aus.

Dann wich alles zurück und machte Platz für die Königin. Rosamunde, mit drei Fingern ihr langes weißes Gewand hebend, schwebte über den Blumenteppich. Sie lächelte strahlend und sank in die ausgebreiteten Arme des Königs. Alboin drückte sie an sich, küßte sie, und es schien, als könne er seinen begeisterten Blick nicht von ihr abwenden. Der schon verebbende Beifall ringsum erhob sich von neuem, und auch die Königin erhielt ein paar Heil-Rufe.

Sie nahm den Becher aus der Hand eines jungen Dieners, der ihr gefolgt war.

«Willkommen in deinem Haus, mein teurer Herr und Gemahl!» sagte sie laut. «Wir danken Gott, der dich schützte und uns zurückgab. Niemals wurde die Rückkehr eines Hausherrn von den Seinen so sehnlich erwartet!»

Sie reichte Alboin den Trank. Nur zwei der Männer, die um ihn waren, verstanden den Doppelsinn dieser Begrüßung. Helmichis lächelte beklommen, Peredeo starrte auf seine Stiefel. Alboin ergriff mit beiden Händen den Becher, setzte ihn an die Lippen und legte den Kopf weit in den Nacken. Breitbeinig dastehend trank er gierig. Der Wein lief ihm aus den Mundwinkeln, tropfte in seinen Bart und auf seinen Umhang.

Rosamunde sah ihm zu.

Willkommen zum Abschiedsfest! dachte sie. Laß dir den Wein zum letztenmal munden! Schade, es ist nicht dein Lieblingspokal, aus dem ich ihn darreiche. Hast du den immer noch dort im Gepäck?

Alboin trank den Becher aus und gab ihn dem Diener. Er wischte sich den Mund mit dem Unterarm, zog Rosamunde abermals an sich, küßte sie lachend auf den Mund und die Wangen.

«Ich danke dir für den Empfang!» rief er. «Was für ein Glück, eine solche Hausfrau zu haben! Euch allen, Männer, wünsche ich das, denn glaubt mir, es gibt nichts Besseres! Es lohnt sich, Tag und Nacht unterwegs zu sein und zweihundert Meilen fast ohne Rast zurückzulegen, wenn man am Ende des Weges von einer Göttin erwartet wird!»

Der Beifall, der diesen Worten folgte, war dünn. Er kam fast nur von den Einheimischen und der Dienerschaft. Die alten Kämpfer waren der Gepidin noch niemals wohlgesonnen gewesen. Und die Gefolgsleute, die den König begleiten mußten, grollten bei dem Gedanken, daß sie dieser Göttin wegen einen dreitägigen Gewaltritt auf sich nehmen mußten. Die meisten wandten sich bereits ab, übergaben ihre Pferde den Knechten und strebten den Tischen zu.

«Da du nun wieder zu Hause bist», sagte Rosamunde zu Alboin, «willst du sicher auf liebe Gewohnheiten nicht verzichten.»

«Wahrhaftig nicht!» erwiderte er. «Es soll alles so sein, als käme ich nur von der Jagd oder von einer Waffenübung. Tun wir so, als hätte es diese lange Trennung überhaupt nicht gegeben. Ich wünsche mir nur, daß alles wie früher ist!»

«Dann wirst du jetzt wohl erst einmal ein Bad nehmen.»

«Das versteht sich.»

«Alles ist vorbereitet.»

«Auch unsere Kammer?» Er neigte sich zu ihr und flüsterte: «Wie gut, mich rechtzeitig zu erinnern, daß es das auch noch gibt!»

«Ich erwarte dich also.»

«Nur noch den Reisestaub vom Leibe. Ich werde mich damit beeilen. Dann aber gleich in deine Munt, Rosamunde!»

Er lachte wie immer über das Wortspiel, das seine Erfindung war, und umarmte sie nochmals. Darauf winkte er seine Knechte herbei und verschwand mit ihnen hinter einer Tür, die in die unterirdischen Bäder hinabführte.

Rosamunde ging an ihren beiden Mitverschworenen vorbei und sagte leise: «Folgt mir gleich nach! Es bleibt nicht viel Zeit!»

Sie verweilte noch ein paar Augenblicke im Hof und erteilte, als sorge sie sich um das Wohl der Leute, diesen und jenen Befehl.

An den langen Tafeln im Schatten der Arkaden saßen an die vierhundert Männer. Einige lärmten und stritten sich, die meisten hockten erschöpft und stumm vor den

Schüsseln und Bechern. Die Stimmung war alles andere als fröhlich, eher gedrückt und gereizt. Nur in der Ecke, wo die Alten saßen, erscholl Gelächter.

Rosamunde blickte mit zusammengezogenen Brauen hinüber. Diese Greise störten sie sehr.

«Ich glaube, die meisten sind gegen ihn», sagte Helmichis. «Er hetzt sie von einem Ort zum andern, und überall sehen sie dasselbe: Den Gefolgschaften der Herzöge und Grafen geht es besser als ihnen. Wofür plagen sie sich und halten die Köpfe hin? Für diese Strapaze in Hitze und Staub bekommen sie nicht einmal eine Zulage, nur das Übliche. Als sich einige gestern auf einem Römergut etwas entschädigen wollten, griff er durch. Zwei von ihnen wurden hingerichtet. Die Leute haben schon so viel Wut im Leibe ... da müssen wir nichts mehr tun. Da brauchen wir nur noch abzuwarten!»

«Meine ich auch!» ergänzte Peredeo eifrig. «Ich habe mit vielen gesprochen. Fast alle sind gegen ihn aufgebracht. Es passiert irgendwann, das ist sicher.»

«Es passiert heute!»

Der Blick der Königin unterdrückte jeden weiteren Einwand.

Die beiden Männer standen mitten im Wohngemach, das sie gleich nach Rosamunde betreten hatten. Sie begann, vor ihnen auf und ab zu schreiten. Lebhaft mit ihren schmalen Händen gestikulierend, entwickelte sie ihren Plan.

«Nichts kommt uns mehr zupaß als diese Unruhe! Du, Helmichis, gehst wieder hinunter. Du setzt dich zu den Aufsässigsten, zu den Wortführern. Der Wein wird ihnen die Zunge lösen, sorge dafür, daß er reichlich geschenkt wird! Bald werden sie sich nicht mehr zurückhalten. Vor Alboin haben sie noch Scheu – dir werden sie sagen, was sie fordern!»

«Daran habe ich schon gedacht. Ich verspreche jedem drei Goldsolidi.»

«Dummkopf! Willst du sie vorher kaufen, damit sie hinterher wissen, daß alles mit Vorsatz geschah? Hör mir zu! Du wirst ihnen sagen, du habest Verständnis für sie und seist bereit, ihre Sache vor Alboin zu vertreten. Darauf werden sie lachen und höhnen: ‹Du, sein Vetter? Du, sein Milchbruder? Hättest du jemals so etwas gewagt?› Diese Herausforderung nimmst du an. ‹Auf der Stelle›, sagst du, ‹gehe ich zu ihm!›»

«Gut. Aber wenn sie nun mitkommen wollen?»

«Dann wirst du, Peredeo, sie zurückweisen! Du hältst dich unten in der Halle auf, wachst persönlich, solange dein König hier ist. Auch wenn Helmichis ohne sie kommt, verweigerst du ihm den Durchlaß.»

«Wie? Und soll ich es dann allein tun?» fragte Peredeo aufbegehrend.

«Begreif doch! Es geht darum, deine Leute zu täuschen. Sie werden bezeugen, daß du es nicht wolltest, daß du versuchtest, Helmichis aufzuhalten. Ihr streitet, du willst den König nicht stören. Er aber sagt: ‹Es muß sein! Sofort! Ein Unwetter braut sich da draußen zusammen!› Schließlich erklärst du dich bereit, mit ihm gemeinsam hinaufzusteigen. Du willst Alboin erst um Erlaubnis fragen, ob Helmichis zu ihm eintreten darf.»

«Und soll ich es tun?»

«Natürlich nicht! Ihr wartet vor der Tür der Kammer. Sobald ich öffne, stürmt ihr hinein. Die Schwerter heraus, und links und rechts auf das Bett zu. Kein Zögern, kein Mitleid! Er wird keine Waffe haben ... ich sorge dafür. Versucht ihn nur einmal zu treffen, höchstens zweimal. Wir müssen es als Unglücksfall ausgeben können. Auf keinen Fall eine Schlächterei! Habt ihr verstanden?»

Sie nickten stumm.

«Ich will ihn auch so, wie er ist, nicht entstellt und verstümmelt, wenn ich danach um ihn weinen werde!» Rosamunde blieb plötzlich stehen und legte eine Hand auf die Augen. Ein Schauer durchzuckte ihren Körper. Doch sie bewahrte die Fassung, holte tief Atem und fuhr fort: «Danach zieht ihr euch beide gleich zurück ... betroffen über das, was geschehen ist. Du, Helmichis, bist verletzt. Peredeo stützt dich. Ihr geht hinunter zu den Männern ...»

«Ich bin verletzt? Aber wie? Ich ...»

«Er hat dich angegriffen! Verstehst du nicht? Du hast ihm die Forderungen genannt – da hat er dich erst mit zornigen Worten abweisen wollen, dann aber, als du nicht gingst, sein Schwert genommen und auf dich eingehauen. Jeder weiß, wie schnell er in Wut gerät und sich vergißt! Bringe dir eine Verletzung bei, damit es echt wirkt! Einen Stich in die Schulter, in den Arm ...»

«Ich soll mir selber ...?» Helmichis machte eine heftige Geste der Abwehr.

«Laß das nur meine Sorge sein!» erklärte Peredeo mit einem schiefen, bösen Seitenblick auf seinen Mitverschworenen.

«Du, Peredeo, wirst ihnen sagen, du habest nur eingegriffen, um Helmichis zu retten! Du wartetest vor der Tür, hörtest den Lärm und gingst hinein. Du fandest die beiden im Streit, den König mit blankgezogener Klinge. Ich selber – vergeßt das nicht – war nicht mehr anwesend. Alboin drang also auf ihn ein und verletzte ihn. Da zogst du die Spatha, um ihn zu schützen. Natürlich wolltest du dem König nichts antun. In seinem rasenden Zorn aber stürmte er auch gegen dich an und rammte sich selbst dein Schwert in den Leib.»

«Dann soll also ich der Mörder sein!»

«Du wolltest es nicht, zum Teufel!» zischte die Königin, die Geduld verlierend. «Du hattest nur Helmichis schützen wollen ... den Mann, der sich fast für die Leute opferte ... der ihre Forderungen überbrachte ... der mutig ihre Partei nahm. Der ein Gause ist und nun den Thron beansprucht! Er wird sich ihnen noch heute zur Wahl stellen ... auf der Versammlung, die du einberufst, nachdem du Arichis abgesetzt und erneut das Kommando über die königliche Leibwache übernommen hast. Wenn er erst einmal durch Zuruf gewählt ist, wird ihn die Generalversammlung später als König bestätigen!»

Rosamunde trat an eines der Fenster und blickte hinunter in den Hof. Lebhaftes Stimmengewirr drang herauf. An der Tafel sah sie einige Männer Fäuste schütteln und heftige Reden führen.

«Prätorianer im Aufstand!» sagte sie. «Schon manchen Kaiser haben sie umgebracht, um einen neuen nach ihrem Geschmack zu wählen. So war es jedenfalls bei den Römern.»

«Aber nicht bei den Langobarden!» sagte Peredeo trotzig.

«Nein. Doch wir sind hier in Italien. Wir richten uns nach der Landessitte.»

Entgegen dem Befehl ihrer Herrin, sich gleich auf den Weg zu machen, nahm Calvina sich Zeit. In der Kammer, die sie mit einer anderen Zofe teilte, kramte sie lange in ihrer Truhe und wählte dann für den Ausgang eine Stola, an der erst noch ein Schaden zu beheben war. Die Näharbeit dauerte eine Weile und wurde absichtlich in die Länge gezogen. Denn was Calvina vor allem aufhielt, war ihre Neugier, geschürt durch die offensichtliche Unruhe der Königin. Unbedingt wollte die Zofe noch die Ankunft des Königs erleben. Als der Lärm und die Rufe heraufdrangen, eilte sie an die Treppe, um dort durch ein Fenster in den Palasthof zu blicken. Sie beobachtete den Empfang und war überrascht von der Herzlichkeit, mit der sich das königliche Paar nach der Trennung begegnete. Allerdings argwöhnte sie, daß dies von beiden Seiten Verstellung sein mochte, vor allem, um den Skandal vor vier Wochen vergessen zu machen. Am Ende der kurzen Zeremonie bemerkte Calvina, wie die Königin ein paar Worte mit ihrem Geliebten wechselte. Auffällig fand sie, daß Peredeo dabeistand.

Nun gab es für die Zofe keinen Grund mehr zum Bleiben, die Aufträge mußten ja erledigt werden. Sie zog die Stola an, kämmte sich, legte ein Netz über ihre Haare und schlug trotz der Hitze den Umhang um Kopf und Schultern, damit sie an den Wächtern und den vielen Männern im Hof so unauffällig wie möglich vorbeikam. Mit einem Korb am Arm stieg sie die Treppe hinab.

Sie hatte das zweite Stockwerk noch nicht erreicht, als sie aufmerkte. Es war die Königin, die sie im Korridor halblaut auf jemand einsprechen hörte. Calvina zog vor, nicht nochmals gesehen zu werden. Still verharrte sie auf der Treppe.

«Sieh noch einmal überall nach!» hörte sie Rosamunde sagen. «Schließ auch die Luke zur Dachterrasse. Die Wächter werden es nicht bemerken. Wenn aber doch, so wird es sie nicht beunruhigen, weil sie ja erst gegen Abend abgelöst werden. Es könnten Geräusche heraufdringen und sie aufmerksam machen. Kontrolliere noch einmal die Kammern der Zofen und Mägde. Öffne jede Tür und blicke hinein! Dann geh hinunter und warte auf Helmichis. Verlasse jetzt nicht mehr deinen Posten! Und vor allem keine Ungeduld, wenn es dann noch eine Weile dauert. Er darf euch auf keinen Fall hören. Keine Geräusche, keinen Laut! Hast du alles verstanden?»

«Hab ich, Königin!» antwortete ein heiserer Baß.

Peredeo! dachte Calvina mit klopfendem Herzen. Er kommt herauf, er blickt in die Kammern. Ich könnte ihn sprechen ...

Im selben Augenblick hörte sie von ganz unten jemand die Treppe heraufkommen. Es war ein Männertritt, der sich langsam näherte. Calvina drehte sich um, eilte auf Zehenspitzen wieder hinauf und kehrte in ihre Kammer zurück.

Der Mann auf der Treppe war Arichis. Er erreichte den zweiten Stock in dem Augenblick, als die Königin und Peredeo in verschiedenen Richtungen auseinandergingen. Beide hatten ihn nicht kommen gehört. Peredeo wollte die Treppe hinaufsteigen und stieß fast mit dem Ankömmling zusammen.

Arichis, ein langhaariger, krummbeiniger Kerl von verwegenem Äußeren, hatte nicht viel Respekt vor dem berühmten Schlagetot, dessen Schwächen er kannte. Als sein Nachfolger im Kommando der Leibwache fühlte er sich ihm sogar vorgesetzt.

«Was ist hier los?» herrschte er ihn an. «Wo sind die Wachen? In der Halle lungern ein paar Tagediebe herum, das ist alles. Gleich kommt der König hier herauf. Wer hat die Wachen abgezogen? Verdammt, wer hat sich das einfallen lassen?»

«Ich!»

Die Stimme kam vom Ende des Korridors, wo die Königin gerade die Tür zu der Kammer geöffnet hatte, in der sie ihren Gemahl erwarten wollte. Erst jetzt wurde sie von Arichis bemerkt. Er erschrak nicht, fragte aber eine Spur höflicher: «Du, Herrin? Welchen Sinn soll das haben?»

«Er will sich ausruhen und nicht gestört werden», sagte Peredeo. «Die Kerle würfeln, machen Lärm ...»

Die Erklärung klang halbherzig. Stille Hoffnung schwang mit, Arichis werde sie nicht gelten lassen und sich auch gegen die Königin durchsetzen.

«Und das soll ihn stören?» raunzte Arichis. «Warum hat es ihn früher nicht gestört? Er selber hat es so angeordnet! Ist der Befehl geändert worden? Ich weiß nichts davon.»

«So weißt du es jetzt!» sagte Rosamunde und kam mit raschen Schritten näher. In ihren unruhigen Händen hielt sie das Lederband, von dem die Beschläge abgetrennt waren.

«Verzeih, da muß ich erst noch mit Alboin reden!» erwiderte der Kommandant der Leibwache halsstarrig.

«Ich habe nur ihm zu gehorchen, meinem Gefolgsherrn. Und ich muß dafür sorgen, daß hier drinnen nichts passiert.»

«Sorge lieber dafür, daß draußen nichts passiert! Deine Leute benehmen sich reichlich ungezwungen.»

«Die bleiben friedlich, dafür stehe ich ein! Und ein

Dutzend von ihnen wird auch gleich abkommandiert. Hierher, zur Wache!»

«Reden wir unter vier Augen, Arichis!»

Sie deutete auf die halboffene Tür ihres Wohngemachs und hieß ihn mit einer knappen Kopfbewegung vorausgehen. Als er den Rücken wandte, forderte sie Peredeo ebenso auf, ohne Verzug die erteilten Befehle auszuführen.

Sie folgte Arichis. Der Langobarde, der sonst den Teufel nicht fürchtete, wich erschrocken zurück, als sie, das Lederband zwischen den Fäusten spannend, auf ihn zutrat.

«Jetzt hör mir gut zu, mein wachsamer Recke!» sagte sie zornbebend. «Solltest du wirklich glauben, du hättest das Recht, dem Befehl deiner Königin zuwiderzuhandeln? Ich erwarte nicht, daß du den Grund für meine Maßnahme verstehst ... wie solltest du auch? Wie könnte ein Rohling wie du begreifen, daß der König und ich nach langer Trennung mal nicht von deinesgleichen umlagert sein wollen ... von diesem Gesindel, das überall, wo es sich niederläßt, säuft, grölt und spielt! Immerhin könnte ich aber vermuten, Arichis, daß du Ursache hättest, mir gehorsam zu sein ... wenn nicht aus Achtung vor meinem Rang, dann zumindest aus Dankbarkeit!»

«Wahrhaftig, Herrin, du hast recht!» beeilte er sich zu versichern. «Ich weiß natürlich, was ich dir schuldig bin. Du kannst dich auf meine Treue verlassen. Aber die Sicherheit des Königs ...»

«So muß ich wohl eine klarere Sprache führen! Hast du vergessen, wie es war, als du mich auf dem Schlachtfeld gefangennahmst und, an ein Pferd gebunden, zum König schlepptest?»

«Herrin, es war ja Krieg. Du warst eine Feindin ...»

«Hast du vergessen, wie du mich knebeltest, würgtest, zu Boden warfst? Wie du mich mit Faustschlägen beinahe umbrachtest?»

«Ein einziges Mal nur schlug ich zu! Ich hatte Angst, du könntest ...»

«Und das? Hast du das etwa auch vergessen?»

Rosamunde stellte den linken Fuß auf einen Schemel und zerrte mit einem Ruck ihre Kleider bis weit über das Knie hinauf. Eine lange, häßliche Narbe furchte die weiße Haut ihres Oberschenkels.

«Hast du vergessen, Arichis, wie du mich mit dem Dolch bedrohtest, um mich gefügig zu machen?»

«Das war ein anderer! Ich habe dich doch vor dem gerettet!»

«Du warst es! Du schlitztest mir die Gewänder auf, die Haut gleich mit.»

«Nein! Nein!»

«Wären nicht einige dazwischengegangen, du hättest mich auf der Stelle ...»

«Nein, Herrin! So war es ja nicht!»

«So war es! Jedenfalls in meiner Erinnerung. Mein Gemahl fragt mich immer wieder, wer der elende Wollüstling war, der mich so grausam entstellt hat. Auf der Stelle will er ihn hängen lassen! Ich habe bis jetzt geschwiegen ... behauptet, ich würde ihn nicht wiedererkennen ...»

«Du täuschst dich, Herrin ...»

«Ein Wort wird genügen. Und nun verschwinde! Und wage nie wieder, einem Befehl, den ich gebe, zu widersprechen. Hinaus! Hinaus!»

Er wich ihr zu langsam zurück und sie schlug ihm zornig den Lederriemen ins Gesicht. Seine Hand fuhr unwillkürlich nach dem Schwertgriff.

Doch er beherrschte sich, verbeugte sich rasch und eilte hinaus.

«Gott im Himmel!» flüsterte sie. «Ich bin schon jetzt völlig außer mir. Weiß nicht mehr, was ich tue. So werde ich noch alles verderben ...»

Sie lehnte sich keuchend gegen die Wand.

«Calvina!»

Peredeo stand in der Tür der Kammer.

Die Zofe saß auf dem Bett und sah ihm entgegen, den schwarzen Umhang über der Schulter, die Hände auf den Knien zu Fäusten geballt.

«Kommst du mich holen?» fragte sie. «Hast du Befehl, mich hinauszutreiben? Und wenn ich nicht folge?»

«Was redest du? Verzeih, Calvina! Ich wollte nur ... es ist angeordnet ...»

«Von wem? Von ihr?»

«Auch der König wünscht es ... das Wiedersehen ... sie wollen es ungestört ...»

«Und ich störe dabei?»

«Das zwar nicht, doch der allgemeine Befehl ... er lautet ...»

«Was soll hier passieren? Was habt ihr vor?»

«Was wir vorhaben? Ich verstehe dich nicht ...»

«Schließ die Tür und komm her!»

«Aber ich hab keine Zeit, ich muß ... und ich bitte dich ... es wäre besser, wenn du ...»

Er errötete über und über. Seine Atlasschultern, über denen sich die Tunika spannte, nahmen die ganze Breite der Tür ein. Seine Hände tasteten am Gürtel herum.

Calvina erhob sich. Sie nahm ihn beim Arm und zog ihn energisch in die Kammer. Widerstrebend folgte er ihr.

Sie schloß die Tür, trat zu ihm und sah ihm mit einem festen Blick in die Augen.

«War es die Königin, die den Einfall hatte, du könntest die Schwester des Helmichis heiraten?»

«Die Schwester des Helmichis? Calvina ...»

«Die gibt es gar nicht, ich weiß. Das ist mir schon lange klargeworden. Sie wurde eigens für mich erfunden. Damit ich aufhörte, an dein Versprechen zu glauben und mich von dir zurückzog. Damit ich nicht länger störte!»

«Aber ich bleibe bei meinem Versprechen, Calvina! Es ist noch immer mein sehnlichster Wunsch, dich zu heiraten und ...»

«Und warum gehst du mir dann aus dem Wege? Warum meidest du mich, als sei ich aussätzig?»

«Die Umstände zwingen mich dazu ...»

«Die Umstände? Sie ist es, die dich zwingt! Doch wie ist das möglich? Was hast du verbrochen? Wieso hat sie plötzlich so viel Macht über dich?»

Er ergriff heftig ihre Hände und drückte sie in seinen Pranken.

«Hör zu, Calvina! Ich bin ins Unglück geraten ... sehr tief. Aber ich darf nicht darüber reden, wenn ich meinen Kopf retten will. Was ich getan habe, wollte ich nicht. Ich wußte nicht einmal, daß ich mich dabei schuldig machte ...»

«Was ist es?»

«Später ... später wirst du alles erfahren! Ich bitte dich, sei geduldig und standhaft. Ich muß jetzt fort, und auch du ... auch du mußt von hier ...»

«Peredeo!» flüsterte sie. «Du darfst es nicht tun!»

«Wovon sprichst du, Calvina?»

«Von dem, was ihr vorhabt ... du, sie und ihr Liebhaber!»

«Du weißt, daß die Königin und Helmichis ...?»

«Warum willst du dich für sie schuldig machen?»

«Calvina, du irrst ...»

«Ich irre nicht! Wozu schickt ihr uns alle fort? Was soll hier geschehen, wenn der König heraufkommt?»

«Schweig doch! Sei zuversichtlich! Vertraue mir! Es wird sich alles zum Guten wenden! Du wirst Herzogin, und wir ...»

«Nein! Nein, ich will nicht ... nicht um diesen Preis! Bleib hier! Versteck dich!»

«Calvina, ich muß ...»

Sie trat an die Tür und schob den Riegel vor.

«Hier findet dich niemand! Mag dort unten geschehen, was will, du ...»

«Öffne, Calvina! Laß mich vorbei!»

Sie stand vor der Tür, die Arme gebreitet, den Kopf erhoben, und blickte verzweifelt zu ihm auf.

«Bleib hier, wenn du mich wirklich noch liebst!»

«Unmöglich ...»

«Wenn du jetzt gehst, dann ist es für immer!»

«Wenn ich bleibe, ist es mein Todesurteil!»

«Entscheide dich!»

«Öffne!»

Sie schob den Riegel zurück, trat beiseite.

Peredeo zögerte einen Augenblick. Er suchte nach Worten, um noch etwas zu erklären, doch sie fielen ihm nicht ein.

«Du mußt fort!» stieß er rauh hervor. «Hier ist es gefährlich! Wer weiß, wie es ausgeht! Fliehe, Calvina ...»

Er stürzte hinaus.

Es war schon eine Weile her, daß Rosamunde an diesem Mittag das helle Glöckchen gehört hatte, welches die Mönche des nahe gelegenen Klosters zum Stundengebet rief. Durch die fast drei Fuß dicken Wände und die kleinen, hochgelegenen Fenster drangen sonst kaum Geräusche herein. Hinter der Mauer des Palastes begann hier der Wald.

Die Tür der Kammer war angelehnt, doch auch vom Korridor und von der Treppe her war schon geraume Zeit nichts mehr zu hören. Rosamunde erhob sich von ihrem Hocker und trat an den Spalt, um hinauszulauschen. Das Gebäude, in dem sonst lebhaftes Kommen und Gehen herrschte, das von den Stimmen der Besucher und dem Gelächter und Geschnatter der Dienerschaft erfüllt war, schien ausgestorben zu sein.

Er bleibt länger aus als erwartet, dachte die Königin. Gerade hatte sie ihre Unruhe niedergekämpft und so weit die Fassung zurückgewonnen, daß sie sicher war, sich nicht verdächtig zu machen. Doch schon wieder spürte sie ihren Herzschlag, ein leichtes Schwindelgefühl erfaßte sie. Warum kam er nicht? Wann endlich hörte sie seinen Schritt, seine Stimme?

Ein weiteres Mal sah sie sich um und vergewisserte sich, daß alles vorbereitet und an seinem Platz war. Der Krug mit Mulsum, dem leichten Honigwein, den er am Tage bevorzugte, stand neben der Schale mit kleinen Mandelkuchen, seinem Lieblingsgebäck, auf dem runden Tischchen. Auch hier waren Blumen gestreut, sie selbst hatte einen Korbvoll über den Teppich geleert. Mehrere Hocker standen herum. Ein Fußschemel war vor das hohe Bett gerückt, damit es bequem zu besteigen war. Auf vier kunstvoll gedrechselten Pfosten ruhend, von denen die beiden der Kopfseite etwas höher und an den Enden zu Löwenhäuptern gebildet waren, nahm es fast ein Drittel des Raumes ein. Auf der Matratze lagen seidene Bettücher und auf diesen ebensolche verschiedenfarbige Kissen.

Rosamunde hob eines der Kissen an. Das lange Lederband, von dem sie die Beschläge abgetrennt hatte, war darunter zusammengerollt. Sie überlegte einen Augenblick und fand das Versteck zu riskant. Leicht konnte das Kissen weggeschoben oder fortgenommen werden. Sie stopfte das Band unter die Matratze, unmittelbar neben einem der Löwenköpfe.

Die Tür knarrte. Heftig fuhr Rosamunde herum. Es war nur der kleine struppige Hund, der zu ihrem Haushalt gehörte. Er wuselte über den Teppich, schnüffelte. Der starke Blumenduft schien ihm lästig zu sein, und er verschwand wieder. Warum habe ich ihn vergessen? dachte sie. Ich hätte ihn einsperren sollen ... Der König ließ auf sich warten. Rosamunde setzte sich nicht wieder. Sie ging auf und ab, trat immer wieder an den Türspalt. Obwohl es wegen der dicken Außenwand in der Kammer verhältnismäßig kühl war, klebte das leichte Unterkleid, das sie jetzt nur noch trug, an ihrem Rücken. Es war nicht die Hitze, die ihren Schweiß trieb. Die beiden bärtigen Apostel auf dem halbverblichenen Wandgemälde schienen sie, wenn sie ihnen entgegenschritt, jedesmal grimmiger anzublicken.

Warum badete er so lange? Wurde er aufgehalten? Vorhin war er voller Ungeduld ... Was war geschehen? Sollte etwa Arichis, argwöhnisch durch ihr unbeherrschtes Benehmen ...? Oder sollte vielleicht sogar Peredeo, dem sie niemals ganz trauen konnte, im letzten Augenblick die ganze Verschwörung ...? Wenn etwa die beiden sich zusammengetan hätten, aus Angst, weil sie sie mit dem Tode bedroht hatte ... hoffend, wenn sie ihr zuvorkämen ...? Und Helmichis, der wankelmütige Schwächling? Hatte er sich vielleicht schon seinem Vetter zu Füßen geworfen und heulend und winselnd alles gestanden?

Einen Augenblick lähmte sie der Gedanke, der Strick, mit dem sie der Henker erdrosseln würde, könne bereits von den dreien gedreht sein. Sie war nahe daran, auf der Stelle umzusinken. Dann aber raffte sie sich auf, verließ die Kammer und lief in das Wohngemach. Sie trat an ein Fenster und sah hinunter in den Palasthof.

Auf den ersten Blick war sie beruhigt. In dem Teil des Hofes, den sie übersehen konnte, geschah nichts, was sie verunsichern mußte. An der Tafel unter den Arkaden saßen die Männer in langen Reihen, aßen, tranken und unterhielten sich. Sie bemerkte auch gleich Helmichis, um den sich einige Aufgeregte geschart hatten. Er tat also offenbar, was er tun sollte. Ihre Blicke suchten die anderen. Arichis entdeckte sie schließlich unter den Alten. Er hatte einen Becher in der Hand und redete auf zwei Graubärte ein, die sich vor Lachen die Bäuche hielten. Peredeo sah sie nicht, doch das bedeutete nur, daß er auf seinem Posten war, unten in der Halle.

Sie kehrte nach der Kammer zurück. Schon als sie den Korridor betrat, stellte sie fest, daß Alboin da war. Gerade mußte er gekommen sein. Sie hörte hinter der Tür seine fröhliche Stimme. Ihr Erschrecken war aber nur kurz, denn sie wußte ja, daß er meist in Begleitung kam. Seine Spatha, von der er sich niemals trennte, mußte ihm nach dem Bade meist ein Gefolgsmann herauftragen. In diesem Falle war es ein Jüngling von achtzehn, neunzehn Jahren.

«Das ist Taso», sagte Alboin, als die Königin eintrat.

«Er kommt aus Turin, ich habe ihn mitgenommen. Damit sein Vater, Herzog Amo, dort keine Dummheiten mehr macht.»

Er lachte anzüglich. Der junge Mann senkte trotzig den Blick.

«Begrüße die Königin, du Tölpel!»

Taso verbeugte sich linkisch.

«Sei gegrüßt, Taso», sagte Rosamunde. «Gib mir das Schwert, damit ich es anhänge.»

«Das kann er schon selber!» scherzte Alboin, «wenn er auch sonst nicht besonders hell ist. Hänge es dorthin und verschwinde!»

Er zeigte auf einen der Löwenköpfe.

«Nein, hierher!» sagte die Königin und deutete auf den anderen. «Hier hängt es immer!»

Der junge Mann hängte den Gurt mit der Spatha über den Bettpfosten, verbeugte sich nochmals und ging hinaus.

«So weit ist es nun schon gekommen!» sagte der König seufzend. «Ich muß Geiseln nehmen – von meinen eigenen Leuten. Sonst machen sie, was sie wollen, und schicken mich irgendwann zum Teufel. Aber wir sollten uns nicht über diese Schufte ärgern ...»

Er lächelte und strich behutsam über ihr langes, aufgelöstes, auf Schultern und Rücken fallendes Haar.

«Wie schön du bist ... Ich glaube, als Wotan eines Tages aus den Wolken herabblickte und dich sah, fragte er Freya, seine Gemahlin: ‹Wer ist dieses wunderschöne Weib?› Darauf sagte sie: ‹Das ist Rosamunde, die Frau des Alboin!› ‹Wenn es so ist›, sagte Wotan, ‹dann muß dieser Alboin ihrer würdig sein. Dann will ich ihn zu einem großen König machen, er soll ein herrliches Land und viele Völker beherrschen. Nur um ihretwillen!›»

«Du bist ein unverbesserlicher Heide», sagte sie mit einem Lachen, das unecht klang. «Möge der wahre Gott dir verzeihen!»

Sie trat an das Tischchen, nahm den Krug und füllte einen Becher mit Honigwein. Wohlig schnaufend ließ er sich auf einem Hocker nieder. Sein Haar war noch feucht vom Bad, graue Strähnen hingen wirr über Stirn und Wangen. Er war barfuß, trug nur eine Hose und eine ungegürtete Tunika, die seinen mageren, aber noch immer athletischen Körper umschlotterte.

Sie reichte ihm den Becher, und er trank mit Genuß.

«Wahrer Gott, falscher Gott!» Seine hellen Augen blitzten vergnügt bei dem Einfall, sie ein bißchen zu necken. «Wer kann wissen, was echt und was falsch ist. An deinem wahren Gott hat mich immer gestört, daß er nicht verheiratet ist. Deshalb denke ich manchmal, eigentlich kann der kein ordentlicher Hausvater sein. Auch die obersten Götter der Griechen und Römer waren verheiratet. Wotan hatte seine Freya, und wenn sie auch nicht immer derselben Meinung waren, führten sie eine gute Ehe. Was allen Germanen zum Vorteil gereichte. Besonders uns, den Langobarden.»

«Ihr habt Nutzen aus der Ehe eurer Götter gezogen?» fragte sie zerstreut, keineswegs aufgelegt, mit ihm über Glaubensfragen zu streiten.

«Ja, und vor allem Freya sind wir zu Dank verpflichtet.» Er nahm sie lachend bei der Hand und zog sie auf den Hocker neben sich. «Du kennst die Geschichte noch nicht? Dann ist es wahrhaftig höchste Zeit! Also hör zu. Damals hieß unser Volk noch ‹Winniler›, und es lebte auf einer Insel im Norden, die heute noch Skandinavien heißt. Beherrscht wurde es von einer Frau mit Namen Gambara und ihren Söhnen Ybor und Ajo. Irgendwann wurde die Nahrung knapp, und unsere Winniler zogen ein Stück weiter nach Süden in ein anderes Land, das hieß Skoringa. Hier bekamen sie nun aber streitbare Nachbarn. Diese – es waren die Wandalen – verlangten von den Winnilern Jahresgelder. Entweder zahlt ihr oder ihr müßt euch das Aufenthaltsrecht erkämpfen! Gambara und ihre Söhne berieten. Kämpfen ist ehrenvoller, entschieden sie, wir wollen lieber unser Blut vergießen als dienen. Der Tag der Schlacht wird festgelegt. Die Wandalen sind übermütig und siegessicher. Sie sind den Winnilern an Kopfstärke weit überlegen ... schon immer waren wir nur ein kleines Volk. Um aber vollkommen sicherzugehen, rufen sie Wotan an, damals noch Godan genannt: ‹Hilf! Mach, daß wir siegen!› Da sagte er: ‹Gut, aber dazu müßt ihr früh aufstehen. Wen ich zuerst erblicke, wenn ich bei Sonnenaufgang aus dem Fenster sehe, dem will ich den Sieg verleihen!› Nun, ahnst du schon, wie es weitergeht?»

«Nein», sagte sie mit einem flüchtigen, ungeduldigen Lächeln. «Es scheint eine lange Geschichte zu sein ...»

Alboin verzehrte zwei Mandelkuchen.

«Sie ist kurz wie alle guten Geschichten», sagte er kauend. «Nicht zum Einschlafen wie die endlosen Fäden, die uns die Sänger spinnen. Also ... Wie nun Gambara hört, daß die Wandalen zu Wotan rennen, geht sie flugs zu seiner Frau, zu Freya. ‹Hilf, hohe Göttin, gib den Sieg uns, nicht diesen stinkenden Wandalen!› Da sagt Freya: ‹Tut mir leid, gute Frau, für alles Militärische, also auch für Siege und Niederlagen ist nun einmal mein Wotan zuständig. Und der hält es gewöhnlich mit den Stärkeren. Aber ich will euch einen Rat geben. Paßt mal auf, wie ihr ihn überlisten könnt ...›»

Alboin beugte sich vor, raffte das Haar Rosamundes

mit beiden Händen nach vorn, hielt es dann mit der einen unter dem Kinn zusammen, verteilte mit der anderen die rote Lockenmähne auf ihrer Brust und rief:

«‹So müßt ihr es machen!› sagt die Göttin zu Gambara. ‹Eure Weiber sollen ihr langes Haar so von den Gesichtern herabhängen lassen, als trügen sie Bärte. Dann kommt alle, Männer und Weiber, in aller Frühe herbei, damit Wotan euch sehen kann!› Und so geschieht es. In der Dämmerung sind die Winniler schon da und stellen sich auf – die Frauen vorn, die Männer dahinter. Als nun die Sonne aufgeht, weckt Freya ihren Wotan und öffnet das Fenster. Erstaunt blickt er hinunter und fragt: ‹Wer sind diese Langbärte?› ‹Das sind die Gegner der Wandalen›, sagt sie. ‹Wie du siehst, sind sie zuerst auf dem Kampfplatz. Und fällt dir auch auf, wie viele es sind? Du kannst ihnen getrost den Sieg verleihen, ohne in den Ruch zu kommen, parteiisch zu sein. Außerdem hast du ihnen jetzt einen Namen gegeben ... Langbärte. So mußt du sie wohl wie deine Kinder behandeln und sie beschützen!› Das leuchtete Wotan ein. Die Winniler gewannen mit seiner Hilfe die Schlacht und nannten sich von diesem Tage an nur noch Langbärte. Langobarden!»

Alboin lachte und nahm noch einen Schluck Honigwein. Rosamunde strich ihre Haare zurück und erhob sich.

«Eine lustige Sage. Doch du mußt müde sein. Willst du dich nicht endlich ausruhen?»

«Ausruhen?» Er nahm ihre Hand und zog sie zu sich heran. «Ist das alles, was du mir vorschlägst? Ich hatte nach dem, was du schriebst, etwas anderes erwartet!»

Er sprang auf und hob sie auf seine Arme. Ohne Umstände wollte er sie zum Bett tragen. Plötzlich zögerte er jedoch.

«Vielleicht aber ... muß ich vorher noch eine Bußpflicht erfüllen? Wenn es so ist, dann sage es mir!»

«Nein, so ist es nicht», sagte sie sanft. «Es ist alles vergeben ... kein Wort mehr davon! Das einzige, was ich von dir erbitte, ist eine kleine Rücksichtnahme.»

«Jede, Liebste! Was immer es ist!»

«Du warst manchmal sehr ungehalten darüber. Eine Frau ist nicht immer bereit für die Liebe.»

«Nicht bereit?»

«Ein wenig Geduld noch. Ein, zwei Tage ...»

«Es fällt schwer.»

«Lege mich auf das Bett. Und strecke dich neben mir aus. Ich will dafür sorgen, daß du dich dennoch wohl fühlst.»

Der König hatte Mühe, seine Enttäuschung zu verbergen. Nach der dreitägigen Strapaze fühlte er sich um seinen Lohn betrogen. Doch er hatte sich nun einmal vorgenommen, sich von nun an zu beherrschen und keinem ungerechten – ja, nicht einmal einem gerechten Zorn gegen Rosamunde die Zügel schießen zu lassen. Seinen Unmut niederkämpfend, brummte er sein Einverständnis.

Er trug sie zum Bett und legte sie nieder. Sie rutschte gleich auf die andere Seite ... dorthin, wo der Gurt mit dem Schwert hing. Ihm wurden auf einmal die Glieder schwer. Die Müdigkeit, durch die Vorfreude aufgehalten, kroch ihm nun ungehemmt in die Knochen. Er trat auf den Fußschemel und ließ sich ächzend auf der Matratze nieder.

«Zieh die Tunika aus und kehr mir den Rücken», sagte sie.

«Wozu?»

«Nun, zu dem kleinen Dienst, den dir deine Ehefrau

schuldet. Den du mir schon in der Hochzeitsnacht beigebracht hast.»

Er lächelte ein wenig verlegen.

Sie stützte sich auf einen Ellbogen, beugte sich über ihn und küßte den breiten Mund mit den geschwungenen Lippen.

Zum letztenmal! dachte sie und fuhr heftig zurück.

«Was hast du?»

«Oh, nichts! Es ist nur ... dein Bart ist frisch geschoren, er kratzt. Dreh dich jetzt um!»

Er tat es mit einem behaglichen Seufzer. Sie setzte sich aufrecht hin und begann, mit den Fingern der linken Hand, ihre Nägel sacht in die Haut drückend, über seinen Rücken zu streichen.

«Magst du es so?»

«Noch etwas stärker. Ja, so ist es gut.»

Mit der rechten Hand fuhr sie unter die Matratze und ertastete das Lederband. Lautlos zog sie es hervor. Das eine Ende war schon zu einer Schlaufe gebunden. Sie streckte den Arm und zog die Schlaufe über den faustgroßen hölzernen Löwenkopf.

Der Rücken hob und senkte sich unter tiefen, wohligen Atemzügen. Rosamundes linke Hand blieb geschäftig, während die rechte das Lederband langsam, Stück für Stück, unter dem Schwertgurt hindurchzog.

«Wo ist eigentlich meine Tochter?» fragte er. «Bei der Begrüßung war sie nicht anwesend.»

«Sie fühlt sich nicht wohl. Ich habe angeordnet, daß sie im Bett blieb. Sie wollte dich unbedingt umarmen.»

«Was hat sie?»

«Ein wenig Fieber. Es ist harmlos.»

«Hätten wir doch einen Sohn. Wie schön wäre es, von einem Sohn empfangen zu werden.»

Sie antwortete nicht. Mehrmals wand sie das Lederband um den Löwenkopf, zurrte es fest. Er seufzte, diesmal bekümmert.

Plötzlich wandte er heftig den Kopf.

«Werden wir noch einen haben?»

Erschrocken beugte sie sich vor, um mit ihrem Körper den Bettpfosten zu verdecken.

«Ja», sagte sie. «Ja, ich bin sicher.»

«Fünf Jahre sind wir verheiratet ...»

«Dreh dich doch wieder um.»

Er wandte sich ab und starrte unmutig auf die Wand mit den beiden Aposteln.

«Manchmal glaube ich», murmelte er, «daß sie es mir im stillen vorwerfen. Warum denkst du nicht an die Zukunft, König? Ist sie dir gleichgültig? Wie willst du nach deinem Tode fortleben? Wer soll uns an deiner Stelle regieren?»

«Wir werden noch viele Kinder haben.»

«Wenn es nur ein einziger Sohn wäre ...»

Der Gurt war nun am Bettpfosten befestigt, konnte nicht mehr einfach entfernt werden. Der schwierigere Teil der Verrichtung begann. Rosamunde mußte sich weit nach rechts beugen, um den Schwertgriff zu erreichen. Unterhalb des kugeligen Knaufs umwand sie ihn mit dem Lederband, bis hinunter an die Parierstange. Nach mehreren mühevollen Versuchen gelang es ihr, einen Knoten zu machen. Nun zog sie das Ende des Riemens bis an den Gurt, der eine Handbreit unter der Scheidenöffnung durch einen Tragering an der Lederverkleidung gezogen war. Dieser war groß genug, um auch noch das schmale Band aufzunehmen. Sie hatte das Ende gerade eingeführt, als zwei Geräusche hinter der Tür sie erstarren ließen. Zuerst ein Scharren, dann ein

Räuspern. Alboin hob ein wenig den Kopf und fragte mit schläfriger Stimme: «Was war das?»

«Nichts, nichts!» flüsterte sie. «Nur der Hund. Er hat geknurrt, er will herein. Er war vorhin schon einmal hier ...»

«Ich sehe mal nach.»

«Nein! Bleib doch liegen. Das kann ja ich tun. Aber es ist nichts, sei ganz ruhig. Du warst ja schon beinahe eingeschlafen.»

Sie drückte so sanft wie möglich seinen Kopf zurück auf das Kissen.

«Siehst du nach?»

«Ja, gleich ...»

«Es ist keine Wache hier oben.»

«Ich gehe schon.»

Sie ließ das Lederband los und schnellte vom Bett. Wenn er sich jetzt abermals aufrichtete und nach seinem Schwert sah, war alles verloren. Noch lag er auf der Seite, das Gesicht von der Tür abgewandt. Rosamunde öffnete sie einen Spaltbreit und steckte den Kopf hinaus. Da stand Peredeo, Helmichis war hinter ihm, halb verdeckt. Die Hand am Schwertgriff, machte Peredeo einen Schritt auf sie zu und wollte eintreten. Doch sie hielt ihn mit einer heftigen Kopfbewegung auf und drückte den Finger an den Mund.

«Ist jemand da?» fragte Alboin drinnen.

Sie schloß die Tür und glitt rasch auf das Bett zurück.

«Niemand. Es war wohl der Hund. Aber ich habe ihn nicht mehr gesehen. Es ist alles ruhig.»

«Peredeo sagte, du hättest es angeordnet. Damit wir ungestört sind. Alle Wachen sind unten in der Halle.»

«Ich dachte mir, du würdest Ruhe brauchen. Schließ die Augen, Liebster, und schlaf ein wenig.»

Sie strich wieder über seinen Rücken. Mit der Rechten zog sie den Riemen vollständig durch den Ring und wand ihn dann abermals um den Schwertgriff. Dreimal, fünfmal. Ein letzter Knoten war noch nötig.

«Ich habe Peredeo unrecht getan», brummte Alboin. «Aber er soll Genugtuung erhalten. Treue ist mehr wert als Verstand. Er wird sein Herzogtum bekommen ...»

«Schlafe. Denk jetzt nicht mehr darüber nach.»

Sie starrte argwöhnisch auf die Tür. Doch draußen konnte man die letzten, sehr leise gesprochenen Worte nicht gehört haben. Sie begann, mit dünner, zitternder Stimme ein Liedchen zu summen.

Der letzte Knoten war schwierig. Immer wieder lokkerte sich der Riemen am Griff und rutschte über die Parierstange. Mit der einen Hand war es nicht zu schaffen. Der Rücken hob und senkte sich regelmäßig. Das Muttermal in der Mitte fesselte Rosamundes Blick. Sie dachte an ihre Hochzeitsnacht, als sie den Dolch in der Hand gepreßt hatte, um ihn genau an dieser Stelle in den Körper zu stoßen. Sie hatte es nicht fertiggebracht. Jetzt mußte sie nur den Knoten machen. Rasch beugte sie sich nach rechts und nahm auch die linke Hand zu Hilfe. Es gelang. Die Scheide schlug dabei gegen den Bettkasten. Doch das machte nur ein leises, dumpfes Geräusch. Es war weiches Leder, mit dem die hölzernen Schalen bezogen waren.

Alboin atmete regelmäßig. Rosamundes Gesumm verstummte. Sie richtete sich hinter ihm auf und sah, daß er die Augen geschlossen hatte. Ihr Haar fiel auf seine Schulter, und er zuckte ein wenig und seufzte. Sie wandte sich ab und schluckte heftig, um ein Aufschluchzen zu unterdrücken. Jetzt konnte sie nichts mehr tun als warten. Noch war sein Schlummer leicht ...

Das kurze, helle Schleifen des Eisens, das aus der Scheide flog, war jedem Kriegsmann das höchste Alarmzeichen. Er kannte es von Kindheit an, und seine Sinne, mochten sie noch so sehr erschlafft sein, nahmen es auf und stellten sich augenblicklich auf die Abwehr einer Gefahr ein. Zu dem schlafenden König Alboin drang das Geräusch zweimal hintereinander, und es war ihm, als habe ihn eine Flamme geleckt und gleich noch ein Wasserstrahl getroffen. Hellwach fuhr er von seinem Lager auf.

Er sah links Peredeo, rechts Helmichis auf sich zukommen. Die blanken Klingen waren heraus, die beiden Männer starrten stumm auf ihn herab, sie hatten ihm nichts zu erklären. Die Gefahr von der linken Seite war die größere, schon stach die Schwertspitze auf ihn ein. Er warf sich nach rechts und wehrte den Angreifer dort mit einem Tritt ab. Helmichis strauchelte und flog gegen die Wand. Alboin griff nach seinem Schwert, das am Bettpfosten hing.

Festgebunden! Keine zwei Fingerbreit ließ sich die Klinge bewegen. Feine, sorgsame Frauenarbeit. Einen Augenblick sah er die rote Mähne im Türspalt verschwinden, doch gleich wieder auftauchen. Er heulte auf und schnellte zur Seite, so daß der Hieb, der von links kam, ein Kissen, ein Bettuch und die Matratze zerschnitt. Federn und Wollflocken wirbelten auf. Die Wucht riß Peredeo mit, er mußte sich abstützen, und Alboin ließ einen Faustschlag auf sein ungeschütztes Gesicht krachen. Die kurze Benommenheit des Riesen nutzend, ergriff er den Gurt mit der Spatha und versuchte, ihn vom Bettpfosten loszureißen.

Helmichis kam wieder hoch und ließ sein Schwert auf ihn herabsausen. Alboin packte die beidseitig scharfe

Klinge mit bloßen Händen. Der Schlag war nicht wuchtig genug, er konnte ihn aufhalten. Von seinen zerschnittenen Händen sprühte das Blut auf die Bettücher. Er ließ los, fuhr herum und wich einem Dolchstich aus, den Peredeo gegen ihn führte. Der Schwung trug ihn über die Bettkante. Sein Kopf schlug hart auf den hölzernen Fußschemel. Peredeo stach blindlings ein zweites Mal zu und stieß ihm den Dolch tief in den Rücken, gleich unterhalb des Schulterblattes.

Der König brüllte auf. Peredeo zog den Dolch nicht heraus, sondern sprang erschrocken zurück. Alboin kroch von ihm fort bis zur Wand, wobei er den Schemel erwischte und mit sich zog. Taumelnd kam er auf die Beine. In der einen Hand hielt er den Schemel, mit der anderen stützte er sich gegen die Wand und schmierte sein Blut über die Apostelgesichter. Der Griff des Dolchs ragte aus seinem Rücken. Peredeo starrte ihn an und rührte sich nicht.

«So töte ihn doch!» schrie Rosamunde.

Alboin warf ihr einen wilden Blick zu. Sie stand kerzengerade, den Rücken gegen die Tür gepreßt, als wolle sie sein Entweichen verhindern. Er holte aus, um den Schemel nach ihr zu schleudern, doch im selben Augenblick sprang Helmichis vor, hob sein Schwert und schlug wie wahnsinnig auf ihn ein. Mit beiden Händen packte der König den Schemel, hielt ihn als Schild vor sein Gesicht, parierte die Schläge. Der Tisch fiel um, der Krug ging in Scherben. Die Flüssigkeit ergoß sich über Teppich und Blumen. Der König glitt aus, stürzte auf ein Knie. Von oben prasselten jetzt die wütenden, ziellos geführten Hiebe. Einer traf und spaltete ihm das Kinn. Ein Blutstrahl schoß hervor und ergoß sich über die nackte Brust. Noch immer suchte sich Alboin, gurgelnde

Schmerzenslaute ausstoßend, mit dem Schemel zu schützen. Wie im Rausch schlug Helmichis weiter. Ein Hieb zerschmetterte den Schemel, ein weiterer verfehlte den Kopf des Königs knapp und fuhr tief in die Schulter. Im selben Augenblick wurde Helmichis zurückgerissen. Mit aller Kraft stieß ihn Rosamunde beiseite.

«Mach ein Ende! Mach doch endlich ein Ende!» rief sie Peredeo zu. Erst dieser zweite Ruf hatte Wirkung. Peredeo überwand den Schrecken über die eigene feige Tat, den Stich in den Rücken des Königs. Seine Hand fuhr nach dem Gürtel, wo der Sax steckte. Alboin, blutüberströmt, versuchte noch einmal aufzustehen. Der zerstörte Unterkiefer hing an einer Seite herab, ein Knochen ragte spitz aus der Schulterwunde. Die blutigen Hände des Königs ruderten in der Luft, seine irre flakkernden Augen suchten nach einer Waffe. Er stieß gräßliche, abgerissene Laute aus.

«Töte ihn!» flehte Rosamunde.

Peredeo atmete tief und riß mit einem Ruck den Sax vom Gürtel. Drei Schritte – er stand vor dem König. Alboin wich zurück, wankte, verlor das Gleichgewicht. Doch Peredeo packte ihn mit der Linken im Nacken und hielt ihn aufrecht. Mit der Rechten stieß er ihm das Schwert in die Brust.

Er zog es gleich wieder heraus und warf es auf das Bett. Dann drückte er den Sterbenden an sich, riß auch den Dolch aus seinem Rücken und schleuderte ihn fort. Der Kopf des Königs schlug an seine Brust. So standen sie einen Augenblick in einer blutigen Umarmung.

Dann merkte Peredeo, daß er einen Leichnam im Arm hielt. Er zog ihn zum Bett und legte ihn auf die Matratze. An einem Kissen wischte er das Schwert ab, steckte es mit unsteter Hand in die Scheide.

Schließlich blickte er auf.

Rosamunde stand reglos in der Nähe der Tür, nur ihr Atem ging heftig. Sie wandte die brennenden, trockenen Augen nicht von dem Toten. Es schien jedoch, als nehme sie weder ihn noch überhaupt etwas wahr. Sie erwiderte auch den Blick des Peredeo nicht. Offensichtlich war sie außerstande, jetzt nur das Notwendigste zu tun.

Nicht besser stand es um Helmichis. Den blonden Lockenkopf tief auf die Brust gesenkt, die Arme auf sein blutiges Schwert gestützt, lehnte er schluchzend wie ein Knabe in einer Ecke.

Peredeo begriff, daß es jetzt auf ihn ankam. Sie befanden sich in einer Lage, wie er sie oft genug erlebt hatte. Ein Unternehmen war nicht nach Plan abgelaufen, sondern gründlich mißlungen. Man war in Bedrängnis, von Gefahren umlauert, ringsum herrschten lähmende Niedergeschlagenheit und Verzweiflung. Ein kühler Kopf und Mut bis zur Tollkühnheit waren nun alles, was helfen konnte. Wenn nötig, hatte er beides, und oft genug war das für ihn und andere die Rettung gewesen.

Ein Blick rundum war fast entmutigend. Der Zustand des Leichnams und der Kammer bewiesen überdeutlich, was hier geschehen war. Der tote König mußte ebenso wie der Schauplatz der Tat vorerst verborgen bleiben, wollte man nicht riskieren, dessen, was tatsächlich geschehen war, nämlich des schnödesten Meuchelmordes beschuldigt zu werden. Die Verwüstungen zu beseitigen und das an die Wände gespritzte Blut abzuwaschen, war im Augenblick unmöglich. Man konnte den schrecklich zugerichteten Toten in einen anderen Raum schaffen, aber auch das war jetzt schon zu aufwendig. Sein Instinkt verriet Peredeo, daß man draußen bereits etwas ahnte. Die Schreie und das Gepolter waren womöglich durch die eisenbeschlagene Tür doch nicht ausreichend gedämpft worden. Bestimmt war auch etwas durch die Fenster gedrungen. Die Tür konnte jeden Augenblick aufgehen und entsetzten Blicken preisgeben, was geschehen war.

Peredeo sah an sich herab. Seine Tunika, sein Gürtel, seine Hose, seine Wadenbinden, die Schuhe – alles war mit Blut befleckt. Auch die weiße Tunika des Helmichis war über und über besudelt. Dies war ebenfalls nicht zu ändern. So sei es also, dachte Peredeo. Wo gekämpft wird, fließt Blut ... wer verstünde das nicht?

Er trat an Rosamunde heran, packte sie heftig am Arm und schüttelte sie. «Du wolltest es, also tu jetzt nicht so, als hätte der Schrecken dich versteinert! Die trauernde Witwe kannst du später noch spielen – jetzt sieh zu, daß du die Fassung bewahrst! Mach das Schwert vom Bettpfosten los und tauche es in sein Blut! Dann bewache den Leichnam und die Kammer! Paß auf, daß niemand hereinkommt!»

Er riß Helmichis die blutige Spatha aus der Hand und warf sie auf den Teppich. «Wisch dir die Tränen ab, du Weichling, und reiß dich zusammen! Wir müssen jetzt zu den Männern hinunter! Vergiß nicht, er hat uns angegriffen. Wir haben uns nur verteidigt. Komm, es ist Zeit!»

Er öffnete vorsichtig die Tür und warf einen sichernden Blick in den Korridor. Es war niemand zu sehen. Der struppige kleine Hund, den er erwürgt hatte, lag in der Nähe an einem Wandpfeiler.

«Vorwärts!»

Er stieß Helmichis hinaus. Bevor er folgte, wandte er sich noch einmal der Königin zu.

«Eine schöne Rache. Habe ich recht? Was macht es, daß es eine häßliche Tat war. Erfreu dich daran!»

Peredeo hatte sich nicht getäuscht.
Unten in der Halle ahnten die Männer bereits, was passiert war.

Kurz bevor er und Helmichis erschienen, war der junge Taso, von oben kommend, hereingestürzt – verstört und vor Aufregung stotternd. Der junge Mann hatte sich, nachdem er entlassen war, noch eine Weile unbemerkt in dem menschenleeren Gebäude herumgetrieben und seine neugierige Nase unter anderem in die pompösen Gästezimmer des ersten Stockwerks gesteckt. Zurück auf der Treppe, sagte er, habe er plötzlich von oben Gebrüll und Gepolter vernommen. Er sei näher geschlichen bis an die Tür der Kammer, in die er den König begleitet hatte. Da habe er Lärm wie von einem Kampf gehört, dazu Schreie – furchtbare Schreie des Königs. Und eine Frau, ganz gewiß die Königin, habe mehrmals gerufen: «Töte ihn! Töte ihn endlich!»

Peredeo hatte vorsorglich nur Leute zur Wache in die Halle beordert, die er für unbedingt zuverlässig hielt. Es waren seine bevorzugten Kampfgenossen und Zechkumpane, Bewunderer seiner Kühnheit und Kraft – ein kleiner Haufen, der ihm mit Leib und Seele ergeben war. Die etwa fünfzehn jungen Rauhbeine, angeführt von seinem Freund Zuchilo, hielten sich strikt an seinen Befehl, den Eingang des Gebäudes zu sichern und niemand hinaus- und hereinzulassen. Was immer ihr Heros tat, war wohlgetan, und deshalb versetzten die Schreie des Königs sie nicht in Unruhe. Zuchilo streckte den jungen Taso, der glaubte, Hilfe holen zu müssen, mit einem Faustschlag nieder und ließ ihn vorsorglich binden und knebeln.

Zur selben Zeit hatte die Nachricht, im Südflügel gehe etwas Schreckliches vor, auch schon die langen Tische im Palasthof erreicht. Ein Wächter auf der Mauer und ein paar Buschwerk rodende Knechte hatten die Schreie gehört, die gedämpft aus den winzigen Fenstern drangen. Viele erhoben sich und folgten den Knechten in das an die Mauer grenzende Waldstück, doch war schon nichts mehr zu vernehmen. Sie kehrten zurück und begehrten nun Einlaß in das Gebäude. Zuchilo und seine Männer mußten sie mit gezogenen Schwertern zurückhalten.

Gleich darauf erschienen die beiden blutbefleckten Täter. Peredeo stützte Helmichis, der sich mit Mühe aufrecht hielt. Zuchilo und einige andere bildeten gleich einen Schutzring um sie. Jetzt sprangen alle von den Tischen auf und eilten herbei.

Peredeo schrie unentwegt Kommandos. Er befahl, die Treppe zu sichern, postierte seine Leute und rief Verstärkung herbei. Dann trat er, Helmichis vor sich her schiebend, umgeben von einem Knäuel wild und herausfordernd blickender junger Krieger, hinaus in den Hof. Mehrere hundert Männer umdrängten ihn.

«Langobarden!» brüllte er. «Ein Unschuldiger sollte ermordet werden! Alboin wollte seinen nächsten Verwandten umbringen ... seht nur, wie er ihn zugerichtet hat! Er kann sich kaum noch auf den Beinen halten. Und warum? Weil er es wagte, eure Forderungen zu überbringen. Darf sich ein König so etwas herausnehmen? Nein, dazu hat er kein Recht, und deshalb mußte ich ihm in den Arm fallen! Die scheußliche Untat, Langobarden, wurde noch einmal verhindert. Im letzten Augenblick kam ich dazu und konnte Helmichis, der sich verzweifelt wehrte, heraushauen. Hier seht ihr ihn, er ist gerettet!»

In der Nähe der beiden wurde Beifall gegrölt. Die Masse der versammelten Männer dagegen verhielt sich schweigend und abwartend.

«Und was ist mit dem König?» krähte ein Greis. «Ist er verwundet?»

«Seine Mordlust wurde ihm zum Verhängnis!» rief Peredeo. «So geht es jedem, der sich an der Unschuld vergreift, auch wenn er König ist!»

«Ist er tot?» schrien mehrere. «Hast du ihn umgebracht?»

«Das hat er selber getan, er lief in mein Schwert! Ich wollte Helmichis verteidigen und reizte damit seinen Zorn. Ihr kennt mich, Männer, ich war immer für Gerechtigkeit! Dafür kämpfe ich, das ist meine Ehre! Und wenn ein König ungerecht ist, so stelle ich mich auch ihm entgegen! Es war meine Pflicht ...»

Der heisere Baß des Peredeo konnte sich in dem Tumult, der nun folgte, nicht mehr durchsetzen. Es war zugegeben: der König war tot! Jeder erhob seine Stimme und schrie heraus, was ihm das Ungeheuerliche eingab. Einige fuchtelten mit ihren Waffen.

Es bildeten sich fast unmittelbar zwei Parteien. Zuchilo und andere, die Peredeo und Helmichis umgaben, zeigten offen ihre Genugtuung. So habe es kommen müssen, riefen sie, das sei die Strafe, wenn ein Gefolgsherr nicht für seine Leute sorge. Verdiente Männer seien zurückgesetzt worden, Heldenruhm sei nicht mehr gefragt gewesen. Mit Schande habe sich dieser König bedeckt, unwürdig sei er der eisernen Recken gewesen, die vor ihm auf dem langobardischen Thron saßen. Ackerbauern, Kaufleute, Handwerker hätten ihm bereits mehr gegolten als seine Krieger. Viele der mit dem König Zurückgekehrten stimmten ein in das Triumphgeschrei. Sein Nachfolger wird daran denken, tönte es, der wird wissen, was er uns schuldig ist!

«Ja, ihr habt recht!» schrie Peredeo. «Er weiß es, das

versichere ich euch! Hier steht er, und ihm ist klar, was ihr wert seid! Er wird euch geben, was euch zusteht!» Er stieß Helmichis in die Seite und raunte ihm zu: «Reiß dich zusammen! Rede zu ihnen! Versprich jedem fünf Goldstücke!»

Helmichis, fahl und schweißbedeckt, warf seine Lokken zurück, reckte das Kinn und versuchte, sich eine königliche Haltung zu geben. Zum Zeichen, daß er reden wolle, hob er die Hand. Der Lärm ringsum wollte aber nicht abebben.

«So sprich doch!» drängte Peredeo. «Worauf wartest du noch? Die Stimmung ist günstig!»

«Langobarden!» rief Helmichis. «Hört mich an, Männer! Ihr wißt, daß ich immer an eurer Seite stand! Ich konnte die Zustände nicht mehr dulden, deshalb mußte ich handeln! Wenn er auch mein Vetter und Milchbruder war ... und ... obwohl ich ein Gause bin ...»

«Was ist das für Blut auf deinem Hemd, Gause?» schrie einer. «Stammt es von dir oder deinem Milchbruder?»

«Zeig uns doch mal deine Wunden!» verlangte ein anderer. «Wir wollen sehen, wie er dich zugerichtet hat!»

«Ja, zieht eure Hemden aus, ihr Helden!» riefen mehrere.

Der Vorschlag fand wütende Zustimmung.

«Beweist uns mal, daß er euch umbringen wollte!»

«Ihr scheint noch gesund und bei Kräften zu sein!»

«Die stehen da wie zwei Pinien – aber den Alboin haben sie umgehauen!»

Einige Männer drängten heran und streckten die Hände nach ihren Tuniken aus. «Runter damit! Zeigt eure Wunden!»

Peredeo, alle um Kopflänge überragend, gab dem Dreistesten einen Stoß vor die Brust und warf drohende Blicke um sich. Warum hatte er nicht mehr daran gedacht, sich selbst und Helmichis Verletzungen beizubringen! Ein unverzeihliches Versäumnis!

«Was fällt euch ein, Leute?» schrie er. «Ihr beschmutzt euch selber mit eurem Mißtrauen! Wißt ihr etwa nicht, wer ich bin? Und ihr fragt noch, ob Peredeo Wunden empfing? Mein Körper ist über und über mit Narben bedeckt! In Hunderten Kämpfen habe ich ...»

«Wir wollen nicht deine Narben sehen!»

«Die frischen Wunden sollst du uns zeigen!»

«Sie haben keine, die Mörder!»

Die Stimmung schlug um. Die Gegenpartei, die sich vorerst zurückgehalten hatte, gewann nun die Oberhand. Viele, die eben noch gejubelt hatten, schlugen sich zu ihr und stießen Drohungen und Verwünschungen gegen Helmichis und Peredeo aus.

Eine Gasse bildete sich, und Arichis drängte heran.

«Ihr beide seid frisch und lebendig, aber der König ist tot!» sagte er. «Gehen wir zu ihm! Die Wunden, die er empfangen hat, werden alles beweisen. Oder dürfen wir die etwa auch nicht sehen?»

«Zurück!» rief Peredeo.

«Laß mich durch! Ich befehle es dir!»

«Du hast hier nichts mehr zu befehlen!»

«Ich bin noch immer Kommandant der Leibwache!»

«Schlecht beschützt hast du unseren König, Arichis!» rief einer der Graubärte. «Schande über dich!»

Arichis stieß seine Habichtsnase nach ihm und entgegnete: «Schlecht beschützt? Ich durfte ja nicht! Seine hohe Gemahlin verhinderte es! Als ich die Wachen verstärken wollte, bedrohte sie mich mit dem Tode!»

«Die Gepidin steckt dahinter!» durchbrach eine schrille Stimme den Lärm. «Sie hat die beiden angestiftet!»

«Was lügst du da zusammen, du Dummkopf?» grollte Peredeo in die Richtung des Rufers. «Die Königin hat damit nichts zu tun! Sie war nicht dabei, sie ...»

«Sie hat die Langobarden immer gehaßt! Sie wollte sich an Alboin rächen!»

«Du bekommst eins aufs Maul, du Aufwiegler!»

«Langobarden!» schrie plötzlich Helmichis mit überkippender Stimme. «Warum greift ihr uns und die Königin an? Seid doch vernünftig! Statt uns zu danken, beschimpft ihr uns! Habt ihr vergessen, wie aufgebracht ihr gegen ihn wart? Ihr haßtet ihn, ihr wolltet ihn loswerden! Auch die Herzöge hatten genug von ihm! Zaban und Cleph und alle anderen werden aufatmen, wenn sie die Nachricht erhalten! Wir haben es zwar nicht gewollt, aber dennoch ein gutes Werk getan! Wir haben euch von euerm Unterdrücker befreit ...»

«Wie kannst du so über ihn reden, du Laus?» rief ein hochgewachsener Greis mit Stentorstimme. «Alboin war der größte König, den unser Volk je hervorgebracht hat!»

«Treulos war er!» schrie Zuchilo. «Und eifersüchtig! Die Besten haßte er!»

«Das hatte er nicht nötig!» kam es von einer anderen Seite. «Er war der Mond, und die Besten waren gegen ihn Ölfunzeln!»

«Das ist wahr! Er hat uns immer vorangeleuchtet! Ohne ihn hätten wir nicht hierhergefunden!»

«Du hast wohl mehrere Zungen, Allo? Gestern, als er zwei unserer Freunde aufhängen ließ, hast du noch anders geredet!»

«Das waren doch nur zwei Schufte! Was zählt ihr Leben gegen das seine?»

«Unser Volk ist verwaist, Männer! Hat keinen Vater mehr!»

Es brodelte weiter in dem mehrhundertköpfigen Haufen. Heftige Reden und Gegenreden wurden geführt, und hie und da sprachen Fäuste und Waffen. Arichis versuchte, mit einem Trupp, den er schnell um sich scharte, in das Gebäude einzudringen.

Peredeo hatte sich aber schon mit Helmichis und seinen Leuten in die Halle zurückgezogen. Nach einem kurzen Scharmützel, bei dem es Verletzte gab, wurde Arichis zurückgeworfen.

«Da hast du die ‹Prätorianer›!» sagte Peredeo zu seinem Mitverschworenen. «Sie sind uneinig, und die meisten sind gegen uns. Hoffentlich retten wir unsere Haut. Ich hab dich gewarnt ... dich und deine Liebste. So kannst du nicht König werden, Milchbruder. Das ist bei den Langobarden nicht Brauch!»

Als Helmichis und Peredeo sie verlassen hatten und sie mit Alboins Leichnam allein war, verlor Rosamunde jede Beherrschung und gab sich hemmungslos ihrem Schmerz hin. Wie ein eiserner Panzer hatte der Wille, ihr Rachewerk zu vollenden, während der Vorbereitung der Tat alle Empfindungen abgewiesen, er hielt auch noch, als es geschah und solange ihre Mittäter anwesend waren. Nun aber fiel er ab und gab sie schutzlos dem Ansturm ihrer Gefühle preis.

Sie sank vor dem Leichnam nieder und ließ ihren Tränen freien Lauf. Heftige Krämpfe durchschüttelten ihren Körper, ihre Gliedmaßen zuckten, ihre Zähne schlugen gegeneinander. Sie warf sich über den toten Geliebten, bedeckte seinen blutüberströmten Körper mit Küssen. Dabei flüsterte sie zärtliche Worte. Sie riß ihr Kleid auf und drückte ihre Brüste auf seine Haut, als könne die Wärme dieser Berührung ihn wieder lebendig machen. Die schaurige Lust, die sie dabei empfand, erschöpfte sie, und sie verlor das Bewußtsein. Doch kam sie gleich darauf wieder zu sich und fuhr fort mit ihrer maßlosen Klage. Mal schrie, mal schluchzte, mal wimmerte sie, und dazwischen stieß sie immer wieder die leidenschaftlichsten Bekenntnisse hervor und gelobte, nie mehr einen anderen als den einzigen, welcher ihr nun genommen sei, lieben zu wollen.

Sie geriet für einige Zeit so sehr außer sich, daß sie von dem, was um sie geschah, nichts mehr wahrnahm. Sie hörte nicht einmal das Knarren der Tür, die einen Spaltbreit geöffnet wurde. Für einen Augenblick erschien dort das entsetzte Gesicht Calvinas. Trotz der Warnung Peredeos hatte die Zofe sich in ihrer Kammer verkrochen und nach dem, was dort zu ihr gedrungen war, ihre schlimmsten Ahnungen bestätigt gefunden. Als es still wurde und sie sich endlich herauswagte, hörte sie, schon auf der Treppe, plötzlich Schreie der Königin. Nun sah sie Rosamunde, das Haar gesträubt, die Züge verzerrt, im zerrissenen Kleid und mit blutbesudelter Brust über dem Leichnam. Sie fürchtete sich und wagte nicht näher zu treten, sondern wandte sich gleich wieder ab und floh. An den Wachen vorbei, die nur Blicke für den Auflauf im Hof hatten, entkam sie aus dem Palast. In Panik eilte sie hinunter zur Stadt.

Wenig später betrat Helmichis den Schauplatz des Mordes, und auch er wurde von Rosamunde zunächst nicht bemerkt. Ihr Anblick erschreckte ihn ebenso wie vorher Calvina, doch er wagte nicht, sich wieder zurückzuziehen. Peredeo hatte ihn mit bestimmten Weisungen heraufgeschickt. Er sah auch gleich, daß sich die Königin nicht einmal um das wichtigste Zeugnis ihrer Mitschuld, die am Bettpfosten festgebundene Spatha, gekümmert hatte. Er versuchte, die Knoten zu lösen, verlor jedoch schnell die Geduld und hob den Dolch auf, den Peredeo aus dem Rücken des Ermordeten gezogen hatte. Mit ihm zerschnitt er das schmale Lederband, und erst dieses Geräusch ließ die Trauernde aufmerken. Helmichis gefror das Blut in den Adern unter dem haßerfüllten Blick, den sie ihm zuwarf.

Indessen bewirkte seine Gegenwart, daß sie sich etwas beruhigte. Sie bedeckte sich mit einem Bettuch und beteiligte sich, wenn auch gleichgültig und geistesabwesend, an den nötigen Maßnahmen. Peredeo kam mit zwei Männern herauf, die den Toten ins Schlafgemach der Königin brachten. Helmichis trug ihm die Spatha nach und legte sie neben ihn. Rosamunde verschloß die zunächst in ihrem Zustand belassene Kammer, und Peredeo stellte eine Wache davor.

Es war schon vor der Tat beschlossen worden, ohne Zögern die Beisetzung vorzubereiten. Die Königin bezeichnete die Mägde, die heraufkommen durften, um den Leichnam zu waschen und zu bekleiden. Es waren durchweg ältere Einheimische. Sie entledigten sich ihrer Aufgabe flink und unter Klagegeschrei, doch ohne wirkliche Anteilnahme am gewaltsamen Tod des fremden Herrschers. Rosamunde wollte es so, sie hätte nicht ertragen, daß jemand neben ihr trauerte. Ein alter Onkel des Königs, der sich unter den Veteranen im Palasthof befand und seine Familie eilends kommen ließ, erhielt von den Wachen keinen Zutritt. Auch Frau Raunhild wurde zurückgewiesen. Albsvinda ließ sich zu Rosamundes Erleichterung nicht blicken, sie hätte man wohl einlassen müssen. Es wäre aber zu befürchten gewesen, daß Alboins ungeliebte Tochter am Totenbett ihres Vaters Freude bekundet und die Mörder gelobt hätte.

Rosamunde vollendete das Werk der Mägde, indem sie dem Toten das Haar kämmte und ihm das goldene Diadem, das er bei feierlichen Anlässen getragen hatte, in die Stirn drückte. Sie zündete Kerzen an und ließ dann nur noch den Bischof Julianus, einen Priester und ein paar Mönche ein, die eine Weile beteten und sangen. Dabei bemerkte sie, daß ihr der Bischof finstere Blicke zuwarf, und sie forderte ihn deshalb auf, seine Klage zu beenden. Danach war sie wieder mit dem Toten allein.

Es wurde Nacht. Rosamunde achtete nicht darauf, daß auf dem Palasthof der Lärm nicht verstummen wollte. Wäre sie an eines der Bogenfenster getreten, hätte sie die Männer gesehen, die dort unten in größeren und kleineren Gruppen beisammenstanden und heraufstarrten. Ab und zu drang ein Ruf an ihr Ohr, der eine Schmähung enthielt. «Gepidische Schlange!» wurde geschrien. «Die trauernde Witwe läßt keinen zu ihm ... wird wohl Grund dazu haben!» «Bist du nun glücklich, rote Hexe? So hast du ihn dir doch immer gewünscht!» Und einige Male hieß es auch: «Mörderin! Mörderin!» Es waren vor allem Greisenstimmen, die sich immer wieder erhoben, um solche Beschimpfungen auszustoßen.

Sie wollte das nicht hören – noch nicht. Solange Alboin bei ihr war, wollte sie sich nur ihm allein widmen. Es war nicht mehr der grelle Schmerz wie am Mittag, gleich nach der Tat, der sie völlig überwältigt und dem sie sich ohne Widerstand hingegeben hatte. Nur ab und zu packte sie noch die Verzweiflung, dann warf sie sich weinend über den Leichnam. Die meiste Zeit aber saß sie still und aufrecht, mit offenem Haar und in ein weites dunkles Gewand gehüllt, am Kopfende des Totenbettes und blickte zärtlich auf die vertrauten Züge: die breite, gefurchte Stirn, die kräftige Nase, die hohen Wangenknochen, die schönen, geschwungenen Brauen über den geschlossenen Augen. Da lag jetzt nur noch ihr Geliebter, um den sie ungehemmt trauern durfte. Er hatte seine Blutschuld gebüßt, er hatte bezahlt, nichts stand mehr zwischen ihnen. Je unversöhnlicher sie den Lebenden hassen mußte, desto inniger konnte sie nun den Toten lieben. Unzählige Male beugte sie sich in dieser Nacht über ihn, um es ihm zu gestehen. Nie, bis ans Ende ihrer Tage, werde sie aufhören, ihn zu lieben. Und beten werde sie, so versprach sie, damit auch ihm, obwohl er im Herzen ein Heide geblieben sei, das Tor zum Himmelreich aufgetan werde. Leider könne sie selber nicht mehr hindurch, weil sie als Christin einen Mord befahl.

Bei Sonnenaufgang kam Helmichis, um Alboins Leichnam zur Beisetzung abzuholen. Unter der großen Freitreppe, die zum Palast heraufführte, war in der Nacht das Grab ausgehoben worden. Der König sollte dort nach der Tradition mit Waffen und Kriegsschmuck beigesetzt werden. Störungen der Zeremonie, so meinte Helmichis, seien nicht zu befürchten, es werde höchstens zu vereinzelten Unmutsäußerungen kommen. Obwohl übernächtigt und erschöpft, gab sich der Königsmörder zuversichtlich. Im Laufe der Nacht seien an das Gefolge großzügig Geld und Geschenke verteilt worden. Die überwiegende Mehrheit der Leute habe sich schließlich für loyal erklärt. Nur ein Haufen von vierzig, fünfzig Mann unter dem Befehl des Arichis beabsichtige, sich abzusetzen. Doch seien auch unter diesen Männern inzwischen einige unentschlossen.

Tatsächlich war in den Stunden nach Mitternacht der bedrohliche Lärm allmählich abgeklungen. Viele schliefen in Kleidern und Waffen, auf den Bänken ausgestreckt oder über die Tische gelehnt, im Palasthof. Niemand suchte jedoch das Quartier auf, alle warteten auf die Beisetzung.

Der tote König wurde auf die Bahre gehoben. Als ihn die Männer hinaustrugen, sank Rosamunde in Ohnmacht. Sie erwachte erst wieder zu vorgeschrittener Tageszeit, als Alboin längst in seinem Grab lag.

III

gefährliche gäste

Der plötzliche gewaltsame Tod König Alboins hatte selbst auf mich, der ich als Fremder alle diese Vorgänge mit einigem Abstand betrachtete, eine niederschmetternde Wirkung. Gewiß, der Herrscher des Langobardenvolkes war einerseits ein in primitiven Traditionen befangener Barbar, andererseits war er jedoch auch ein Berufener, ein gottbegnadeter, die neue Zeit gestaltender Tatmensch. Er war, wenn mir das Bild erlaubt ist, ein ebenso kühner wie scharfsichtiger Steuermann, der in den Stürmen der großen Völkerbewegung sein Langobardenschiff auf Rettungskurs hielt und gerade im Begriff war, es durch die letzten Klippen in einen sicheren Hafen zu führen. Nun stand niemand mehr am Steuerruder, und wie viele andere ergriff auch mich das unbehagliche Gefühl, es könne doch noch Schiffbruch geben. Hinzu kam, daß ich dem König persönlich nicht gram sein konnte. Er hatte mich meist mit einer gewinnenden Höflichkeit behandelt und mir Dienste, die ich ihm leistete, stets großzügig gelohnt. Kein Freund der Gelehrsamkeit, sah er jedoch ihren Nutzen ein, und wenn er mich manchmal an seiner Tafel als weltfremden «Kuhhautverderber» (als Verbraucher von Pergament also) verspottete, geschah dies gutherzig, mit freundlicher Nachsicht. Was er meiner geliebten Rosamunde angetan hatte, schmerzte mich sehr, dennoch betrauerte ich ihn als einen großen und ungewöhnlichen Mann und vergoß manche Träne um ihn. Als man ihn unter der Treppe des Palastes ins Grab senkte, stimmte auch ich in das allgemeine Jammern und Klagen ein, und ich hob meine Hände und betete zum allmächtigen Gott, er möge dem Alboin seine guten und bedeutenden Taten gegen die schlimmen aufrechnen und dann zu dem Schluß kommen, daß seine Seele trotz allem den ewigen Frieden verdiente.

Bei der Beerdigung gab es keine Zwischenfälle, doch hinterher kam es noch stundenlang zu Tumulten auf dem Palasthof. Als man den Leichnam auf dem Totenbett durch die Menge getragen hatte, war die schwere Verletzung im Gesicht bemerkt worden, und der Verdacht lebte wieder auf, der König sei anders gestorben, als es Helmichis und Peredeo dargestellt hatten. Arichis und seine Leute warfen den beiden wieder geplanten Meuchelmord vor, und auch die Königin wurde erneut heftig angegriffen. Schließlich kam es sogar zu Tätlichkeiten, und zwei Männer blieben in ihrem Blut liegen. Da griff Peredeo selbst ein, und mit Hilfe seiner Getreuen räumte er den Palasthof. Gegen Abend sammelte Arichis ein Häuflein von etwa dreißig Männern und ritt mit ihnen davon. Die anderen beruhigten sich allmählich, nicht zuletzt, weil Helmichis noch einmal reichlich Gold verteilte. Immerhin blieben von den Leuten der königlichen Gefolgschaft, die nach dem Tode des Gefolgsherrn ihres Eides entbunden waren, mehr als dreihundert.

Rosamunde war nicht nur während der Beisetzung abwesend, man bekam sie auch in den nächsten Tagen und Wochen nicht zu Gesicht. Es hieß, die Trauer habe sie überwältigt und auf das Krankenbett geworfen. Böse Zungen behaupteten allerdings, sie leide unter ihrem schlechten Gewissen und traue sich nicht in die Öffentlichkeit. Ich neige noch heute entschieden zu der ersten Vermutung, obwohl ich inzwischen ja weiß, was wirklich geschehen ist. Ab Mitte Juli empfing sie wieder und machte täglich einen Spaziergang. Sie war bleich und abgemagert und hatte dunkle Ringe unter den Augen, zweifellos infolge der durchwachten Nächte. In den ersten Tagen war sie sehr schweigsam, und offensichtlich fiel es ihr schwer, in die Wirklichkeit zurückzufinden. Sie bat mich, ihr Trauerverse griechischer und römischer Dichter vorzutragen, und ich erinnere mich, daß ihre Tränen flossen, als ich die Worte des Horaz sprach: «Welche Scheu, welches Maß kennt wohl der Sehnsucht Schmerz um ein teures Haupt?»

War das Heuchelei? Ich glaube es nicht. Ich kann es noch immer nicht glauben.

Gegen Ende des Monats Juli, als die Sommerhitze ihren Höhepunkt erreichte, war die Stimmung im Palast von Verona auf dem Tiefpunkt. Was sollte nun werden? Es herrschte lähmende Ratlosigkeit. In der Gefolgschaft kam es zu endlosen Auseinandersetzungen darüber, wie ein Nachfolger Alboins zu bestimmen sei. Helmichis versuchte weiterhin, die Anführer und die Einflußreichen durch Geschenke zu gewinnen, und immer mal wieder schlug Peredeo vor, ihn durch Zuruf zum neuen König zu machen. Aber jedesmal erhoben sich Stimmen des Protestes, die dieser Versammlung das Recht absprachen, eine solche Entscheidung zu treffen. Nur die «Speerversammlung» aller Langobarden sei dazu befugt, und ohne die Zustimmung der Herzöge könne ohnehin kein König regieren. Doch die Herzöge rührten sich nicht, kein einziger ließ sich blicken oder schickte eine Botschaft. Dabei konnte es keinen Zweifel geben, daß sie, jeder auf andere Weise, die Nachricht vom Tode des Königs erhalten hatten. Dieses Schweigen, dieses Abwarten war seltsam und bedrohlich.

Ungünstig wirkte sich auch aus, daß die Gerüchte, die sich um Alboins Tod rankten, nicht verstummen wollten. Trotz der am Tage der Tat getroffenen Maßnahmen, von denen ich später erfuhr, kam manches heraus, was der beharrlich wiederholten Darstellung der Beteiligten widersprach. Immer lauter wurden die Vorwürfe gegen die Königin, die man offen der Mittäterschaft, wenn nicht der Urheberschaft an dem Verbrechen bezichtigte. Das befremdliche Schweigen der Herzöge nährte allerlei Ängste, schon war von einem Strafgericht die Rede, das alle treffen werde, die bei den Tätern aushielten. Fast täglich verschwanden jetzt Leute. Zumeist in kleinen Gruppen von acht bis zehn Mann gingen sie auf und davon. Daß sie sich einem der Herzöge anschließen und zur Begründung für ihre Flucht die haarsträubendsten Geschichten erzählen würden, war anzunehmen. Unter den Zurückbleibenden gab es bald keinerlei Zucht und Ordnung mehr. Nicht einmal die Wachen zogen noch pünktlich auf, ein Häuflein entschlossener Feinde hätte mühelos den Palast erobern können. Regelmäßig machten sich morgens größere Trupps auf den Weg in die Stadt oder das umliegende Land, um abends schwerbeladen zurückzukehren – mit Beutegut.

Es war Rosamunde, die diesem unerträglichen Zustand

ein Ende bereitete. Fast über Nacht gewann sie ihre frühere Tatkraft und Entschlußfähigkeit zurück. Sie begriff wohl, daß weder Helmichis noch Peredeo in der Lage waren, die drohende Auflösung der Gefolgschaft zu verhindern. So entschied sie, mit einem energischen, wenn auch, wie viele meinten, überstürzten Schritt dem Unheil entgegenzuwirken. Sie entschloß sich, Helmichis zu heiraten! Laut und fest erklärte sie, es sei ohne Zweifel im Sinne ihres verstorbenen Gemahls, wenn sie jetzt dessen Vetter, der immer sein engster Vertrauter gewesen sei, die Hand reiche. Trotz der tragischen Umstände, die zu Alboins Tod führten, an denen Helmichis aber unschuldig sei, sehe sie sich auch verpflichtet, wieder einen Mann aus der Familie der Gausen zu nehmen, der sie ihren königlichen Rang verdanke. Den warnenden Stimmen (darunter der meinen) hielt sie entgegen, es müsse dringend, ja unverzüglich etwas getan werden, um das Königtum zu retten und das noch ungefestigte Langobardenreich vor dem raschen Zerfall zu bewahren. Als ihrem Gemahl werde man Helmichis die Erhebung auf den Thron nicht verweigern. Und das war der Hauptzweck des Unternehmens: Rosamunde wollte alle langobardischen Größen auf einer prunkvollen Hochzeitsfeier vereinen und hoffte, daß sich die hochgestimmte Festversammlung ganz zwanglos zur Generalversammlung erklären und den so sehnlich erwünschten Akt vollziehen werde.

Kaum war die Entscheidung gefällt, machten sich Boten auf den Weg. Alle Herzöge wurden eingeladen, auch Grafen, Festungskommandanten und andere Gebieter über kleinere Herrschaftsbereiche. Im Palast herrschte frohe Erwartung.

Ganz Verona beteiligte sich an der Vorbereitung. Niemand verließ mehr die Truppe, alle wollten an dem großen Ereignis teilhaben. Sieben Tage lang sollte gefeiert werden.

Es war am fünften Tag der Hochzeitsfeier, gegen Mittag, als Rosamunde ein paar Getreue in ihre Gemächer rufen ließ ...

«Sie sollen aufhören!
Ich ertrage es nicht mehr!»

Die Königin hielt sich die Ohren zu und verzog das Gesicht, als empfinde sie Schmerzen. Im nächsten Augenblick erhob sie sich, raffte ihr langes Übergewand und trat an das Fenster. Mit gerunzelten Brauen sah sie hinunter auf das lustige Treiben.

Mitten auf dem Palasthof drehten sich Tänzerinnen. Von hauchdünnen Schleiern umweht, hielten sie sich an den Händen und warfen die Beine in die Luft. Alle Augenblicke erstarrte die ganze Gruppe in einer frechen, aufreizenden Pose. Dann erhob sich jedesmal freudiges Gejohle aus zahlreichen Männerkehlen, und ein mehrfacher Kreis von Zuschauern rührte die Hände zum Beifall. Den meisten Lärm vollführten jedoch ein paar zerlumpte Musikanten, die die Darbietung mit einer kreischenden Flöte, Zimbeln, Hand- und Fußklappern begleiteten.

«Wer hat dieses Volk hereingeholt? Wer hat das erlaubt?»

Rosamunde wandte sich zu den drei Männern um, die sich außer ihr im Raum befanden. Es waren ihr gepidischer Landsmann Munolf, Gellios und ein Gote namens Willrich, den sie kürzlich zu ihrem Marschalk ernannt hatte. Diese drei, die sie aus ihrer frühesten Jugend kannte und die schon am Hof ihres Großvaters und ihres Vaters bedeutende Stellungen eingenommen hatten, waren jetzt ihr engster Beraterkreis.

«Ich bitte dich, Herrin, sei nachsichtig!» sagte Gellios. «In diesem Land wimmelt es von Gauklern, Tänzern, Musikanten. Wo gefeiert wird, sind sie zur Stelle. Wie sollten sie eine königliche Hochzeit versäumen?»

«Aber das ist unwürdig! Das ist lächerlich!»

«Bedenke, es ist schon der fünfte Tag», meinte der rundgesichtige Gepide. «Du hast ja befohlen, daß sieben Tage gefeiert wird. An den ersten dreien traten nur Sänger und Chöre auf. Davon sind alle ein wenig erschöpft. Man muß auch jedem Geschmack etwas bieten.»

«Wenn du es wünschst, Herrin», sagte der Marschalk mit knarrender Stimme, «lasse ich das Gesindel fortjagen und ordne Reiterwettkämpfe an.»

«Nein», erwiderte Rosamunde, «gerade bemerke ich, daß mein Gemahl sich dort ebenfalls einfindet. Er liebt solche Kurzweil über alles. Soll er sich nur amüsieren.»

Sie lächelte verächtlich.

Die Zuschauer hatten eine Gasse gebildet, durch die Helmichis, von oben bis unten in Rot und Gold, in den Kreis trat. Er schien bester Laune und etwas betrunken zu sein. Lachend winkte er nach allen Seiten. Die Tänzerinnen, die sich tief vor ihm neigten, forderte er mit einer jovialen Geste auf, sich durch seine Anwesenheit nicht stören zu lassen und fortzufahren. Er faßte zwei von ihnen sogar an den Händen und machte unter allgemeinem Beifallsgeschrei ein paar Tanzschritte.

«Possenreißer!» zischte Rosamunde.

Sie kehrte zu ihrem Korbstuhl zurück und setzte sich seufzend.

«Nun? Ihr habt euch noch nicht geäußert. Was habt ihr zu sagen?»

Die drei Männer blickten sich an, und offenbar wollte keiner von ihnen zuerst das Wort nehmen. Die Königin schien auch nicht darauf zu warten. Sie setzte den zornigen Monolog fort, der durch die Musik und den Lärm gestört worden war.

«Sie sind nicht gekommen, sie wagen es! Heute, am fünften Tag, ist es keine Verspätung mehr ... es ist Absicht! Wo ist Zaban? Wo ist Gisulf? Wo ist Zotto? Wo ist Cleph? Keiner der Großen ist hier. Keiner von ihnen hielt es für nötig, der Einladung seiner Königin Folge zu leisten und zu ihrer Hochzeit zu erscheinen! Außer ein paar kleinen Stadtkommandanten aus der Umgebung hat niemand sich blicken lassen. Das ist nicht nur beleidigend, nicht nur bösartig. Das ist eine Herausforderung! Und wir müssen darauf eine Antwort finden!»

«Vielleicht kam die Heirat eben doch ein bißchen zu früh», bemerkte Munolf vorsichtig. «Du hättest noch etwas warten sollen. Schon acht Wochen nach Alboins Tode ...»

«Ja, ich weiß, ihr habt alle abgeraten! Daran mußt du mich nicht erinnern. Aber ich hatte gewichtige Gründe. Mit der Heirat zu zögern, hätte bedeutet, diese Zeiten der Unsicherheit zu verlängern. Alboin hat immer erklärt, wie wichtig die Königsgewalt in einem eroberten Land ist. Überall lauern hier Feinde, die nur darauf warten, daß wir führungslos werden, uns zersplittern und schwächen. Soll es wirklich erst soweit kommen? Auch an meine eigene Stellung mußte ich denken. Wer bin ich hier? Eine Fremde ohne Wurzeln und Halt. Eine rechtlose Witwe. Ich brauchte dringend eine neue Verbindung zur Herrscherfamilie. Und Helmichis verschaffte sich durch die Heirat mit mir den ersten Anspruch auf die Thronerhebung. Ich hoffte, sie würden alle zur Hochzeit kommen, und dann ... und dann nur noch bestätigen, was ja im Grunde schon Tatsache ist!»

«Es gibt eben viele, die Helmichis nicht wollen»,

sagte der Marschalk bekümmert. «Er ist leider kein Kriegsmann. Sie fürchten, er könnte nicht stark genug sein, um ...»

«Aber was wollen sie denn eigentlich?» höhnte Rosamunde. «Es störte sie doch gerade an Alboin, daß er sie immer am kurzen Zügel hielt! Im übrigen, wenn sie Angst haben, daß ihnen so viel Freiheit nicht guttut ... ich werde die Zügel schon wieder straffziehen! Straffer als vorher! Ich muß nur erst dazu legitimiert sein – als Gemahlin, nicht als Witwe des Königs!»

«Das ist es, was sie vielleicht am meisten fürchten», sagte Gellios lächelnd.

«Daß eine Frau sie regiert? Diese Dummköpfe wissen nicht in ihrer Geschichte Bescheid. Es war eine Frau, die über die ersten Langobarden herrschte. Sie hieß Gambara. Und es war ebenfalls eine Frau, die ihnen den ersten großen Sieg verschaffte.»

«Und wie hieß diese?» fragte Gellios interessiert.

«Es war Freya, die Gemahlin des Wotan.»

«Wie? Du berufst dich als Christin auf heidnische Götter?»

«Wenn es sie auch nicht mehr gibt, so soll man das Gute, das sie getan haben, doch nicht vergessen, mein weiser Freund», sagte sie spöttisch. «Aber ich habe noch immer nicht euern Rat gehört ...»

Die drei hüllten sich wieder in Schweigen.

Rosamunde erhob sich abermals und trat an das Fenster.

«Zum Feiern besteht jedenfalls kein Grund mehr. Ich nehme die Anordnung, die sieben Tage betreffend, zurück. Das Hochzeitsfest ist zu Ende!»

Helmichis stampfte die Treppe hinauf und drang in die Gemächer der Königin ein. Da er sich nun im Palast als Hausherr fühlte, fand er es nicht mehr nötig, sich anzumelden. Besonders wenn er zuviel getrunken hatte – und das war in diesen Tagen fast ständig der Fall –, hielt er neuerdings auf grobe Manieren. Er wollte damit langobardische Wesensart herauskehren, vor allem aber den Mann, der nun der Erste war und befehlen konnte. Zu lange hatte er sich neidvoll zurückhalten müssen.

Er stürmte ins Schlafgemach. Rosamunde stand mit zwei Kammerfrauen über Truhen gebeugt und wählte Kleidungsstücke aus, die sie instand zu setzen wünschte. Ungehalten über die Störung sah sie sich um.

Helmichis, mit vom Trunk geröteten Wangen, schüttelte seine Lockenmähne und stemmte die Arme in die Seiten.

«Was soll das bedeuten, Frau?» rief er. «Warum verbietest du uns zu feiern? Wer gibt dir das Recht dazu? Wenn du selbst daran keine Freude hast, so gönne sie wenigstens anderen! Eine Woche lang sollte die Hochzeit dauern, und für morgen, den sechsten Tag, war ein festlicher Umritt durch die Stadt vorgesehen ... anschließend Huldigung in der Arena mit Tierhetzen. Ein glanzvoller Höhepunkt des Festes! Doch da kommt plötzlich dein Marschalk, dieser verdammte Gote, und sagt alles ab! Wahrhaftig, ich war so empört, daß ich ihm beinahe mit dem Schwert geantwortet hätte. Im letzten Augenblick beherrschte ich mich. Aber ich protestiere entschieden, und deshalb bin ich jetzt hier und verlange ...»

«Ich glaube, Goldhähnchen, das genügt. Es ist besser, du schweigst und hörst mir zu!»

Rosamunde hatte den Zofen ein Zeichen gegeben.

Kichernd waren sie hinter dem Rücken des schwitzenden, gestikulierenden Helmichis hinausgehuscht. Die Königin indessen fuhr unbeirrt fort, den Truhen Kleidungsstücke zu entnehmen und ihren Zustand zu begutachten. Diejenigen, die sie auswählte, breitete sie auf dem Bett und den Sitzmöbeln aus. Sie hatte es nicht eilig zu reden.

«Wenn du mir etwas zu sagen hast, Frau», begann er ungeduldig von neuem, «dann zögere nicht länger und sprich! Doch du mußt wissen, daß ich nicht weichen werde, bevor du dein Unrecht einsiehst. Ich will den Umritt, doch dieser Marschalk, der nur auf dich hört, will morgen die Pferde nicht herauslassen und ...»

«Ich sagte schon, es genügt!» fuhr sie ihn an, wobei sie ihn mit einem kurzen funkelnden Blick maß. «Fällt dir wirklich in unserer Lage nichts Besseres ein, als umherzureiten und dich vom Pöbel bejubeln zu lassen?»

«Das Volk hat ein Recht, seinen neuen Herrscher zu sehen und sich seiner Milde zu erfreuen!» sagte er trotzig, sich in Pose werfend.

«Wie töricht und lächerlich bist du doch, Goldhähnchen! Was für ein Herrscher bist du denn? Glaubst du, wenn du dir einen Purpurmantel um die Schultern hängst und dir ein Diadem mit Rubinen in die Stirn drückst, bist du schon König? Denkst du, der Jubel des käuflichen Stadtvolks, das nur auf deine ‹Milde› aus ist – nämlich die Münzen, die du verteilst –, brächte dich diesem Ziel auch nur einen Fingerbreit näher? Ein eingebildeter Dummkopf bist du, mehr nicht! Und jetzt ist Schluß mit dem eitlen Unfug! Wir können es uns nicht leisten, unsere Mittel zu vergeuden, ohne daß es uns etwas einbringt. Die prächtige Hochzeit war ein Fehlschlag. Der Aufwand hätte nur Sinn gehabt, wenn die

Großen des Reiches gekommen wären und dich zum König erhoben hätten. Statt dessen haben wir tagelang einfaches Kriegsvolk, einige unbedeutende Edle mit ihrem Anhang und ein paar tausend Veroneser Hungerleider bewirtet. Noch zehren wir von unserem Schatz ... aber wie lange? Wer soll für unsere Hofhaltung aufkommen, wenn du nicht anerkannt wirst? Diese Stadt hier mit ihrem kargen Umland? Schon jetzt sind wir kaum noch imstande, die Gefolgschaft zu ernähren. Anfangs waren die meisten loyal, aber fast hundert haben sich in den letzten Wochen schon abgesetzt. Wie lange können wir die anderen noch halten ... mit Geschenken und Versprechungen? Wenn es so weitergeht, sind wir bald nur noch hinter den Mauern des Palastes sicher. Und wenn du dich dann in die Arena zu Tierhetzen wagst, werden sie dich aus der Loge holen. Und die Bestien bekommen einen seltenen Leckerbissen: ein Goldhähnchen!»

Diese Rede verfehlte nicht ihre Wirkung. Unter den harten Worten Rosamundes schrumpfte das aufgeblasene Selbstbewußtsein des Helmichis so schnell, daß kaum etwas davon übrigblieb. Sein Übermut schlug in Verzagtheit um. Selbst sein Rausch schien auf einmal verflogen zu sein. Der Schönling senkte das Kinn auf die Brust, ließ die Schultern hängen und stammelte:

«Warum sagst du so etwas? Warum erschreckst du mich?»

«Damit du begreifst! Daß nämlich alles mit Schrekken enden wird, wenn wir nicht etwas unternehmen!»

«Unternehmen? Was denn?»

«Etwas zu unserer Rettung!»

«Glaubst du wirklich, daß wir bedroht sind?»

«Die Herzöge sind nicht zu unserer Hochzeit gekommen. Gibt dir das nicht zu denken?»

«Doch, ja ...»

«Nun, dann mußt du wohl einsehen, daß es notwendig ist ...»

«Aber was ... was hast du denn vor? Du suchst Kleider zusammen? Du willst doch nicht etwa fliehen?»

«Fliehen?» Rosamunde lachte abschätzig auf. «Wohin sollten wir fliehen, Goldhähnchen? Überall lauern sie ... unsere ‹treuen› Herzöge. Im Norden, im Süden, im Osten, im Westen. Fliehen? Nein! Wir besuchen sie!»

«Wir ...? Du willst es wagen, zu ihnen ...»

«Mit großem Gefolge natürlich. Einem ansehnlichen und bedrohlichen Heerhaufen. Wenn wir sie einzeln aufsuchen, sind wir noch jedem weit überlegen. Wir werden ihnen höflich Geschenke bringen und dafür das Mehrfache von ihrem Beutegut fordern. Es versteht sich auch, daß wir in Not handeln. Wir sind sicher, daß der Kaiser in Alboins Tod den günstigen Anlaß sieht, die Langobarden wieder aus Italien hinauszuwerfen. Daß also Uneinigkeit und Zersplitterung tödlich wären. Daß dringend ein neuer König gebraucht wird. Ich bin überzeugt, so kriegen wir sie.»

Helmichis seufzte.

«Wenn du doch recht hättest ...»

Unruhig ging er auf und ab.

«Wo ist Peredeo?» fragte die Königin.

«In der Halle. Säuft, krakeelt, führt Kraftstücke vor. Wie gewöhnlich.»

«Er wird uns natürlich begleiten müssen, als Kommandant unserer Leibwache. Ich werde gleich morgen mit ihm reden, damit er Vorbereitungen trifft. Das wird ihn ablenken, und er wird aufhören, an Calvina zu denken. Da sie nach Rom geflohen ist, wird er sie wohl kaum wiedersehen. Der arme Kerl tut mir leid.»

Helmichis blieb hinter ihr stehen und stieß ein höhnisches Lachen aus. «Er tut dir leid? Peredeo tut dir leid? Nachdem du ihn ins Unglück gebracht hast ... mit deinen Liebeskünsten im Mondschein?»

Sie fuhr herum, und ein strafender Blick der graugrünen Augen traf ihn. «Hör auf mit diesem Geschwätz! Daran will ich nie wieder erinnert werden!»

«Und trotzdem wird es nicht vergessen. Er wollte es nicht ... ich wollte es auch nicht! Das Vergnügen deiner Umarmung ist uns beiden sehr teuer geworden. Hätte ich nur darauf verzichtet! Dann müßte ich jetzt nicht um mein Leben zittern!»

«Es wäre um euch beide nicht schade», erwiderte Rosamunde kalt, «weder um ihn noch um dich. Schon dafür, wie ihr ihn umgebracht habt, verdientet ihr hundertmal den Tod. Und wahrhaftig, wenn ich euch nicht brauchte, wäre es mir ein Vergnügen, euch hängen zu sehen!»

«O Himmel!» rief Helmichis pathetisch. «Und diese Teufelin ist jetzt mein Eheweib!» Plötzlich nahm seine Miene einen lauernden Ausdruck an. «Was hast du eigentlich wirklich vor? Was soll das hier werden? In welche Falle willst du uns locken? Hast du schon einen bestimmten Plan? Wirst du vielleicht für den ersten Herzog, den wir besuchen, die Beine spreizen, damit er deine lästigen Mittäter auslöscht? Deinen Gemahl, der wenige Tage nach der Hochzeit schon wertlos ist, weil ihn niemand zum König macht? Und den anderen, der sich täglich betrinkt und vielleicht mal vor Kummer alles ausplaudern könnte ... die ganze fürchterliche Wahrheit? Rede! Ist es das, was du vorhast?»

«Wie könntest du Gimpel ahnen, was ich vorhabe?» sagte Rosamunde mit einem Lächeln voll abgrundtiefer

Verachtung. «Strenge dein armes Hirn nicht so an, es ist sinnlos. Irgendwann klebst du am Netz, doch ich selber werde es nicht einmal auslegen müssen. Vorerst gilt unser Abkommen. Ich will die Macht im Langobardenreich, und so bleibt dir nichts anderes übrig, als König zu werden. Solange dazu noch Aussicht besteht, hast du von mir nichts zu befürchten!»

Helmichis sank auf einen Hocker und vergrub den Kopf in den Händen. Er wußte nichts mehr zu erwidern, sondern stieß nur noch verzweifelte Seufzer aus. Eine der Zofen steckte den Kopf zur Tür herein.

«Herrin, da ist ein Bote gekommen!»

«Von wem?»

«Ich weiß nicht. Er ist schon hier. Sagt, es sei wichtig.»

Der Bote, ein stämmiger Jüngling in langobardischer Tracht, lachte der Königin strahlend entgegen.

«Was bringst du?»

«Besuch für dich, hohe Herrin! Die Herzöge Zaban und Cleph. Sie sind mit ihrem Gefolge am Stadttor. Die Herren bitten um die Ehre, von dir empfangen zu werden!»

Die Anordnung, daß die Hochzeitsfeierlichkeiten um zwei Tage verkürzt werden sollten, hatte kaum alle Festteilnehmer erreicht, als sie schon widerrufen wurde. Es hieß, der Marschalk Willrich, der sie verkündet hatte, habe die Königin völlig mißverstanden. Sie wünsche im Gegenteil, das Fest solle fortgesetzt, vielleicht sogar um ein paar Tage verlängert werden. Schnell verbreitete sich auch die Nachricht, daß hohe Gäste, die sich verspätet hätten, noch vor dem Abend eintreffen würden.

Als dann tatsächlich am späten Nachmittag die Herzöge Zaban und Cleph mit ihrem Gefolge in den Palasthof ritten, gerieten sie in den ausgelassensten Festtrubel. An langen Tischen wurde gespeist und getrunken, Musik, Gesang und Gelächter ertönten. Die Neuankömmlinge wurden jubelnd begrüßt und waren gleich von einer Männertraube umgeben. Noch im Sattel empfingen sie Becher mit Wein oder Mulsum, auch Früchte, um nach dem langen Ritt ihren Durst zu stillen. Dann geleitete man sie an die Tische, während Knechte die Pferde zur Tränke führten.

Helmichis mußte sich zu den Herzögen durchdrängen, und sein Willkommensgruß ging in dem Lärm fast unter. Der Neuvermählte war wieder glänzender Laune, er hatte noch schnell gebadet und die vom Angstschweiß durchtränkte Tunika gegen eine trockene getauscht, die ebenso leuchtendrot und mit Goldstickerei verziert war. Er küßte und umarmte die Herzöge überschwenglich und dankte ihnen, weil sie trotz ernster Pflichten die Hochzeit mit ihrer Anwesenheit beehrten.

In seinem Eifer entging ihm, daß es den beiden Würdenträgern keineswegs angenehm zu sein schien, von ihm so herzlich und familiär willkommen geheißen zu werden. Zaban, der von heiterer Lebensart war, nahm es noch einigermaßen gelassen, klopfte ihm auf die Schulter und lächelte säuerlich. Der strenge Cleph dagegen blieb bei der Begrüßung stocksteif und verzog kein Fältchen seines griesgrämigen Gesichts, das allerdings von dem wildwuchernden grauen Bart, der ihm bis an den Gürtel hing, fast verdeckt war. Er fragte gleich barsch nach «Frau Rosamunde» und wünschte, unverzüglich von ihr empfangen zu werden. Helmichis merkte noch immer nichts und versicherte beflissen, daß die Königin, seine

Gemahlin, die teuren Gäste schon mit dem Willkommenstrunk erwarte. Er führte sie und ihre ranghohen Begleiter hinauf in den kleinen Empfangssaal im Nordflügel. Dort werde man, wie er hinzufügte, ungestört vom Trubel des Festes in Ruhe plaudern und sich des glücklichen Wiedersehens erfreuen können.

Als Zaban und Cleph den Empfangssaal betraten, tauschten sie unwillkürlich einen Blick. Noch deutlich war die Erinnerung an ihre letzte Begegnung mit König Alboin vor knapp drei Monaten, als sie in diesem Raum mit einem Gewitter zorniger Worte verabschiedet wurden. Jetzt saß auf dem hohen Armstuhl, dem Platz des Toten, seine frischvermählte Witwe und lächelte ihnen huldvoll entgegen. Die beiden gingen Seite an Seite auf sie zu, doch Cleph verhielt seinen Schritt bereits in beträchtlichem Abstand, so daß Zaban, der noch ein Stück vortreten wollte, nichts anderes übrigblieb, als ebenfalls stehenzubleiben. Er verbeugte sich, während der ältere sich mit einem knappen Nicken des Kopfes begnügte.

Im Gegensatz zu Helmichis übersah Rosamunde nicht die frostigen Mienen, noch weniger entging ihr das steife Gehabe der Eintretenden. Im ersten Augenblick nach dem Erhalt der Nachricht von der Ankunft der Herzöge hatte sie eine heiße Freude empfunden. Sie kamen also doch, sie verweigerten sich nicht, sie hatten sich nur ein wenig verspätet! Unverzüglich ordnete sie an, das Hochzeitsfest fortzusetzen. In Eile richtete sie sich zum Empfang der sehnlich Erwarteten her. Sie kleidete sich langobardisch und legte nur wenig Schmuck an, vornehmlich, um Cleph zu gefallen, der für seine Sittenstrenge und sein Traditionsbewußtsein bekannt war. Als sie darüber nachsann, in welcher Haltung sie die beiden empfangen sollte und ob es klug sein würde, ihre Freude offen zu zeigen, kamen ihr allerdings schon erste Zweifel an der Berechtigung dieser Freude. Warum erschienen nur diese beiden? Und wieso kamen gerade sie, die immer zu Alboins engster Tafelrunde gehört hatten? Waren sie wirklich nur Freunde und Hochzeitsgäste? Sie beschloß, abzuwarten und auf der Hut zu sein. Ihr Herz klopfte heftig, als sie die beiden eintreten sah, und das huldvolle Lächeln war gespannt.

Herzog Zaban nahm zuerst das Wort.

«Sei gegrüßt!» sagte er ohne eine respektvolle Anrede und mit einer gewissen Nachlässigkeit, die Ehrerbietung vermissen ließ. «Wir freuen uns, daß du uns gleich empfängst. Dies schätzen wir um so höher, als du vielleicht dazu nicht in Stimmung bist. Wie wir sehen, wird in Alboins Palast tüchtig gefeiert! Es liegt uns fern, euch die heitere Laune zu verderben. Aber es ist schon viel Zeit verloren, und der Anlaß unseres Besuchs duldet keinen Aufschub. Habt also Nachsicht und Verständnis!»

Die Antwort war zunächst betretenes Schweigen. Daß dies kein Grußwort an ein Hochzeitspaar war, konnte von niemand bezweifelt werden. Aus den Mienen der Höflinge, die sich um den Stuhl der Königin gruppiert hatten, wich die erwartungsfrohe Heiterkeit. Auch Helmichis schwante nun etwas, und er suchte den Blick des Peredeo. Der herkulische Kommandant der Leibwache achtete aber nicht auf ihn. Er stand etwas abseits, das Gesicht vom übermäßigen Weingenuß aufgedunsen, und blickte finster auf die Gefährten aus vergangenen Tagen, die auch ihm nichts Gutes zu bringen schienen.

Rosamunde hingegen lächelte immer noch. Sie fand ihre Ahnung bestätigt, war aber nach blitzschneller

Überlegung entschlossen, sich von den Besuchern, was immer sie brachten, nicht beeindrucken zu lassen und notfalls in Kampfposition zu gehen. Zunächst tat sie einfach so, als habe sie Zabans Worte nur als Entschuldigung für sein verspätetes Kommen verstanden.

«Ich danke dir für deinen Gruß, Herzog!» sagte sie. «Die Ankunft von Gästen, die wir erwartet haben, kann unsere Stimmung natürlich nur heben. Wir waren bereits in Sorge, daß unsere Einladung euch nicht erreicht oder daß euch irgendein Mißgeschick am Kommen gehindert haben könnte. Wahrhaftig, ihr habt viel Zeit verloren, doch ihr erscheint gerade noch rechtzeitig. Nach langer Trauer, nach vielen Tränen und Seufzern über den schweren Verlust, den wir erlitten haben, sind wir nun im Begriff, ins Leben zurückzukehren, und wir freuen uns, daß ihr uns dabei begleiten wollt. Ich kenne eure edle Gesinnung, und ich weiß, daß euch nur ein einziger glühender Wunsch beseelt: das große Werk des Verstorbenen fortzusetzen und alles zu tun, damit nicht durch Eifersucht, Neid und kleinlichen Zwist alles wieder zunichte wird. Helmichis, mein Gemahl, und ich empfinden dasselbe. Ja, in unserem Palast wird wieder gefeiert! Und auch in Zukunft werden wir feiern, weil die Schwerter der Langobarden noch viele Siege erstreiten werden. Dazu wollen wir unsere Kräfte vereinen. Wenn ihr diese Gesinnung teilt, woran ich nicht zweifle, seid ihr uns herzlich willkommen!»

Auf einen Wink der Königin näherten sich den Gästen Diener und boten Pokale mit dem Willkommenstrunk an. Zaban zögerte einen Augenblick, griff aber zu. Cleph dagegen wies den Diener, der auf ihn zutrat, mit einer schroffen Geste zurück.

«Dein Willkommen, edle Frau, kann ich nicht annehmen», sagte er grimmig, «da du es mit Worten entbietest, die meinen Ohren nicht wohltun. Auch was ich hier sehe, ist mir zuwider. Mein Gefährte Zaban mag tun, was er will, er ist für sein Handeln selber verantwortlich. Ich für meinen Teil ziehe es vor, mich meines Auftrags zu entledigen und mich dann mit meinen Leuten in eine Herberge zu begeben. Unerträglich wäre es mir, länger an diesem Ort zu verweilen, wo neben dem frischen Grab König Alboins gelacht und getanzt wird!»

Wieder herrschte vollkommene Stille. Aller Augen richteten sich auf die Königin. Rosamunde tat nun, was sie vorhatte, verzichtete auf alle Versuche, sich den Gästen angenehm zu machen, und ließ unverzüglich die Maske der Freundlichkeit fallen.

«Deine Worte schmerzen mich, Herzog, und ich bedaure, mich so getäuscht zu haben. Wenn es aber so ist, wie du sagst ... wenn meine Anrede dir nicht gefällt und unsere Gastfreundschaft dir zuwider ist, so magst du gleich wieder gehen. Wir werden dir keine Vorschriften machen, uns aber gelegentlich an dein Verhalten erinnern. Falls du uns etwas zu sagen hast, so zögere nicht und bringe es vor. Komm aber schnell zur Sache. Wir haben Gäste, die sich in unserer Gegenwart wohl fühlen und unsere Aufmerksamkeit verdienen!»

«Du sollst sie nicht lange warten lassen!» erwiderte Cleph mit erhobener Stimme. «In dreißig Tagen treffen die Langobarden sich in Pavia zu ihrer Generalversammlung. Alle Herzöge werden mit ihren Gefolgschaften anwesend sein. Wir werden die Lage nach dem Tode des Königs erörtern und seinen Nachfolger bestimmen. Zunächst aber wird die Generalversammlung als Gerichtsversammlung zusammentreten. Sie wird eine Klage entgegennehmen, die Zeugen hören und den Verklagten

Gelegenheit zu ihrer Rechtfertigung geben. Danach werden die von der Versammlung berufenen Richter ein Urteil fällen. Es ist nicht üblich, Frauen zu laden, doch müssen wir diesmal eine Ausnahme machen. Die Klage richtet sich auch gegen dich!»

«Gegen mich – eine Klage?» rief Rosamunde.

«Gegen dich und zwei Männer, von denen vermutet wird, daß sie mit dir gemeinsam oder auf dein Anstiften handelten. Jeder hier weiß, wer gemeint ist. Auch diese beiden sind geladen. Auch sie bekommen Gelegenheit, sich vor der Versammlung zu verantworten.»

«Wer klagt mich an?» fragte Rosamunde, wobei sie sich vorbeugte und den Herzog mit ihrem Blick zu durchbohren schien. «Und wessen könnte man mich beschuldigen?»

«Der Ankläger wird Herzog Gisulf von Venetien sein. Er wird Rechenschaft von euch fordern über den Tod seines Onkels, des Königs Alboin.»

«Der Tod König Alboins war ein Unglücksfall!»

«Gisulf glaubt, es war Mord. Und die Herzöge, die das Gericht bilden werden, sind der Ansicht, daß die Klage begründet ist. Du kannst sie vom Gegenteil überzeugen ... falls du dazu imstande bist!»

Rings um den Stuhl der Königin erhob sich ein empörtes Gemurmel. Helmichis trat zu Rosamunde und flüsterte ihr aufgeregt etwas ins Ohr. Sie nickte und stieß ein kurzes trockenes Lachen aus. Peredeo löste ein Trinkhorn von enormem Fassungsvermögen, das an seinem Gürtel hing, und ließ es von einem Diener mit Wein füllen. Ohne abzusetzen trank er es aus.

Rosamunde erhob sich, verschränkte ironisch lächelnd die Arme und trat zu den beiden Herzögen.

«Unser Neffe Gisulf will also Klage gegen uns führen.

Und ihr meint, daß die Klage begründet sei. Habt ihr vielleicht auch schon das Urteil gefällt?»

«Wie kämen wir dazu!» rief Cleph entrüstet. «Wer angeklagt ist, hat ein Recht auf Verteidigung. So ist es Brauch seit den Zeiten der Urväter. Von der Verteidigung hängt das Urteil ab.»

«Und was sollte ich euch zu meiner Verteidigung sagen? Wie sollte ich euch meine Unschuld beweisen, da ihr doch fest überzeugt seid, daß ich schuldig bin? Hatte er nicht meinen Vater und meinen Onkel erschlagen und mußte ich ihn nach dem Brauch der Urväter nicht ebenfalls töten? Könntet ihr unbelehrbaren, unbekehrbaren Heiden euch vielleicht vorstellen, daß eine Christin vergeben kann?»

«Das könnten wir!» sagte Zaban, der seinen Willkommenspokal verstohlen geleert hatte und nun das Bedürfnis verspürte, die groben Töne des Cleph etwas abzumildern. «Und wir werden bereit sein, dir zu glauben! Wenn du die Zeugen widerlegen kannst ...»

«Wie? Ihr habt Zeugen?»

«Ja. Solltest du nicht wissen, daß Arichis mit seinen Leuten zu Gisulf ging? Er veranlaßte ihn, Klage zu erheben.»

«Ich wußte nur, daß er sich abgesetzt hatte. Er ist undankbar, treulos, verlogen. Auf einen solchen Zeugen kann Gisulf stolz sein!»

«Er war an dem Tag, als es geschah, immerhin Alboins oberster Leibwächter. Und er erhebt gegen dich den Vorwurf, daß du ihn unter Drohungen gehindert hast, seine Pflicht zu tun. Er spricht von einem geplanten Mord.»

«Aber beweisen kann er es nicht!»

«Es gibt auch noch andere, die der Meinung sind,

daß es Mord war. Ein Wächter, der zu dem Zeitpunkt Dienst hatte, wird bezeugen, daß er nur Alboin schreien hörte. Alle Männer, die mit Arichis gekommen sind, werden aussagen, weder Helmichis noch Peredeo hätten Verwundungen vorweisen können. Während der Beisetzung wurde an dem Leichnam eine schwere Verletzung im Gesicht bemerkt, was nicht übereinstimmt mit der Behauptung, Alboin sei in ein Schwert gerannt. Von den Mägden, die den Leichnam herrichten mußten, wurde in Erfahrung gebracht, daß er mehrere Wunden und sogar einen Stich in den Rücken empfangen hatte ...»

«Seit wann gilt das Zeugnis Unfreier? Noch dazu solcher, die kaum unsere Sprache beherrschen! Das Schwert, in das er stürzte, trat auf dem Rücken wieder heraus ... das ist die einfache Erklärung. Habt ihr noch nie auf einem Schlachtfeld einen völlig durchbohrten Krieger gesehen? Als Alboin hinstürzte, schlug er mit dem Gesicht auf die Kante eines Schemels ... daher die Schramme am Kinn. Helmichis verteidigte sich so geschickt, daß er zum Glück keine Wunden empfing, und Peredeo hatte ja gerade erst eingegriffen, als schon das furchtbare Unglück geschah. Und daß ein so schwer Verletzter schreit, ist wohl nicht ungewöhnlich. Doch was beweist es?»

«Du bringst dies alles mit einer Sicherheit vor, als seist du dabeigewesen», sagte Zaban grinsend.

«Ich wollte, Gott hätte es so eingerichtet!» sagte die Königin, wobei sie dem Herzog mit stolz erhobenem Kopf in die Augen blickte. «Wäre ich dabeigewesen, hätte ich wohl das Ärgste verhindert. So blieb mir nur übrig, meinen teuren Gemahl zu beweinen. Und bei ihm zu wachen und seine Wunden zu waschen. Und mir jede Einzelheit des Unglücks hundertmal und öfter berichten zu lassen. Wahrhaftig, ich selber würde vor euch klagen, wenn ich auch nur die Spur einer Schuld bei den beiden gefunden hätte! Ich weiß, daß Alboin seinen Vetter liebte und daß er, wäre er am Leben geblieben, sein Verhalten gegen ihn bereut hätte. Und könnte er aus dem Jenseits herabblicken, wäre es ihm wohl recht, daß ich Helmichis die Hand zum Ehebund gab. Ich, ihr Herren, habe ein gutes Gewissen. Ich habe nichts Unrechtes getan und brauche vor keinem Richter, auch nicht dem letzten und höchsten im Himmel, die Augen zu senken!»

«Vorerst erwarten dich die Richter hier auf der Erde», sagte Cleph unbeeindruckt. «In Pavia. In dreißig Tagen. Hiermit ist die Ladung erfolgt. Solltet ihr nicht erscheinen, werden wir dies als Schuldbekenntnis auslegen. Über die Folgen müssen wir euch wohl nicht aufklären. Überlegt also, was ihr tut ...»

Während Cleph, wie angekündigt, den Palast unmittelbar nach dem Empfang bei der Königin verließ, um sich mit seinen zwanzig Gefolgsleuten irgendwo in der Stadt einzuquartieren, mischte sich Zaban unter die Festgäste. Da er leutselig und beliebt war, fand er sich bald umlagert und mußte Auskünfte über die Verhältnisse in Pavia und anderswo geben. Er nutzte auch die Gelegenheit, um die Stimmung unter den Männern der königlichen Gefolgschaft zu erforschen. Es waren noch knapp zweihundert, die unter Peredeos Kommando zur Königin hielten, vorwiegend durch Gold und Geschenke zum Ausharren bewogen. Zaban stellte befriedigt fest, daß aber die wenigsten Hoffnungen in Helmichis setzten und daß dessen Heirat mit der Witwe sogar allgemeine Besorgnis erregte. Kaum jemand schien bereit zu sein, für dieses Paar seine Haut zu riskieren, falls es zu Kämpfen um Alboins Nachfolge käme. Frau Rosamunde bemühte sich wohl um das Vertrauen der Leute, doch waren auch manche dieser Loyalen offensichtlich nicht frei vom Verdacht gegen sie, und schließlich war und blieb sie die Fremde. Kam die Rede auf Helmichis, zeigten die Männer wenig Respekt, dafür rissen sie über ihn Witze. Zusammengehalten wurde die Truppe noch immer vor allem durch die Popularität Peredeos, die allerdings, wie der Herzog herausfand, im Schwinden begriffen war. Der Kommandant neigte in letzter Zeit immer häufiger dazu, sich abzusondern, übermäßig zu trinken und trüben Gedanken nachzuhängen. Kaum berechenbar waren noch seine Ausbrüche von Gewalttätigkeit. Zwei Ursachen machte man dafür aus: Gewissensbisse wegen der Mitschuld am Tode des Königs und Kummer über das Verschwinden seiner Geliebten Calvina. Zaban erfuhr zu seiner Überraschung, daß die auffallend hübsche, dunkelhaarige Veroneserin, an die er sich noch gut erinnerte, seit jenem Unglückstag nicht mehr im Palast gesehen wurde.

Der Herzog hielt nach Peredeo Ausschau, konnte ihn aber im Trubel lange Zeit nicht entdecken. Trotz ihrer Enttäuschung hatte die Königin keine neue Anordnung bezüglich des Festes erteilt, sie wünschte, daß nun erst recht laut und unbekümmert gefeiert wurde. Gaukler, Tänzerinnen und Musikanten, die schon hinausgeworfen waren, strömten wieder in den Palasthof, und nach Einbruch der Dunkelheit mischten sich ganze Heerscharen gewerblicher Freudenspenderinnen unter die Gäste. Eine solche fiel Zaban auf, weil sie sich einem einsamen Zecher, der ihm den Rücken kehrte, mit großer Hartnäckigkeit aufdrängte. Immer wieder wehrte er ihre

Küsse ab, und schließlich gab er ihr einen Stoß, so daß sie zu Boden stürzte und sich fast überschlug. Sie schrie auf und beschimpfte ihn flinkzüngig in ihrem einheimischen Romanisch. Der Zecher drehte sich halb nach ihr um, und eine Fackel, die an einem Pfeiler der Arkaden in ihrer Halterung steckte, beleuchtete einen Augenblick sein Jungengesicht mit dem kantigen Kinn und der aufgeworfenen Nase. Der Herzog erkannte Peredeo.

Er nahm seinen Becher, ging zu ihm und setzte sich neben ihn auf die Bank.

«Ein schönes Fest! Doch wie es scheint, nicht für alle. Dich erlebte ich auch schon in besserer Laune.»

«Willst du dich über mich lustig machen?» knurrte Peredeo. «Ich weiß, Hohn und Spott sind deine Stärke. Aber ich rate dir, laß mich lieber in Ruhe!»

«Warum denn? Ich will ja nur mit einem alten Gefährten plaudern. Wir sehen uns in letzter Zeit nur noch selten. Und was haben wir früher zusammen erlebt. Unzertrennlich waren wir beide!»

Peredeo grinste düster.

«Ist dir nicht unangenehm, mit einem zu plaudern, den du gerade als Königsmörder vor die Versammlung geladen hast?»

«Durchaus nicht. Ich halte ihn zwar nicht für unschuldig, doch immerhin für am wenigsten schuldig. Deshalb würde ich ihm gern helfen, aus seiner peinlichen Lage herauszukommen.»

«Und ich sage dir noch einmal: Laß mich in Ruhe! Ihr werdet mir nichts nachweisen können. Was Arichis und die andern behaupten, beweist nichts. Das hat euch die Königin schon erklärt. Es war ein Unglücksfall, der zu beklagen ist.»

«Ja, vor allem von dir», sagte Zaban und trank einen

Schluck. «Denn wäre Alboin am Leben geblieben, hätte er dich doch noch zum Herzog gemacht.»

«Woher willst du das wissen?» fuhr Peredeo auf.

«Er sagte es mir, als wir uns zum letztenmal sahen. Kurz vor seinem Tode, in Pavia. Und auch jetzt würden deine Aussichten günstig sein, stündest du nicht unter dieser Mordanklage. Der neue König braucht Männer mit Mut und Tatkraft.»

«Der neue König? Wer soll das sein?»

«Einer von uns, den Herzögen. Vielleicht Faroald. Vielleicht Cleph. Vielleicht auch ich selbst.» Zaban lächelte undurchsichtig. «Aber du bist wohl davon überzeugt, daß die Langobarden demnächst von Frau Rosamunde regiert werden. Welchen anderen Zweck sollte diese Hochzeit auch haben? Allerdings werden die Langobarden nicht mitmachen. Sie würden Helmichis niemals zum König erheben. Auch ohne die Anklage hätte er keine Aussicht, jetzt aber hat er natürlich erst recht keine. Ich bin sicher, wir werden die hohe Dame und ihren Komplizen verurteilen, und wenn du sie deckst, werdet ihr zu dritt sein.»

«Ihr werdet uns nichts nachweisen können. Ihnen nicht, und mir schon gar nicht! Welchen Grund hätte ich gehabt ...»

«Welchen Grund? Du hattest einen, das müßte ich wider Willen selber bezeugen. Auch Cleph hat gehört, wie du Alboin beschimpftest ... am Tage nach jener grausigen Siegesfeier, wo er sich vermutlich sein Grab bestellt hatte. Du konntest sicher sein, daß er das nicht vergessen würde – du hattest es nötig, ihm zuvorzukommen! Es muß leicht für Rosamunde gewesen sein, dich für ihren Mordplan zu gewinnen ...»

«Das ist nicht wahr! Ich hab mich geweigert!»

Er schwieg erschrocken und stammelte: «Das heißt ... Ich will sagen, daß ich aufgrund meines Treueids niemals bereit gewesen wäre ... Ich meine, falls ein solcher Plan ...»

Zaban weidete sich an seiner Verlegenheit.

«Du hast dich also zunächst geweigert, dich an dem Mordkomplott zu beteiligen.»

«Es gab kein Mordkomplott!»

Peredeo schlug so heftig die Faust auf den Tisch, daß Kannen und Trinkgefäße umfielen, ausliefen und durcheinanderrollten. Der Herzog hatte seinen Becher noch rasch ergriffen. Er trank ihn aus und lächelte nachsichtig. «Es tut mir leid, daß du dich so aufregst. Doch ich versichere dir, daß ich als Freund zu dir spreche und dir wirklich nur helfen will. Da ist noch eine Sache, die dich betrifft und die die Richter gegen dich einnehmen könnte. Als ich vorhin die Zeugen erwähnte, die gegen euch aussagen werden, vergaß ich einen ... nicht ohne Absicht. Ich wollte über ihn zunächst nur mit dir sprechen, unter vier Augen. Gisulf, der Kläger, hat ihn nicht zu seiner Verfügung, und es besteht der Verdacht, du könntest ihn umgebracht haben.»

«Ich ... einen Zeugen? Wen?»

«Einen neunzehnjährigen jungen Mann, der hinter der Tür lauschte, als der Mord geschah. Sein Name ist Taso. Er ist der Sohn von Herzog Amo.»

«Den kannte ich kaum. Was hätte ich mit ihm zu schaffen gehabt?»

«Ich bemerke, du machst den Fehler, der uns allen von Zeit zu Zeit unterläuft. Wir verlassen uns auf die Treue und die Verschwiegenheit unserer Leute. Am Tag des Mordes war hier alles in großer Aufregung, das versteht sich, es wurde getrunken und sehr viel geredet.

Auch dein Vertrauter Zuchilo trank und redete, und mehrere, die später Arichis folgten, haben ihm zugehört. Er brüstete sich, du hättest es ihm zu verdanken, daß deine Geschichte von dem unverschuldeten Unglück geglaubt wurde. Denn einen, der sie widerlegen könnte, jenen Taso nämlich, habe er gerade noch rechtzeitig ergriffen und in Fesseln gelegt. Alboin hatte den Taso gewissermaßen als Geisel genommen, weil Amo ihm zu selbständig wurde. Er brauchte ihn oft zu seinem persönlichen Dienst und ließ sich von ihm an jenem Tag, als er sich nach dem Bad zur Ruhe begab, das Schwert tragen. Aus irgendeinem Grunde blieb Taso danach in der Nähe und wurde aufmerksam, als sich der Lärm erhob. Er schlich an die Tür der Kammer, hörte die Schreie des Königs und mehrmals den Ruf Frau Rosamundes: ‹Töte ihn! Töte ihn endlich!› Womit zumindest bewiesen wäre, daß die hohe Dame anwesend war. Natürlich könnte sie auch ihren Gemahl angefeuert haben, einen von euch beiden zu töten, doch ist das nach Lage der Dinge unwahrscheinlich. Taso, der für Alboin Hilfe holen wollte, wurde von Zuchilo gleich festgenommen. Später verhörtest du ihn gründlich und ließest ihn in ein Verlies werfen. Soweit das, was durch Zuchilo und auch ein paar andere bekannt wurde. Die es gehört haben, werden den Eid darauf leisten. Was aber geschah nun weiter mit diesem Taso? Was wurde aus ihm? Entweder schmachtet er immer noch in dem Verlies oder du hast ihn ...»

«Ich ließ ihn frei!» Endlich fand Peredeo Worte, nachdem er während der längeren Ausführungen des Herzogs nur einige Male durch Brummen und Knurren undeutlich Widerspruch geäußert hatte. «Ich ließ ihn frei, und seitdem ist er fort. Ist verschwunden, hat sich davongemacht. Wahrscheinlich ist er zu seinem Vater zurück.»

«Wann hast du ihn freigelassen?»

«Am selben Tage noch.»

«Warum?»

«Es gab keinen Grund, ihn festzuhalten. Er schwatzte dummes, erfundenes Zeug, wollte sich damit nur wichtig machen.»

«Und seitdem ist er frei?»

«Ja. Doch hier wurde er nicht mehr gesehen.»

«Bevor wir herreisten, haben wir mit seinem Vater gesprochen. Taso ist nicht zu ihm zurückgekehrt.»

«Tut mir leid. Aber was ist da zu machen? Die Straßen sind unsicher. Unterwegs kann ihm manches passiert sein.»

«Amo vermutet, du hast seinen Sohn beiseite geschafft. Weil er bezeugen könnte, daß es das Mordkomplott gab.»

«Es gab keines!»

«Aber der junge Mann befand sich zuletzt in deiner Gewalt. Das reicht für Amo, um dich anzuklagen. Und wenn Taso nicht wieder auftauchen sollte, wird uns das, was Arichis Leute aussagen, für deine Verurteilung genügen. Amo wird deinen Kopf verlangen – und ihn bekommen. Er ist ein mächtiger Mann, und wer sollte dich schützen? Frau Rosamunde mit ihrem Prinzen? Die beiden sind auch schon so gut wie verurteilt. Unter den Herzögen ist nicht einer, der an ihre Unschuld glaubt. Die Dame ahnt völlig zu Recht, daß das Urteil so gut wie fertig ist. Solltet ihr nicht erscheinen, erscheinen wir hier – mit unserer vereinten Heeresmacht. Dann bleibt dir höchstens noch übrig, heldenhaft unterzugehen. Wenn du das willst, schlag mein Angebot aus!»

«Was für ein Angebot?»

«Die Wahrheit zu sagen und uns zu vertrauen. Begreif doch, Peredeo! Nicht um dich geht es hier. Du bist noch immer ein Held, den alle bewundern, kein Langobarde – mit Ausnahme derzeit des Amo – will dein Verderben. Im Gegenteil. Ich sage dir nochmals, daß auch der neue König, wer es auch sei, ungern auf deine Dienste verzichten wird. Nur um sie ist es uns zu tun – um die Gepidin! Sie ist eine Gefahr, und die muß vernichtet werden! Sie hat nicht nur den ruhmreichsten unserer Könige auf dem Gewissen, sie ist auch dreist genug, nach der Macht zu greifen! Sie muß bestraft und beseitigt werden ... sonst wird sie niemals Ruhe geben! Das ist die Aufgabe der Gerichtsversammlung, und so oder so wird sie erfüllt werden. Allerdings wäre es uns lieber, wenn wir sichere Beweise und handfeste Zeugenaussagen gegen sie hätten. Amos Sohn, wenn er noch am Leben ist ... das wäre ein Zeuge, wie wir ihn brauchen. Und könntest du dich sogar selbst entschließen ... In dem Fall würden dich die Kränkungen, die dir Alboin zugefügt hat, völlig entlasten. Wir sind – im Vertrauen – ja alle froh, daß wir ihn los sind. So könnten wir deinen Anteil an der Tat anders bewerten ... als Aufstand des freien Langobarden gegen die drohende Despotie. Mit anderen Worten: Du wirst freigesprochen. Helmichis wird geschoren und in ein Kloster gesteckt. Und sie, die Gepidin ...»

Ein Musikantentrupp zog vorüber, der einen lärmenden Haufen betrunkener Festgäste hinter sich herschleppte. Zaban war es ganz recht, den Satz nicht vollenden zu müssen. Er winkte einer Magd und ließ noch einmal die Becher füllen. Dabei beobachtete er Peredeo, der mit halbgeschlossenen Augen auf seine riesigen Fäuste starrte, die vor ihm auf der Tischplatte lagen.

Der Herzog hob den Becher und legte sein altes, schlaues Schelmengesicht in gewinnende Falten.

«Du sollst leben, langobardischer Held! Raffe dich auf und fasse Mut! Alles wird sich zum Guten wenden, wenn du nur willst! Bald wirst du von den Kämpfen ausruhen und nur noch die Früchte deines Ruhmes genießen! Du wirst eine Frau nehmen und viele kleine langobardische Helden zeugen!» Zaban führte den Becher zum Munde, setzte ihn aber wieder ab, weil er bemerkte, daß Peredeo wie unter einem plötzlichen Schmerz zusammenzuckte. Gleich fiel ihm ein, an welche Wunde er mit den letzten Worten des Trinkspruchs gerührt hatte.

«Verzeih», sagte er. «Ich hörte schon, daß deine Braut, die Veroneserin ... Sie ist ... hm ... verschwunden?»

Peredeo senkte den Kopf noch tiefer und schwieg.

«Und du hast keine Ahnung, wo sie sich aufhält?»

«Sie soll in Rom sein», brummte der Riese.

«Was tut sie in Rom?»

Die schweren Schultern hoben und senkten sich.

«Wer hat dir das gesagt?»

«Die Königin.»

Aufmerkend zog der Herzog die Brauen hoch.

«Die Königin hat dir gesagt, daß deine Braut ... deine frühere Braut ... daß diese ...»

«Calvina.»

«Daß Calvina in Rom ist? Und du glaubst es? Hast du denn Grund zu vermuten, es könne die Wahrheit sein? Wollte Calvina von dir fort? Hattet ihr Streit?»

Peredeo antwortete nicht gleich. Er war nicht sicher, ob er die Frage bejahen oder verneinen sollte. Schließlich seufzte er nur.

«Wann war es, als du sie zum letztenmal sahst?» fragte Zaban. «Und wo?»

Wieder zögerte Peredeo. Er wischte sich mit dem Unterarm den Schweiß von der Stirn. Nach einer Weile sagte er dumpf: «An jenem Tag, als es passierte. In ihrer Kammer.»

«Ah, du hast sie in ihrer Kammer besucht? War es vor der Tat oder danach?»

«Es war vorher.»

«Und da hattet ihr Streit miteinander?»

Peredeo schwieg. Zaban ließ keinen Blick von ihm und rückte ein wenig näher. «Ahnte sie etwa, in was du verstrickt warst? Wußte sie es? Vielleicht von dir selbst? Wäre es möglich, daß sie dich warnte? Wollte sie dich vielleicht zurückhalten? Stellte sie dich vor die Wahl, es zu tun und mit ihr zu brechen oder ...?»

Der rasche Blick, den ihm Peredeo zuwarf, verriet dem Herzog, daß er auf dem richtigen Wege war.

«Und du gingst fort und tatest es. Ließest sie verzweifelt zurück. Könnte es sein, daß sie danach noch einen letzten Versuch machen wollte, dich zurückzuhalten? Daß sie sogar das Verbrechen verhindern wollte? Daß sie aber zu spät kam und nur noch sah, was geschehen war? Daß sie damit jedoch zur Zeugin wurde ...»

«Was sagst du da?» stieß Peredeo hervor, rasch den Kopf hebend.

«Zu einer sehr lästigen, gefährlichen Zeugin? Einer Zeugin von freier Geburt, einer Edlen, deren Aussage Wert hätte? Kam sie vielleicht dazu, als die Königin mit dem Leichnam allein war ... als sie möglicherweise damit beschäftigt war, Spuren zu tilgen ... als sie ...»

Der Herzog verstummte und stöhnte vor Schmerz, weil Peredeo sein Handgelenk preßte.

«Du glaubst, die Königin könnte Calvina ...?»

«Von wem wollte Frau Rosamunde denn wissen, daß sie ins feindliche Rom gegangen sei?»

«Von ihren Verwandten in der Stadt. Calvina kehrte nicht in den Palast zurück. Sie sandte nach ihr. Die Verwandten entschuldigten sie ... teilten mit, daß sie ... angeblich ...»

«Und hast du selbst mit ihnen gesprochen?»

«Ich? Nein ...»

«Du vertrautest Frau Rosamunde. Außerdem hatte dir ja Calvina gesagt, daß sie mit dir, dem Mörder, nichts mehr zu tun haben wollte. Du dachtest, sie sei vor dir geflohen. An einen Ort, wohin du nicht folgen kannst. Wo sie verschollen bleiben wird. Warum solltest du auch daran zweifeln, wenn dir die Königin doch versicherte ...»

Peredeo war schon aufgesprungen. Er packte einen Knecht, der vorübereilte, am Arm.

«Mein Pferd! Bring es her! Hol mein Pferd aus dem Stall!»

«Jetzt, Herr?»

«Verdammt, was glotzt du mich an! Beeil dich! Ich muß sofort in die Stadt hinunter!»

Nach dem Empfang für die Herzöge hatte die Königin sich in ihre Gemächer zurückgezogen, und in den nächsten Stunden war sie für niemand zu sprechen. Auch Helmichis wurde nicht zu ihr vorgelassen, zwei Wächter hinderten ihn am Eintritt. Rosamunde streifte ihre Sandalen ab, lief barfuß hin und her über die weichen, dicken Teppiche, warf gelegentlich einen Blick hinunter auf den Festtrubel im Palasthof und überdachte die neue Lage.

Sie wollte keine Ratschläge hören, wußte sie doch im

voraus, was ihre Vertrauten sagen würden. Vom Widerstand würden alle abraten, zu erdrückend war die Macht der Herzöge. Auf einen günstigen Verlauf des Prozesses, vielleicht Uneinigkeit ihrer Gegner zu hoffen, würde man ihr empfehlen. Der Gedanke an eine Flucht könnte auftauchen, die ihr jetzt aber noch weniger als vorher ein Ausweg zu sein schien. Es war ihr ganz und gar zuwider, sich durch die Drohungen dieser Herzöge, die in ihren Augen nicht mehr als Anführer von Räuberbanden waren, einschüchtern oder gar vertreiben zu lassen.

So ging sie nur noch mit sich selber zu Rate – und mit Alboin. In den letzten zwei, drei Wochen hatte sie zu dem Toten eine seltsame neue Beziehung entwickelt. Wenn sie lange und hingebungsvoll an ihn dachte, war ihr plötzlich, als stünde er leibhaftig vor ihr, und sie begann, sich mit ihm zu unterhalten. Es kam zu Gesprächen mit Rede und Gegenrede, und ihre Vorstellungskraft war so stark, aus der Erinnerung nicht nur sein Bild herzustellen, sondern auch die Eigenarten seiner Rede und sogar seiner Denkweise. Wenn sie ihn etwas fragte, lauschte sie auf eine Antwort. War sie anderer Meinung, widersprach sie. Manchmal gerieten sie in Streit, und sie sah dabei seine hellen Augen aufblitzen und seine Hände zu den Worten, die sie deutlich vernahm, typische Gesten vollführen. Sie redete mit ihm über vieles, was sie bewegte, vorzugsweise aber über Vergangenes und gemeinsam Erlebtes. So konnte sie mit ihm endlos – halbe Nächte lang – über alle die großen und kleinen Ereignisse während des Zuges über die Alpen sprechen. Erinnerte sie sich einer heiteren Begebenheit, erzählte sie sie ihm und hörte ihn lachen, und oft scherzten sie miteinander und neckten sich wie Verliebte. Dabei kam es vor, daß Rosamunde sich völlig vergaß und laut mit ihm sprach oder plötzlich auflachte.

Und eine Zofe oder Magd, die in der Nähe war und sie sah und hörte, hielt dann die Hand vor den Mund, um nicht loszuprusten, und erzählte hinterher, die Königin sei wohl schon ein bißchen verrückt.

Auch über das, was ihr täglich begegnete, redete Rosamunde mit Alboin. Er sagte ihr seine Meinung und gab ihr Ratschläge, ohne ihr jemals den Vorwurf zu machen, daß es ja sein von ihr gewollter und verursachter Tod war, der sie in ihre neuen Schwierigkeiten gebracht hatte. Der tote Alboin war nicht nachtragend, er wünschte ebensosehr wie sie selbst ihr Glück und ihren Aufstieg zur Herrscherin über sein Langobardenvolk. Sie hatte keineswegs gelogen, als sie den Herzögen sagte, Alboin würde die Heirat mit Helmichis billigen. Denn gründlich hatten sie vorher darüber gesprochen, und der Geliebte hatte sie sogar gedrängt, aus Klugheit die Abneigung gegen seinen Vetter (und Mörder) zu überwinden und den Schritt rasch zu vollziehen. Sie war auch sicher, daß er es gewesen war, der sie davon überzeugt hatte, die Erhebung des Helmichis zum König werde dann nicht mehr auf sich warten lassen.

Es bedurfte von Mal zu Mal einer kürzeren Zeitspanne des Gedenkens an Alboin, damit er Gestalt annahm, vor sie hintrat und mit ihr sprach. In Wahrheit war alles, was sie dachte und tat, nur noch durch ein einziges, endloses, niemals wirklich abbrechendes Zwiegespräch mit ihm bestimmt. Diesmal, nach dem Empfang der Herzöge, hatte sie Grund, mit ihm uneins zu sein. Die Hochzeit war ein Fehler gewesen, den Gegenschlag hatte er nicht vorausgesehen. Allerdings war nicht viel Zeit, sich über Irrtümer und falsche Erwartungen zu streiten. Gefahr zog herauf, und Entschlüsse mußten gefaßt werden. Den Kammerfrauen, die immer Gelegenheit fanden, zu beobachten und zu lauschen, erschien die Königin an diesem Abend besonders «verrückt». Laut und gestenreich redete sie in ihrer furchterregenden germanischen Sprache auf jemand ein, der nicht anwesend war. Zwischendurch erstarrte sie, als höre sie auf eine Entgegnung, wobei sie Seufzer ausstieß und heftige Zeichen von Zustimmung oder Ablehnung gab. Die Frauen fürchteten schon, daß der Zorn der Königin sich am Ende noch gegen sie richten könnte. Nicht wenig überrascht waren sie daher, als Rosamunde plötzlich in der heitersten Stimmung zu ihnen herauskam. Sie schien beruhigt und zufrieden zu sein. Nachdem sie ein paar Befehle gegeben hatte, stieg sie zur Dachterrasse hinauf. Dort wollte sie, wie es ihre Gewohnheit war, vor dem Schlafengehen noch ein wenig die Abendluft genießen.

Nun war sie auch wieder zu sprechen. Als erste empfing sie ihre Tante Raunhild, die zwei Knechte ihrer Hinfälligkeit wegen herauftrugen. Die alte Gepidin hatte sich nach Alboins Tod zu allerlei Äußerungen hinreißen lassen, die der Königin mißfielen, und es war zwischen beiden zu einer ernsten Verstimmung gekommen. Sie sahen sich mehrere Wochen nicht. Nach den rasch umlaufenden Gerüchten über den Besuch der Herzöge fand Raunhild sich nun aber genötigt, wieder die Nähe der ungeliebten Verwandten zu suchen. Kaum hatte sie auf der Terrasse Platz genommen, stieß sie schon schrille Kassandrarufe aus. Sie sah bereits sämtliche Gepiden, die nach der Niederlage übriggeblieben waren, von den gegen Rosamunde aufgebrachten Langobarden ermordet. Dringend riet sie zur gemeinsamen Flucht – über Ravenna nach Konstantinopel. Ihr Sohn Reptila, der sich dort aufhalte, werde für ihren weiteren Unterhalt sorgen. Die Königin lachte auf und sagte, daß sie sich niemals in die Abhängigkeit dieses niederträchtigen Dümmlings begeben würde, der sein Volk seinerzeit verraten habe und mit dem Familienschatz durchgebrannt sei. Im übrigen, fügte sie hinzu, bestehe für sie kein Anlaß, Verona in nächster Zeit zu verlassen. «Und die Gerichtsversammlung?» rief Frau Raunhild. «Wird nicht stattfinden!» war Rosamundes bündige Antwort.

Wenig später kam Albsvinda herauf, und auch die Elfjährige hatte schon einen Fluchtplan. Daß die Stiefmutter am Tod des gehaßten Vaters Anteil hatte, war für sie eine ausgemachte Sache. Zwar wagte sie dies nicht auszusprechen, doch liebte sie Rosamunde dafür um so mehr, und sie hatte jetzt nur das eine Ziel: ihre Befreierin aus der Gefahr, die ihr drohte, zu retten. Für sie war das Frankenreich der ersehnte Hafen, wo ja alle drei Könige ihre Onkel waren. Sie schwärmte von dem Empfang, der ihnen dort von den dreien bereitet würde, die bestimmt schon vom Tode dessen wußten, der ihre Schwester, Albsvindas Mutter, zugrunde gerichtet hatte. Rosamunde dämpfte den Eifer des Mädchens. Nichts lag ihr ferner, als zu den Franken zu fliehen. Sollte sie am Hofe Sigiberts von Metz hinter der landauf, landab berühmtesten Schönheit, der Königin Brunhilde, zurückstehen? Sollte sie an Chilperichs Hof in Soissons das Gnadenbrot essen, das ihr die Königin Fredegunde, eine geborene Unfreie, reichte? Oder sollte sie nach Chalon zu Gunthram gehen und an dessen streng katholischem Hof ihrem arianischen Glauben abschwören?

Sie küßte Albsvinda und beruhigte sie. Nicht nötig habe sie, sich zu retten. Denn auch in Zukunft würden sie friedlich und unbehelligt in ihrem Palast leben, und niemand würde ihnen Gewalt antun.

Es amüsierte Rosamunde, daß auch ihr Gemahl, der

wenige Stunden zuvor noch so selbstverliebt König gespielt hatte, nun ebenfalls von nichts anderem als Flucht sprach. Er tat es mit einer gewissen Häme, denn trotz aller schlotternden Angst vor dem Herzogsgericht konnte er sich die Genugtuung darüber, daß ihr grandioser Plan gescheitert war, nicht verkneifen. Nun komme es nur noch auf ihn an, fand er, und froh sein könne sie, wenn er auch ihr aus dem Sumpf, in dem sie beide durch ihre Schuld fast versunken seien, wieder heraushelfe. Sein rettendes Ufer lag im Süden, in Benevent, dessen Herzog Zotto ihm sehr gewogen sei und ihm Asyl gewähren würde, was immer die Versammlung beschließe. Niemals würde der Herzog einen Gausen an seine Gegner ausliefern.

Rosamunde lachte und fragte Helmichis, ob er dann Schildträger Herzog Zottos werden wolle. Das entspreche nicht ihrer Neigung, sie wolle Königin sein, nicht Schildträgersgattin, deshalb müsse sie ihn noch ein Weilchen im Sumpf behalten, vielleicht sogar noch etwas tiefer hinabziehen. Es empörte ihn, daß sie in ihrer Lage noch scherzen konnte. Sie sagte, es sei ihr so ernst damit, daß sie am nächsten Morgen mit ihm den Umritt durch die Stadt machen werde – im königlichen Gepränge. So würden die Herren Zaban und Cleph vor ihrer Abreise nochmals eine gebührende Antwort erhalten. Helmichis erklärte mit fester Stimme, zu einer solchen Herausforderung der Herzöge gebe er sich nicht her, und auch er zweifle langsam an Rosamundes Verstand. Allgemein werde nämlich schon gemunkelt, daß sie ein bißchen verrückt sei. Als sie darauf erneut ein Gelächter ausstieß und sich über ihr «zaghaftes Goldhähnchen» gar nicht beruhigen wollte, hielt er es für das beste, das Gespräch zu beenden und sich zurückzuziehen.

Eine Weile blieb sie auf der Terrasse allein. Sie stieg

die Treppe zur unteren Plattform hinab und lehnte sich an die Brustwehr. Dunkelheit senkte sich über die Stadt, und schwere graugelbe Wolken zogen herauf. Ein Gewitter kündigte sich an. Aus der Ferne grollte bereits der Donner, aus der Nähe, vom Palasthof, tönten noch immer Gesang und Gelächter herauf.

Auf dem Umgang näherten sich rasche Schritte. Es war Willrich, der Marschalk. Die Königin hatte ihn rufen lassen. Er entschuldigte sich dafür, daß man ihn erst suchen mußte. In einem der königlichen Marställe hatte eine Stute gefohlt, und wie gewöhnlich war er als Geburtshelfer tätig gewesen. Rosamunde lächelte versonnen.

«Früher war ich selbst oft im Stall und habe dir dabei zugesehen», sagte sie. «Damals in Sirmium oder in Turismods Palast. Danach gab es jedesmal ein kleines Gelage, und mein Vater und du ... ihr konntet euch endlos über den Namen streiten, den ihr dem Fohlen geben wolltet.»

«Ja, einen Namen zu finden war meist schwieriger als die Geburt», meinte Willrich lachend. «Und dabei tranken wir manchmal so viel, daß wir ihn, wenn wir ihn mühsam gefunden hatten, am nächsten Morgen nicht mehr wußten. Zum Glück hast du dich dann immer erinnert.»

«Das ist alles noch gar nicht lange her. Vor fünf Jahren war mein Vater noch König, und zwischen Donau und Karpaten gab es das mächtige Reich der Gepiden. Denkst du noch manchmal an jene Zeit?»

«Wie sollte ich nicht, ich denke sehr oft daran», sagte Willrich ernst. «Und deinem Vater verdanke ich viel. Er nahm mich in seine Gefolgschaft auf, obwohl ich kein Edler war, nur der Sohn eines einfachen Kriegers, der in der Fremde Dienst tat.»

«Mein Vater betrachtete dich als Freund.»

«Das war eine große Ehre für mich. Wohl die größte, der ich je teilhaftig wurde. Traurig war, daß es so mit ihm ausging. Hätte ich nur etwas für ihn tun können ...» Der Marschalk blickte zum Himmel. «Es wird ein schweres Gewitter geben», sagte er seufzend.

Einen Augenblick schwiegen sie. Willrich wartete darauf zu erfahren, weshalb die Königin nach ihm geschickt hatte.

«Du könntest etwas für seine Tochter tun», sagte sie schließlich.

«Alles, was in meinen Kräften steht!» erwiderte er ohne Zögern. «Das bin ich ihm schuldig. Und auch dir selbst, Herrin!»

«Die Langobarden haben ihn umgebracht. Jetzt, glauben sie, sei die Reihe an mir. Sie wollen mich vor ihr Gericht stellen und mit einer falschen Anklage und mit falschen Beweisen schuldig sprechen. Und dann wollen sie mich hinrichten.»

«Das darf nicht geschehen!» rief Willrich.

«Ich hoffe, du rätst mir nicht auch zu fliehen. Selbst meinem Gemahl fällt nichts Besseres ein. Es muß eine andere Lösung geben.»

«Leider sind die Kräfte zu ungleich. Wenn du nicht zur Gerichtsversammlung erscheinst, werden sie gegen uns anrücken, uns belagern und ...»

Ein erster Blitz zuckte auf. Rosamunde wartete ruhig den Donnerschlag ab und sagte dann: «Da die Kräfte zu ungleich sind, müssen wir das Verhältnis umkehren.»

«Wie sollte uns das gelingen?»

«Durch eine große und kühne Unternehmung.»

«Dazu dürften wir kaum imstande sein.»

«Wir müssen uns Verbündete suchen.»

«Doch wen? Wer käme dazu in Frage?»

«Du ahnst es nicht?»

«Ich vermute, du hast einen Plan.»

«Ja. Er hat ihn mir eingegeben. Ich habe ihn gründlich mit ihm besprochen.»

«Mit wem?»

«Mit Alboin.»

Der Marschalk starrte die Königin an. Ein erneuter Blitz ließ ihr Gesicht für einen Augenblick taghell aufleuchten.

«Weißt du noch, wie er uns Gepiden besiegte? Wie er verhinderte, daß wir mit allen verfügbaren Kräften gegen ihn auszogen? Wie er uns schwächte und verunsicherte? Damals schmähten wir ihn, und doch ... es war überlegene Strategie. Er rief die Awaren!»

«Die Awaren? Du willst doch nicht diese Halbwilden ...»

«O doch! Das will ich! Auch wir rufen sie! Wir lassen sie über die Alpen kommen! Während die Langobarden sich auf ihrer Generalversammlung in Pavia versammeln, fallen sie in Venetien ein. Sie verwüsten das Herzogtum meines Anklägers Gisulf. Sie sengen und brennen, morden und plündern. Die Langobarden, in Furcht und Schrecken, machen sich zur Gegenwehr auf. Es bleibt ihnen keine Zeit mehr, ihre Königin vor Gericht zu stellen. Und sie verstehen das Zeichen von oben: Als Strafe für ihren Frevel hat ihnen Gott diese grausamen Horden geschickt!»

«Und du willst den Awaren ganz Italien ...?»

«Natürlich nicht! Ich treffe mich mit ihrem Herrscher, dem Kagan. Ich schließe mit ihm einen Pakt. Für ihn Venetien, für mich alles übrige. Ich überlasse ihm die Provinz – er sichert mir dafür mein Königreich. Wer wollte mich dann noch vor ein Gericht zerren? Wer wollte mich dann noch vom Thron stoßen?»

Die Blitze zuckten nun von allen Seiten.

«Aber», rief Willrich in das Donnergetöse, «du handelst damit ja gegen dein eigenes Volk!»

«Die Langobarden? Das sind Fremde. Mein Volk, die Gepiden, haben sie ausgerottet. Sie hassen mich, und sie wollen mich töten. Was also bin ich ihnen schuldig? Und was bist du ihnen schuldig, Gote? Auch für dich sind sie Fremde, du mußt sie hassen. Sie haben dem Kaiser geholfen, dein Volk zu vernichten. Hilf du jetzt mir, es ihnen heimzuzahlen! Wenn ich erst wieder fest auf dem Thron sitze, wird mit allen diesen Clephs, Zabans, Zottos, Amos und Faroalds abgerechnet. Morgen früh brichst du auf, als mein Gesandter! Hol die Awaren nach Italien!»

Als das Gewitter heraufzog, war Peredeo schon vor der Stadt. Er lenkte sein Pferd über einen steinigen Weg, der mal in kurzer, mal in etwas weiterer Entfernung dem Flußbett folgte. Der Gaul war stämmig und so klein, daß die Füße des Reiters fast den Boden berührten. Er schwitzte unter seiner Last, der Schaum hing ihm in Flocken zwischen den Beinen. Eigenwillig versuchte er immer wieder, zum Wasser abzubiegen, doch mit heftigem Schenkeldruck und Peitschenschlägen trieb Peredeo ihn vorwärts.

Außer dem Mann im Sattel schleppte das Pferd noch einen zweiten, dessen eine Hand am Zaum festgebunden war und der atemlos neben ihm herlief. Es war ein hagerer Alter mit grauem Haarkranz, in einer seidenen, aber schmutzigen und zerrissenen Tunika. Sein Gesicht war von Schlägen gezeichnet, seine Füße waren unbeschuht und blutig. Alle Augenblicke stolperte er und schien umzusinken. Dann traf auch ihn ein Peitschenhieb.

Bei jedem Donnerschlag versuchte der kleine Hengst, sich zu bäumen. Er schaffte es aber nicht, weil der Reiter zu schwer war. Vor Wut und Angst schlug er aus, biß um sich und machte kurze Sprünge. Peredeo hatte immer mehr Mühe, sich im Sattel zu halten.

«Verflucht, wie lange führst du mich noch in die Irre, du Lump?» schrie er. «Gleich wird hier die Hölle los sein! Wie weit noch?»

«Da hinten ... das Haus ... da siehst du es schon!» keuchte der Gefangene.

«Wehe dir, wenn sie nicht dort ist! Dann ist es aus mit dir!»

«Bring mich doch um ... gleich hier, auf der Stelle! Aber sie ... verschone sie! Hab Erbarmen mit ihr!»

«Halt's Maul! Ein Aristokrat willst du sein? Verlogenes Pack seid ihr ... Männer und Weiber! Habt uns getäuscht. Von wegen in Rom ... von wegen geflohen! Versteckt hat sie sich also, die Hure ... treibt es mit einem Feind!»

«Sie wußte doch nicht, daß er ...»

«Sie wußte nicht, daß er Severus ist? Byzantinischer Offizier, Verschwörer, Rebell ... einer, der immer noch Widerstand leistet ... der mir schon hundertmal durch die Finger geschlüpft ist?»

«Ich hab das ja auch alles nicht gewußt! Hab's doch erklärt ... Er klopfte an meine Tür, suchte Obdach. Bei mir war kein Platz, doch mein Pächter war gerade gestorben ... Ich überließ ihm das Haus da ...»

«Und Calvina gleich mit!»

«Er war ein Freund ihres Mannes ... brauchte ja eine Frau in der Wirtschaft ... Sie wollte nicht an den Hof zurück ... weiß nicht, warum ... das schwöre ich dir!»

«Schwöre beim Teufel, alter Kuppler! Wir sind da ...»

«Schone sie, ich bitte dich! Sie ist das Kind meiner armen Schwester ... hat ihre Eltern und ihren Mann verloren ... hat immer nur Unglück gehabt ...»

«Ich wollte ihr Glück, aber sie verdiente es nicht! Und jetzt –»

Ein Blitz fuhr in der Nähe herab, und ein Baum flammte auf wie eine Fackel. Die Angst verdoppelte die Kräfte des Gauls, er stieg hoch. Peredeo stürzte ins Gras. Gleich sprang er aber wieder auf und schlug mit der Peitsche auf das Tier ein.

«Elende Mähre! Tückisches Mistvieh!»

Der kleine Hengst wieherte, stampfte, schlug aus, und im nächsten Augenblick raste er los. Der alte Mann wurde mitgerissen. Wie ein Strohbündel flog er hin und her, geriet unter den Pferdeleib und die wirbelnden Hufe. Tier und Mensch verloren sich in der von Blitzen durchzuckten gelbschwarzen Finsternis.

Peredeo starrte auf die langgestreckte weiße Lehmhütte, die unmittelbar am Flußufer stand. Der Sackvorhang an der Tür wurde beiseite geschoben, ein Mann erschien und machte ein paar Schritte auf den brennenden Baum zu. Er drehte sich um und rief etwas. Eine Frau trat gleich darauf unter die Tür. Peredeo erkannte sie sofort. Es war Calvina.

«Severus!» schrie er.

Ein Donnerschlag unterdrückte den Zuruf.

«Severus!»

Jetzt fuhr der Mann herum. Peredeo trat hinter einem Gebüsch hervor, mächtig und drohend. Calvina stieß einen Schrei aus. Der Mann griff nach seinem Gürtel und fand keine Waffe.

Peredeos Spatha flog aus der Scheide.

«Hab ich dich endlich, du Verbrecher? Das heißt

wahrhaftig, die Frechheit zu weit treiben ... hier vor der Stadt ... unter unseren Augen ...»

Severus versuchte noch, ins Haus zu entkommen. Doch mit ein paar Sätzen war Peredeo bei ihm. Calvina war kurz drinnen verschwunden, kam zurück und warf Severus einen Speer zu. Der Romane, ein noch junger Mann, packte ihn und richtete ihn auf seinen Gegner. Peredeo wollte ausweichen, doch die Spitze zielte nach seinem Hals. Kraftvoll und behende folgte Severus seinen Bewegungen.

«Peredeo!» rief Calvina. «Ich bitte dich, laß von ihm ab! Ich gehe mit dir ... ich werde alles tun, was du willst! Ich ...»

«Still doch!» schrie ihr Severus zu. «Unterwirf dich nicht diesem Barbaren! Diesem germanischen Unhold!»

Er reizte Peredeo mit der Waffe, ließ den Speer vorzucken, ritzte die Schulter des Riesen. Der Langobarde versuchte, mit dem Schwert die Hände des Severus zu treffen. Mehrere Hiebe splitterten nur das Holz. Ein Stoß des Severus ging hart an Peredeos ungeschütztem Gesicht vorbei und riß ein Stück seines Ohrs ab. Der grelle Schmerz ließ ihn aufbrüllen. Er warf die Spatha, in diesem Kampf unbrauchbar, von sich. Mit beiden Fäusten ergriff er den auf ihn gerichteten Speer und drückte ihn gegen seinen Widersacher, der das andere Ende gepackt hielt.

Der Kampf ging nun schnell seinem Ende zu. Peredeo entwand dem Severus die Waffe. Noch einmal versuchte der Romane, den Schutz des Hauses zu gewinnen. Doch Peredeo schnitt ihm den Weg ab, und mit einem einzigen Stoß durchbohrte er ihn. Er ließ den Sterbenden liegen und stürmte ins Haus.

«Calvina!»

Das Licht der Blitze und des brennenden Baumes fiel herein, und er entdeckte sie hinter einem der Pfosten, die das Dach stützten.

«Du versteckst dich wohl noch immer vor mir? Vergebens ...»

«Du Scheusal!» schrie sie. «Du hast ihn umgebracht! Nichts anderes kannst du als töten! Bleib, wo du bist ... komm nicht näher!»

«Du gehörst mir, Calvina! Ich habe ein Recht auf dich!»

«Du hast kein Recht auf mich! Ich verabscheue dich!»

«Ich habe dich immer geliebt!»

«Geliebt?» Sie lachte schrill auf. «Was einer wie du schon lieben nennt! Liebst du die Königin auch so, daß du für sie gemordet hast?»

«Sie hat mich getäuscht, Calvina! Sie hat mich mit Arglist dazu gebracht, mit ihr ... Ich glaubte, mit dir zusammenzusein!»

«Was kann es ein wildes Tier schon kümmern, mit wem es ...»

«Warum beleidigst du mich? Es ist die Wahrheit! Danach drohte sie mir. Sie wollte vor Alboin klagen. Um am Leben zu bleiben, mußte ich tun, was sie ...»

«Ich habe gesehen, was du getan hast! Und was du heute wieder getan hast! Und was du immer wieder tun, womit du niemals aufhören wirst. Nimm deine blutigen Hände von mir!»

Er wollte sie packen, doch sie entwand sich ihm. Er suchte sie und stolperte über eine Kiste mit Früchten. Einen Fetzen ihres Rocks in der Hand, fiel er hin. Aufblickend sah er sie schattenhaft durch die Hintertür schlüpfen. Er rannte ihr nach und stolperte ins Freie.

Noch immer blitzte und donnerte es, und jetzt hatte sich auch ein starker Wind erhoben, und Regen rauschte hernieder.

«Calvina!»

Sie lief hinunter zum Fluß. Es war nur ein kurzer, schmaler, gewundener Weg. Er folgte ihr mit gewaltigen Sprüngen. Noch einmal erwischte er sie im flachen, hochaufspritzenden Wasser. Aber sie riß sich los, warf sich nach vorn, versank auf einmal in den Wellen. Die Strömung erfaßte sie, ein Stück weiter kam sie nach oben, wurde wieder hinabgezogen. Er war nur ein schlechter Schwimmer, sprang hinein und peitschte mit seinen mächtigen Armen das Wasser. Fast blind machte ihn der Regen, der ihm prasselnd ins Gesicht schlug. Durch einen dichten Schleier sah er sie noch einmal auftauchen.

«Calvina! Calvinaaa!»

Er schrie und sank gurgelnd unter Wasser. Sich windend wie ein verzweifeltes Ungeheuer kam er nach einer Weile zurück an die Oberfläche. Der Strom trug ihn weiter, war stärker, Peredeo verlor diesen Kampf. Schon war er fast bis ans andere Ufer getrieben. Unter den Füßen spürte er Grund.

Er kroch die Böschung hinauf, warf sich nieder. Wasser speiend, nach Atem ringend dehnte er den gewaltigen Brustkorb. Hinter der Regenwand wälzten sich die Fluten vorüber. Noch immer zuckten da und dort Blitze vom Himmel.

Rosamunde erwachte in aller Frühe von Geräuschen, die aus dem Palasthof heraufdrangen. Sie sprang vom Lager auf, schlug das Bettuch um sich und trat an ein Fenster. Gleich zog sie sich aber wieder zurück, denn sie erkannte, daß der Lärm ihr galt.

An die hundert Männer hatten sich auf dem Hof versammelt, und ständig kamen weitere hinzu. Einige wankten herbei, noch benommen vom nächtlichen Rausch. Fast alle waren halbnackt, im Gehen befestigten sie ihre Gürtel und legten ihre Wehrgehänge an. Eine Gruppe, die in der Mitte stand, schlug den Alarm, indem sie mit Lanzenspitzen gegen die Buckel ihrer kleinen, kreisrunden Schilde trommelte. Viele blickten herauf nach den Fenstern der Königin, und als Rosamunde für einen Augenblick sichtbar wurde, begrüßten sie höhnische Zurufe.

Es war ein heller, klarer Morgen, der nach der Gewitternacht heraufzog. Die stets sorgsam geputzten Waffen, der Stolz der langobardischen Krieger, reflektierten die ersten Sonnenstrahlen ebenso wie die großen Wasserlachen, die Überbleibsel der Regengüsse. Rosamunde, hinter einem Wandpfeiler verborgen, blickte betroffen auf all den Glanz und Schimmer hinunter. Sie ahnte sogleich eine Gefahr, die sie nicht bedacht hatte und die auch ihre neuesten Pläne zunichte machen würde. Was war geschehen? Ihr erster Gedanke war, daß Zaban und Cleph die Leute abgeworben hatten, daß sie über keine Schutztruppe mehr verfügte, daß man sie auf der Stelle ergreifen und fortschleppen würde. Um nicht nackt in die Hände ihrer Häscher zu fallen, warf sie das Bettuch ab und zog eilig die Kleider an, die sie am Abend abgelegt hatte. Ihre zitternden Hände fuhren ein paarmal mit dem Kamm durch das Haar und umwanden den Kopf mit einer Stirnbinde. Einen kleinen Dolch mit juwelenverziertem Griff, den sie in letzter Zeit stets in Reichweite hatte, hängte sie an den Gürtel. Der Lärm hielt unterdessen an, und plötzlich wurde noch lauter getrommelt, und Jubelrufe erhoben sich. Rosamunde trat wieder hinter den Wandpfeiler und spähte vorsichtig hinunter.

Vom Tor her näherte sich eine Gruppe von Reitern. Sie erkannte Peredeo, der gleich vom Pferd sprang und Kommandos schrie. Das Getrommel verstummte, und die im Hof versammelten Leute bildeten, einander schiebend, stoßend und drängend, einen Halbkreis. Peredeo trat in die Mitte. Rosamunde erschrak über seinen furchterregenden Anblick. Das lange Haar, das strähnig herabhing, war über dem einen Ohr von Blut verfärbt. Zerrissen und an der Schulter blutdurchtränkt war die Tunika. Der riesenhafte Langobarde stemmte die Fäuste in die Seiten und warf einen wilden Blick herauf zu den Fenstern im zweiten Stockwerk des Südflügels.

«Ich entbiete der Königin meinen Gruß!» rief er. «Hoffe, sie hat sanft geruht! Zeige dich, gepidische Schlange!»

Rosamunde drückte sich an den Pfeiler und rührte sich nicht. Ihr Herz klopfte bis zum Halse, sie preßte die Fäuste auf die Brust, die sich in kurzen, heftigen Atemzügen hob und senkte.

Einige schrien: «Komm ans Fenster! Versteck dich nicht! Wir haben dich schon bemerkt!»

«Ich würde gern dein Gesicht sehen, wenn ich dir sage, was ich beschlossen habe!» ertönte wieder der heisere Baß des Peredeo. «Wenn du es aber verbirgst, bin ich dir darüber auch nicht gram. Eine vor Angst verzerrte Weiberfratze ist ja kein erfreulicher Anblick. Zuchilo! Hol den Jungen aus dem Verlies, den Taso! Bring ihn her!»

Ein Knecht lief herbei und reichte Peredeo einen Krug Wein. Er trank ihn in einem Zuge leer. In seinen Haaren und an seinen Kleidern, die noch feucht waren, hingen

Gras und Schlick. Er war die halbe Nacht am Fluß entlanggeirrt, zunächst in der Hoffnung, Calvina noch lebend, vielleicht ans Ufer getragen, zu finden, dann entmutigt auf der Suche nach einem Boot, das ihn wieder hinüberbrachte. Ein Fischer, der in der Dämmerung ausfuhr, setzte ihn nahe dem Stadttor ab, wo er in dem Augenblick eintraf, als die morgendliche Wachablösung erfolgte. Er befahl den in den Palast zurückkehrenden Wachen, dort alles in Alarmbereitschaft zu setzen. Dabei stieß er wüste Drohungen gegen die Königin aus. Nach einem kurzen Schlaf im Wachturm, der nur so lange dauerte, bis ein Pferd gebracht wurde, das ihn tragen konnte, machte er sich selbst zum Palast auf. Und sein Entschluß, über den er in der Nacht am Ufer der Etsch voller Zorn und Verzweiflung nachgedacht hatte, stand nun fest.

Zuchilo führte den Gefangenen in die Mitte des Halbkreises. Der Neunzehnjährige, der seit seiner Ankunft in Verona vor sechs Wochen nur wenige Stunden in Freiheit verbracht hatte, war fahl im Gesicht und abgemagert. Er schleppte Ketten an den Füßen.

«Hört mich an, Männer!» rief Peredeo. «Diesem jungen Recken hier, dem Sohn Herzog Amos von Turin, wurde schweres Unrecht zugefügt. Und von wem? Von mir selbst! Ja, ich bekenne mich schuldig. Ich tat es, um eine Mörderin vor der Entdeckung zu schützen. Eine, die ihre ruchlose Tat verbergen wollte. Nämlich die, die dort oben hinter den Fenstern lauert und es nicht wagt hervorzutreten!»

Ein wütendes Geheul erhob sich. Einige reckten die Fäuste, andere schwangen Lanzen und Schwerter. Im ersten Stockwerk des Südflügels, unter den Räumen der Königin, trat Herzog Zaban, der dort in einem der Gästegemächer übernachtet hatte, ans Fenster.

Peredeo bemerkte ihn und fuhr fort: «Ja, sie war es, Männer, die den Befehl gab! Sie ersann auch den Plan, König Alboin umzubringen. Schon lange war sie nämlich die Geliebte des Helmichis. Die beiden wollten ihn loswerden und die Macht an sich reißen. Sie wartete ab, bis Alboin schlief, und band selber sein Schwert am Bettpfosten fest. Dann befahl sie den Mord. Und weil es Helmichis ihr nicht schnell genug tat, schrie sie mir zu: ‹Töte ihn doch! Mach ihn kalt! Bring ihn um!› Der junge Recke hier, Taso, stand vor der Tür und hörte sie schreien. Zaban!» rief er zum Fenster hinauf. «Hier hast du deinen Zeugen, ich überlasse ihn dir. Du kannst ihn gleich mitnehmen!»

«Gut!» ließ sich Zaban von oben vernehmen. «Aber warum trägt er noch Ketten? Glaubst du, er wird mir nicht freiwillig folgen und vor der Generalversammlung seine Aussage machen? So freiwillig, wie ihr alle dorthin kommen werdet, um das, was ihr eben gehört habt, vor den Richtern zu wiederholen?»

Peredeo gab Zuchilo ein Zeichen, dem Taso die Ketten abzunehmen, und rief: «Ihr Zeugnis, Zaban, wird nicht notwendig sein! Ich, der ich dabei war und mitschuldig bin, werde alles bezeugen!»

«Und warum warst du dabei?» schrie einer.

Mehrere Stimmen erhoben sich.

«Du hast uns also belogen! Willst du uns jetzt erzählen, du wolltest den König vor Helmichis schützen? Sag endlich die Wahrheit, Peredeo!»

«Wartet nur ab, ihr sollt sie hören! Ja, auch ich stieg hinauf, um den König zu töten. Ihr fragt, warum ich das tat? Sie, die Gepidin, zwang mich dazu ... die schamloseste und raffinierteste Hure, die diese Erde jemals getragen hat! Sie schaffte es, daß ich sie im Dunkel der Nacht mit ihrer Kammerfrau verwechselte, und behauptete hinterher, von mir geschändet zu sein. Für ihr Schweigen erkaufte sie meine Hilfe. Ich tat es mit schwerem Herzen, Männer, weil ich so schwach war, am Leben zu hängen. Doch was ist für mich dieses Leben noch wert? Bis gestern schleppte ich mich dahin, trug an meinem schlechten Gewissen. Heute aber bin ich am Ende. Ich hatte noch immer eine Hoffnung nicht aufgegeben. Die jedoch ist heute nacht auf den Grund des Flusses gesunken. Hörst du mich, Königin?» brüllte er, den Blick zu den Fenstern im zweiten Stockwerk erhoben. «Es gibt noch ein weiteres Opfer deiner Grausamkeit! Eine Unschuldige, die nur Liebe verdiente! Calvina ist tot, auch sie hast du umgebracht mit deinen Ränken und deinen Machenschaften! Doch du sollst der Gerechtigkeit nicht entgehen, ich bringe dich vor das Gericht. Und auch ich stelle mich dem Gericht, und nichts – nichts werde ich dort verschweigen! Wenn ich dann sterben muß ... was kümmert es mich! Um so besser! Ich habe verloren, was mir teuer war ... ich begehre nichts mehr. Nur eine letzte Aufgabe habe ich noch zu erfüllen: dich bewachen, damit du nicht noch entkommst! Auch Helmichis, dieser Elende, dein Gehilfe, darf sich der Strafe nicht entziehen! Glaub nicht, daß ihr aus diesen Mauern entfliehen könnt! Alle die Männer, die du hier siehst, werden euch nicht mehr aus den Augen lassen! Sie werden wie ich nicht rasten noch ruhen, bis eure schändlichen Taten vergolten sind!»

Ein wildes Gegröle erhob sich, und Drohungen gegen die Königin wurden ausgestoßen. Peredeo wankte plötzlich vor Müdigkeit, warf Zuchilo und einem anderen die Arme um die Schultern und ließ sich wegführen. Zufrieden lächelnd wandte sich Zaban vom Fenster ab.

Während Peredeo seine Anklagen zu Rosamunde hinaufschrie, hatten drei Männer unbemerkt den Palasthof betreten. Zuerst erschien Willrich, kurz darauf kamen Munolf und Gellios. Sie blieben hinter dem Halbkreis, der von den Kriegern gebildet war, stehen und verfolgten den Rest der Versammlung schweigend. Nur ab und zu tauschten sie ernste Blicke. Die ganze Nacht hatten die drei beraten. Gleich nach dem Gespräch mit der Königin war der Marschalk zum Hause des Munolf in der Nähe des Forums geeilt, wo er auch Gellios vorfand. Die drei Männer – den Gepiden, den Goten und den Griechen – bewegte nur eine Frage: Wie konnte die Königin vor der Vergeltung der Langobarden bewahrt werden? Als Willrich berichtete, was Rosamunde selber vorhatte, waren sie einer Meinung darüber, daß die Königin überreizt und daß mit phantastischen Plänen nichts zu gewinnen war. Ein Vorschlag Munolfs fand schließlich Beifall, doch kamen die drei nicht mehr dazu, über Einzelheiten zu reden. Bei Tagesanbruch erschien ein berittener Knecht, den Willrich beauftragt hatte, ihn zu benachrichtigen, falls im Palast seine Anwesenheit erforderlich wurde oder etwas Ungewöhnliches vorging. Der Knecht meldete, daß Peredeo Alarm schlagen ließ. Der Marschalk saß unverzüglich zu Pferde, während Munolf und Gellios eine Sänfte bestiegen, die die Träger im Laufschritt nach dem Palast beförderten.

Nach Peredeos Abgang löste sich der Halbkreis rasch auf. Die Männer hatten ihr Mütchen gekühlt, jetzt zog es sie zurück in die Schlafhallen, auf die Strohsäcke. Es war ja noch früh, man hörte gerade erst das Glöckchen des Klosters zur Prim läuten.

«Können wir es schon wagen, uns bei ihr melden zu lassen?» fragte Gellios.

«Nun, daß sie noch schläft, ist kaum zu vermuten», meinte Munolf. «Dafür haben die Langbärte zuviel Lärm gemacht.»

«Wir müssen verhindern, daß sie sich zu einer Unbesonnenheit hinreißen läßt!» sagte Willrich. «Außerdem wissen wir nicht, was Peredeo tun wird. Vielleicht ist es die letzte Möglichkeit, zu ihr vorzudringen!»

Sie fanden Rosamunde in Tränen. Die Nachricht vom Tode Calvinas hatte sie mindestens ebenso schwer getroffen wie die Anklagen des Peredeo, die ihre Schuld nun aller Welt offenbarten. Sie hatte gleich Mägde ausgeschickt, sich nach den näheren Umständen zu erkundigen. Diese brachten mit, was die zurückgekehrten Torwachen erzählten, die sich wiederum auf die verworrenen Mitteilungen des Kommandanten der königlichen Gefolgschaft beriefen. Nur so viel war sicher herauszubekommen, daß die frühere Zofe der Königin mit einem gesuchten Aufrührer in einem Bauernhaus vor der Stadt gelebt und sich, nachdem dieser Mann in der Nacht von Peredeo aufgespürt und getötet worden war, wohl aus Verzweiflung in den Fluß gestürzt hatte. Peredeo habe noch versucht, sie zu retten, doch bei dem schrecklichen Unwetter sei sein Bemühen vergeblich gewesen.

Rosamunde weinte stumm, während die Mägde dies wenige, einander ins Wort fallend, mitteilten. Auch als sie schließlich entlassen waren, konnte die Königin sich lange nicht beruhigen. Munolf, der mit den beiden anderen wartete, sagte schließlich in der Absicht, sie ein wenig zu trösten: «Vielleicht, Herrin, ist sie ja gar nicht tot. Es könnte doch sein, daß sie sich noch gerettet hat.»

Rosamunde bewegte verneinend den Kopf.

«Sie ist ertrunken, sie konnte nicht schwimmen. Einmal, bei einer Lustpartie auf dem Fluß, schwamm ich ein Stück und schlug vor, es ihr beizubringen. Sie wehrte sich heftig, sie scheute das Wasser, sie fürchtete es. Wenn sie hineinging, wollte sie sterben.» Die Königin stieß einen Seufzer aus und fuhr mit leiser Stimme fort: «Er hat ja recht, ich bin nicht schuldlos. Aber ich hatte die Absicht, es wiedergutzumachen. Sie war schön, empfindsam und gebildet, die einzige Freundin, die ich hier hatte. Ich wollte ihr Glück, nur gab es da Umwege, die ich ihr nicht erklären konnte. Vielleicht hätte ich ihr alles sagen sollen, vielleicht hätte sie Verständnis gehabt. Nein, das wohl nicht ... Trotzdem, sie durfte mich nicht so im Stich lassen! Warum ist sie nur plötzlich verschwunden? Warum hat sie sich mir nicht anvertraut? Es hätte alles noch gut werden können ...»

Zusammengesunken saß Rosamunde auf ihrem Korbstuhl, die Ellbogen auf den Knien, den Kopf in den Händen, schluchzend, mit zuckenden Schultern.

«Erlaube, Herrin», sagte Gellios nach einer Weile, «daß wir deine Klage unterbrechen. Du weinst um die Tote, wir aber machen uns Sorgen um die Lebende. Es ist Zeit, daß wir dir unser Anliegen vortragen.»

«Es ist sogar höchste Zeit dazu», pflichtete Willrich bei. «Dein Zerberus könnte dich künftig hindern, uns zu empfangen.»

«Höre deine Freunde an!» drängte Munolf. «Vielleicht sind wir die einzigen, die dir noch helfen können!»

Rosamunde blickte auf und trocknete mit einem Tuch die Augen.

«Ihr wollt mir helfen? Ihr seid meine Freunde ... noch immer? Habt ihr gehört, wessen Peredeo mich anklagt? Er hat die Wahrheit gesagt ... mit seinen Worten zwar und so, wie er sie versteht ... doch die Wahrheit. Ich habe tatsächlich ...»

«Verzeih!» sagte Gellios. «Wir haben sehr aufmerksam zugehört, und wir waren durchaus imstande, auch deine Wahrheit aus den Worten des Peredeo herauszuhören. Im übrigen ahnten wir sie längst.»

«Ich war ein Vertrauter deines Vaters, auch wenn ich später bei ihm in Ungnade fiel», erklärte Munolf. «Wie er starb und was seinem Leichnam geschah, konnte und durfte wohl nicht folgenlos bleiben. Ich wäre dazu nicht imstande gewesen, aber ich glaube, du mußtest so handeln.»

«Und die Mittel, die du benutzt hast», fügte Willrich hinzu, «waren die einer Frau, nicht die eines Mannes. Wer sollte dich dafür tadeln?»

«Ja!» sagte Munolf eifrig. «Und deshalb meinen wir, daß du dich auch zu deiner Rettung der Mittel bedienen solltest, die dir als Frau zur Verfügung stehen.»

«Verzichte auf Waffengewalt!» riet der Marschalk eindringlich. «Mit dem Schwert ist nichts zu erreichen, Herrin. Auch nicht mit dem der Awaren. Sie kämen zu spät, wenn sie überhaupt kämen, und ihre Hilfe würde tödlich sein ... nicht nur für die Langobarden, auch für dich selbst und für dieses Land. Blut ist genug geflossen, jetzt kommt es nur noch auf Vernunft an!»

Rosamunde hatte an diesem Morgen noch nicht die Kraft zu widersprechen. Mehrere harte Schläge hatten sie kurz hintereinander getroffen, sie fühlte sich benommen und mutlos. Am liebsten würde sie jetzt allein sein, um sich mit Alboin zu beraten. Doch sie durfte die drei Getreuen – die einzigen, die ihr geblieben waren – nicht abweisen. So bemühte sie sich um ein Lächeln, blickte müde von einem zum andern und fragte:

«Habt ihr denn einen Vorschlag?»

Die drei tauschten Blicke, und Willrich und Gellios ermunterten Munolf, in ihrer aller Namen zu sprechen. Der rundgesichtige Gepide trat einen Schritt vor, legte die Hände an den Gürtel, der seinen wohlgenährten Leib umspannte, und räusperte sich.

«Erinnerst du dich daran, Herrin, was ich dir vor einiger Zeit von einer Reise nach Ravenna berichtete? Longinus, der Statthalter des Kaisers, empfing mich, und unser Gespräch bewegte sich fast ausschließlich um ein einziges Thema: um dich und dein bewegendes Schicksal. Longinus wollte alle Einzelheiten wissen, endlos mußte ich seine Fragen beantworten. Ich habe dir auch erzählt, daß er einen Künstler zu sich befahl, der nach meinen Angaben ein Bild von dir malte. Es geriet sprechend ähnlich, und ich war Zeuge, wie der Statthalter davorstand und es bewunderte. Habe ich erwähnt, was er bei dieser Gelegenheit äußerte? Er sagte zu mir: ‹Wie traurig, daß wir mit den Langobarden verfeindet sind. So werde ich nicht das Vergnügen haben, dieser bemerkenswerten Frau zu begegnen. Am liebsten würde ich dich beauftragen, mein Freund, sie im Namen des Kaisers und in meinem eigenen Namen zu einem Besuch hier in Ravenna einzuladen. Wären doch die Umstände so, daß ich es könnte!› Das sagte er. Du mußt dich daran erinnern, Herrin, daß ich es dir berichtet habe!»

«Ich erinnere mich, Munolf», erwiderte die Königin spröde, «daß du das Gespräch mit dem Statthalter und das Bild erwähntest. Hingegen war nicht davon die Rede, er hätte Lust gehabt, mich zu sich einzuladen. Hast du das jetzt etwa erfunden, um mich zu einer schmählichen Flucht zu den Byzantinern zu überreden?»

«Herrin, ich schwöre dir, daß er es so und nicht anders gesagt hat! Wahrscheinlich hast du nicht darauf achtgegeben, als ich es wiederholte, weil zu Lebzeiten König Alboins an eine solche Begegnung ja nicht zu denken war. Jetzt hat sich die Lage gründlich geändert.»

«Du kannst deine eigenen Entschlüsse fassen!» bekräftigte der kleine Gote. «Denk an das Beispiel der Regentin Amalaswintha, die nach dem Tode des großen Theoderich die Annäherung zwischen Goten und Byzantinern suchte. Was wäre daran schmählich, durch einen Besuch in Ravenna den ersten Schritt zu tun?»

«Zumal du auf einen warmen Empfang hoffen kannst!» fügte Gellios lebhaft hinzu. «Deine Persönlichkeit interessiert den Statthalter. Er besitzt literarischen Geschmack, er betrachtet dein Leben wie ein Epos. Wie wird ihn die neueste Wendung ergreifen! Glaube mir, daß eine Frau wie du bei den Byzantinern den größten Erfolg haben wird. Zu Füßen werden sie dir dort liegen!»

Rosamunde hatte, während die Männer auf sie einredeten, immer wieder durch Gesten ihre Abwehr bekundet.

«Dennoch würde es wie eine Flucht aussehen», sagte sie, «wenn ich auf einmal dort auftauchte. Glaubt ihr, sie sind nicht unterrichtet? Denkt ihr, sie wissen nicht, was hier vorgeht? Es sollte mich wundern, wenn Longinus durch seine Spione nicht eher von der Anklage gegen mich erfahren hätte als ich selbst. Er würde mir nicht den Empfang einer Königin, sondern den einer Bettlerin bereiten!»

Die drei Männer tauschten abermals Blicke, und Munolf erwiderte: «Und was würdest du sagen, Herrin, wenn Longinus dir seine Bitte, ihn in Ravenna zu besuchen, durch einen Gesandten übermitteln ließe? Wenn er sogar ein byzantinisches Staatsschiff die Etsch herauf hierher nach Verona schickte, um die Königin der Langobarden abzuholen? Wenn er dir feierlich versicherte, dich und dein Gefolge angemessen zu bewillkommnen und dir zu Ehren ein großes Fest zu geben?»

«Und warum sollte er das tun? Wie käme er dazu?»

«Ein Zeichen von dir wird genügen!»

«Ein Zeichen von mir?»

«Für deine Bereitwilligkeit zu kommen.»

«Sende ihm eine geheime Botschaft», sagte Willrich, «daß du die Umstände für günstig hältst, in Verhandlungen mit ihm einzutreten.»

«Damit aber deine Stellung gegenüber den Herzögen nicht geschwächt wird», ergänzte Gellios, «müsse der äußere Anstoß von ihm kommen.»

Rosamunde lachte kurz und unfroh auf.

«Und ihr glaubt, dem Statthalter würden die echten Beweggründe, die dahinterstecken, entgehen?»

«Das nicht», sagte Gellios mit einem schlauen Lächeln. «Er wird natürlich begreifen, daß es dir darauf ankommt, das Gesicht zu wahren. Und daß der eigentliche Zweck der Reise darin besteht, den Besuch zu einem ehrenvollen Exil zu verlängern. Es wird eine Frage der Geschicklichkeit sein, ihm sowohl den äußeren als auch den inneren Beweggrund für deinen geheimen Vorstoß zu vermitteln. Ich wage dir anzubieten, Herrin, dazu meine Dienste in Anspruch zu nehmen. Schon deinem Großvater diente ich als Gesandter. Und bedenke, daß die Sprache der Byzantiner meine Muttersprache ist, was mich in die Lage versetzen wird, dein Anliegen sowohl inhaltlich als auch in der Form mit dem nötigen Feingefühl vorzubringen. Ich bitte dich, sende mich nach Ravenna!»

«Aber wie willst du dorthin kommen?»

«Zu Wasser!» sagte Munolf fröhlich. «Noch heute wird eine meiner beiden Galeeren flußabwärts auslaufen! Ein unverdächtiges Handelsschiff, das auch ein paar Reisende befördert. Gellios wird unter ihnen sein, und ich selbst gehe ebenfalls mit an Bord. Es könnte nützen, wenn ich dabei bin. Der Statthalter wird sich an mich erinnern.»

«Gib deine Zustimmung, Herrin!» rief Willrich. «Von jetzt an ist jede Stunde kostbar!»

Rosamunde suchte noch immer nach Einwänden.

«Aber selbst wenn ihr Erfolg hättet und der Statthalter schickte ein Schiff ... Die Langobarden würden es aufhalten!»

«Die Langobarden beherrschen das Land», entgegnete Munolf. «Auf dem Wasser sind sie vollkommen untüchtig. Eher fangen Laubfrösche eine Forelle als Langobarden eine schnelle Galeere aufhalten!»

«Doch sie muß hier in Verona ans Ufer. Und wie sollten Helmichis und ich an Bord gelangen, wenn uns Peredeo streng bewacht? Wenn seine Leute uns hindern, die Burg zu verlassen?»

«Das wird mit Gold geregelt, verlaß dich darauf! Aber wäre es nicht vielleicht besser, du würdest ohne Helmichis reisen?»

«Was fällt dir ein?» entgegnete die Königin schroff. «War nicht eben die Rede von einem Besuch statt einer Flucht? Wie könnte ich einen fremden Machthaber ohne meinen Gemahl besuchen? Und dürfte ich mich auf einer Reise vergnügen, während man ihn hier vor Gericht stellt?»

Munolf wollte etwas erwidern, aber Gellios gab ihm ein Zeichen zu schweigen.

«Die Königin hat natürlich recht. Außerdem ist diese Frage jetzt nebensächlich. Vor allem entnehme ich deinen Worten, Herrin, daß du trotz einiger Bedenken unserem Vorschlag zustimmst und ...»

«Ich muß noch mit jemand darüber reden.»

«Ah ... Und dürfen wir wissen, mit wem?»

«Mit Alboin.»

Rosamunde stand auf und warf, als erwarte sie gleich den Genannten, einen prüfenden Blick in den kupfernen Wandspiegel.

Munolf und Gellios sahen sich an. Der Marschalk, der sich des Gesprächs auf der Dachterrasse erinnerte, seufzte hörbar.

«Ich hoffe, Königin», sagte er vorsichtig, «daß du dabei berücksichtigst, was wir darlegten ...»

«Jaja, ich lasse euch dann wieder rufen!»

Sie winkte ihnen mit einer zerstreuten Geste, während sie ihre Stirnbinde richtete und den Rock glattstrich.

Die drei verneigten sich zögernd und wollten hinausgehen.

Im selben Augenblick erhob sich Lärm, und die Tür flog auf. Zuchilo und mehrere junge Langobarden stürzten herein.

«Ist er hier?» schrie Zuchilo die Königin an.

Die Dreistigkeit dieses Auftritts verschlug ihr die Sprache.

«Ich will wissen, ob er hier ist!» wiederholte er. «Ob er bei dir ist oder sich abgesetzt hat!»

«Von wem redest du?» rief der Marschalk.

«Nun, von Helmichis. Wem sonst? Alles durchsuchen!» befahl er den Männern.

«Aber wie kommt ihr darauf, daß er ...»

«Er wurde heute noch nicht gesehen. Sein Lieblingspferd ist aus dem Stall verschwunden. Außerdem fehlen sechs seiner Leute samt ihren Pferden.»

«Hier ist er nicht!» sagte einer der Männer, die hinter Türen, Vorhänge und sogar in die Truhen geblickt hatten.

«Dann müssen wir Peredeo wecken!» rief Zuchilo.

«Was fällt euch ein?» rief Rosamunde, die endlich ihre Fassung zurückgewann. «Wie könnt ihr es wagen, hier einzubrechen? Und warum sollte mein Gemahl fortgehen?»

«Er wird schon wissen, warum», erwiderte Zuchilo grinsend. «Wahrscheinlich hat er bereits einen guten Vorsprung. Der Kommandant muß entscheiden, was jetzt geschehen soll. Ob wir den Kerl verfolgen sollen oder ...»

«Hinaus, Banditen!» schrie Rosamunde.

«Vorsicht!» sagte der junge Anführer. «Ab heute sind wir empfindlich, solche Töne vertragen wir nicht. Schon gar nicht aus dem Munde einer Gefangenen.»

«Was fällt dir plötzlich ein, Zuchilo?» rief Willrich. «Hast du deine Sinne beisammen? Sie ist immer noch eure Königin und hat Anspruch auf euern Respekt. Verschwindet jetzt aus ihren Gemächern!»

«Soll das ein Befehl sein, Gote? Befehle nehme ich nur noch von Langobarden entgegen. Was ist das hier überhaupt für eine Versammlung von Fremden? Und welche Teufelsbrühe wird hier gekocht?»

«Es hat uns niemand untersagt», rief Gellios mutig, «uns wie bisher bei der Königin einzufinden!»

«Nun, dann wird es wohl Zeit dazu. Ich selbst untersage es euch! Keiner darf hier mit der Gefangenen ...»

«Genug gebellt, junger Hund!» fuhr der Marschalk ihn an. «Und nun fort mit dir!»

Er zog blitzschnell sein Schwert und richtete die Spitze gegen Zuchilo. Der Langobarde ging rückwärts bis an die offene Tür. Er winkte seinen Begleitern, die einer nach dem andern verschwanden. Ehe er folgte, warf er noch einen höhnischen Blick zurück.

«Es wird besser sein, wenn ihr gehorcht. Sonst kommen wir wieder!»

Als er fort war, trat Munolf an Rosamunde heran und sagte mit eindringlicher Betonung: «Du hast es gehört! Uns noch einmal zu rufen, Herrin, wirst du kaum Gelegenheit haben. Entscheide dich jetzt! Denke dabei nicht an Helmichis, er hat sich auch nicht um dich gekümmert. Bist du einverstanden mit unserm Vorschlag? Bist du bereit, nach Ravenna zu gehen?»

Sie sah lange an ihm vorbei, als nehme sie ihn nicht wahr. Die drei Männer tauschten abermals Blicke und warteten geduldig.

Schließlich entspannten sich Rosamundes Züge, und lächelnd sagte sie: «Ja, ich bin es. Euer Plan scheint wahrhaftig der beste zu sein. Beginnen wir mit der Vorbereitung!»

IV

Das Bad

Wie lange hatte
ich das Meer nicht gesehen!

Seit nunmehr dreiundzwanzig Jahren – seit ich aus meiner griechischen Heimat zu einer Wanderung aufgebrochen war, auf der ich zwar nie mein Ziel erreichte, aber die seltsamsten Schicksalswendungen erlebte. Frohen Mutes begrüßte ich das Mare Adriaticum. Von der Mündung der Etsch nach Ravenna ging es an der Küste entlang, und wir bewältigten die mehr als hundert römischen Meilen bei gutem Wind in der kürzestmöglichen Zeit.

Meine Zuversicht sollte sich als berechtigt erweisen. Der Statthalter Longinus empfing uns freundlich, und es zeigte sich, daß Munolf, mein gepidischer Freund, nicht übertrieben hatte, als er uns von der außerordentlichen Anteilnahme des Byzantiners am Geschick unserer Königin berichtete. Natürlich wußte Longinus längst, daß sie Witwe geworden war, doch die Nachricht von ihrer erneuten Heirat war noch nicht zu ihm gedrungen, und wir hielten es nicht für zweckmäßig, darüber auch nur ein Wort zu verlieren. Er sah sich sogleich in der Rolle des großen Protektors für eine Bedrängte und Verfolgte. Mir war das recht, und ich verzichtete deshalb von vornherein auf unnötiges diplomatisches Beiwerk. Den Königsmord in Verona deutete der Statthalter als Adelsrevolte, die im Interesse der Herzöge auf die Abschaffung des Königtums überhaupt zielte. Byzanz, so glaubte er, werde jetzt ruhig darauf warten können, daß diese kleinen Machthaber sich gegenseitig zerfleischten. In ein paar Jahren werde Italien dann an den Kaiser zurückfallen, ohne daß er, Longinus, viel dazu tun müßte. Wir widersprachen dieser Ansicht nicht, zumal sie, was die Herzöge betraf, mehr als ein Körnchen Wahrheit enthielt.

Es war vor allem die Persönlichkeit des Statthalters, die meine Hoffnung auf einen guten Ausgang begründete. Er entsprach keineswegs dem Bild, das man sich allgemein von byzantinischen Amtspersonen macht, die ja als undurchsichtig, verschlagen und treulos gelten. Ich traute ihm einfach nicht zu, daß er uns täuschen könnte. Und warum sollte er auch? Mit der Königin der Langobarden, die ihren Kronschatz mitbringen würde, ging ihm ein prächtiger Fisch ins Netz, der den dazu nötigen Aufwand wahrhaftig rechtfertigte. Und sein Interesse an Rosamunde als einer Frau, über die schon Geschichten und Gesänge im Umlauf waren, erschien mir so lebhaft, daß ich sicher war, es würde noch steigen, sobald er ihrer erst ansichtig würde. Unnötig war es, Longinus zu bitten, sich mit der Vorbereitung des Unternehmens nicht allzuviel Zeit zu lassen. Noch während unserer Audienz gab er die ersten Befehle, und er versprach uns, daß ein mit Mannschaft und Waffen gut ausgerüstetes Schiff in spätestens drei Tagen in See stechen werde.

Während mein Gefährte Munolf seinen Geschäften nachging, nutzte ich diese Zeit, um mich in der alten, berühmten Stadt Ravenna ein wenig umzusehen. Sie gilt ja als uneinnehmbare Festung, weil rings von Lagunen und Sümpfen umgeben, und so haben die Langobarden sich erst gar nicht die Mühe gemacht, sie zu belagern. Die Byzantiner können hier vollkommen sicher sein. Die Versorgung über das Meer bietet der Seemacht Byzanz keine Schwierigkeiten, während ein Angriff durch die Germanen von dieser Seite ganz ausgeschlossen ist. Ich fand ein heftig pulsierendes Gemeinwesen vor, übervölkert, voller Gegensätze auf engstem Raum. Neben den Prachtstraßen mit den Häusern der während der Rückeroberung Italiens reichgewordenen Beamten und Heerführer finden sich Viertel mit den schlimmsten Elendsquartieren, die ich je sah. Wer vor den Langobarden flüchten mußte – häufig nur mit dem Hemd auf dem Leibe –, landete hier, und wer nicht die Mittel für eine Schiffsreise hat, ist ohne Aussicht, seine traurige Lage je zu verbessern.

Einem Gelehrten wie mir hatte die Stadt natürlich die mannigfaltigsten Sehenswürdigkeiten zu bieten. Ich verweilte in den herrlichen Basiliken und Baptisterien der Römerzeit, bewunderte auch die erst kürzlich errichtete und schon weitberühmte achteckige Kirche San Vitale mit prachtvollen Mosaiken, die den Kaiser Justinian und seine Gemahlin Theodora darstellen. Schließlich wanderte ich zum Grabmal des Königs Theoderich, auch einem Wunderwerk der Baukunst, aus großen grauen Kalksteinquadern errichtet, die ohne Mörtel verfugt wurden. Leider konnte ich mich nicht mehr vor dem großen Toten verneigen. Der Sarkophag ist leer, weil gleich nach der Niederlage der Ostgoten religiöse Eiferer die Gebeine des arianischen «Irrgläubigen» herausgerissen und in alle Winde verstreut hatten. Dies war ein Vorgang, der mir ein wenig Sorge bereitete, und ich nahm mir vor, die Königin zu warnen. Dringend empfahl es sich hier, der Überzeugung, daß der Herr Jesus Christus Mensch und nicht Gott war, nur in der Stille anzuhängen.

Longinus hielt Wort, am Morgen des dritten Tages nach unserer Ankunft verließ unser Schiff den Hafen Ravennas. Zweihundert Bewaffnete unter einem Centurio, der als besonders verwegen galt, sollten die Königin an Bord geleiten. Auch ein hoher Beamter, der sie, wie sie es wünschte, im Namen des Statthalters einladen sollte, befand sich unter uns. Zum Glück verlief auch diese Reise ohne nennenswerte Zwischenfälle. Sogar flußaufwärts kamen wir rasch voran, weil im September die Strömung nicht sehr stark ist. Einmal sichtete uns ein langobardischer Reitertrupp, der uns eine Weile am Ufer verfolgte und ein paar Pfeile auf uns abschoß. Ein Flüßchen, das in die Etsch mündete, hielt ihn auf, und meine Befürchtung, er könne weitere Verfolger alarmieren, die uns vielleicht in Verona empfangen würden, war glücklicherweise unnötig. Einige Meilen vor der Stadt ließ unser Centurio den Anker werfen, und erst nach Sonnenuntergang befahl er die Weiterfahrt. Es war Nacht, als wir den kleinen Hafen erreichten.

Zu unserer Erleichterung war die Königin reisefertig. Ich gab mich am Tor als Bote des Herzogs Zaban aus, der eine dringende Nachricht für den Kommandanten Peredeo habe. Als mir geöffnet wurde, stürmten die zweihundert Byzantiner in den Palast und überraschten die schlafende Besatzung. Die Langobarden – es waren inzwischen kaum mehr als hundert Leute – ergaben sich fast ohne Widerstand. Natürlich wurde auf Förmlichkeiten verzichtet, wir holten sie später auf dem Schiff nach. Die Ruderknechte schafften die Schatztruhen und das Gepäck der Königin in den Hafen hinunter. Bevor es dämmerte, war alles verstaut, und wir konnten wieder an Bord gehen.

Bei der Ankunft im Palast hatte mich allerdings eine Überraschung erwartet. Helmichis war zurückgekehrt, und Rosamunde erklärte mir kurz, der Verdacht, er sei geflohen, habe sich nicht bestätigt. Nun werde sie ihr Gemahl natürlich auf der Reise begleiten. Von Willrich erfuhr ich dann etwas anderes. Der wackere Gause habe sich tatsächlich nach Benevent absetzen wollen, sei jedoch schon am ersten Tag in die Hände von Räubern gefallen, die ihn in ziemlich kläglichem Zustand – gegen ein hohes Lösegeld – wieder abgeliefert hätten. Jedenfalls gehörte er nun zu unserer Gesellschaft, und er benahm sich schon wieder so herrisch und anmaßend, als sei er bei dem Unternehmen die Hauptperson.

Und noch einen Reisegefährten bekamen wir, mit dem ich zunächst nicht gerechnet hatte. Rosamunde bestand darauf, auch Peredeo mit nach Ravenna zu nehmen. Sie wollte, was von ihrem Standpunkt aus vernünftig war, sein Auftreten vor der Generalversammlung der Langobarden verhindern und damit einer noch schlimmeren Schädigung ihres Rufes zuvorkommen. Zum Glück hatte sich der wehrhafte Koloß an diesem Abend einen so schweren Rausch angetrunken, daß er sich widerstandslos auf das Schiff tragen ließ. Ein knappes Dutzend seiner Getreuen, Zuchilo darunter, folgte ihm freiwillig.

Auch ein Häuflein vorwiegend älterer Gepiden, die Rosamunde vor der Wut der Langobarden retten wollte, kam mit uns. Es spricht für den Edelmut der Königin, daß Frau

Raunhild darunter war, die ihr in früherer Zeit nicht immer Gutes getan hatte. Alboins Tochter Albsvinda mußte nicht lange überredet werden, sie folgte ihrer Stiefmutter freudig. Natürlich schloß sich auch Willrich an, der bei der nächtlichen Aktion umsichtig dafür gesorgt hatte, daß nicht einige Hitzköpfe doch noch Blut vergossen. Ungern ließ der brave Gote seine Pferde im Stich, doch mußte er, falls er zurückbliebe, als Vertrauter der flüchtigen Königin mit Vergeltung rechnen.

Während das Schiff Verona verließ, stand Rosamunde, in ihren Mantel gehüllt, am Heck und blickte unverwandt nach dem Palast zurück. Den Lärm der Ruderkommandos und die allgemeine Geschäftigkeit an Bord schien sie nicht wahrzunehmen. Sie bewegte von Zeit zu Zeit die Lippen, so als redete sie mit sich selbst oder mit einem Unsichtbaren. Dabei lächelte sie einige Male. Willrich machte mich auf sie aufmerksam und gab mir zu verstehen, das sei noch immer ihre «Verrücktheit», und leider gebe es da keine Besserung. Nachdem der Palast und die Stadt unseren Blicken entschwunden waren, ließ Rosamunde sich neben mir auf den Schiffsplanken nieder, und erst jetzt vergoß sie ein paar Abschiedstränen.

Ich wagte es, wie in früheren Zeiten, als sie noch Kind und meine Schülerin war, meinen Arm um ihre Schultern zu legen. Sie lehnte sich an mich, und nun weinte ich ebenfalls und hatte dabei trotz allem die frohe Empfindung, daß sie und auch wir wieder besseren Zeiten entgegensahen.

Wie konnte ich ahnen, was bald darauf in Ravenna geschehen würde ...

«Dein Name?»

«Regulus.»

«Und woher stammst du?»

«Aquileia.»

«Romane?»

«Nein, Gote. Meine Mutter gab mir diesen verfluchten Römernamen.»

«Erfahrungen?»

«Erst gegen Narses, dann unter ihm. Wir Gefangenen wurden ja in sein Heer gepreßt.»

«Und später?»

«Dienst in verschiedenen Garnisonen. Dann kamt ihr, und wir mußten fliehen. Und seit vier Jahren liege ich nun wie ein gestrandeter Fisch hier in Ravenna. Lebe von Bettelei und dem bißchen Arbeit, das es im Hafen gibt. Einer von meiner früheren Centurie erzählte mir, was ihr vorhabt. Ich habe ihn vor Freude geküßt! Endlich, endlich wieder ein Krieg! Ist es wahr, daß es gegen Venetien geht? Gegen Herzog Gisulf?»

«Herzog Gisulf ist schon abgesetzt. Dort drüben siehst du seinen Nachfolger, Herzog Peredeo.»

«Und ist es auch wahr, daß der neue König der Langobarden hier ist?»

«Ja, König Helmichis. Da kommt er gerade aus dem Bad.»

«Ihr seid also jetzt mit dem Kaiser verbündet.»

«So ist es. Einigen Herren paßt das nicht, sie verwehren dem König seine Rechte. Ebenso wie seinem nächsten Getreuen, dem Herzog. Wir rücken aus und vertreiben sie. Natürlich erst, wenn unser Heer die nötige Stärke erreicht hat.»

«Auf mich könnt ihr jedenfalls zählen. Es zieht mich schon lange zurück nach Venetien, in meine Heimat.»

«Melde dich morgen früh zur Ausbildung. Der Herzog selber wird sich euch vornehmen. Und hier ... ein Vorschuß auf die Kriegsbeute.»

Zuchilo griff in eine Kiste und warf dem Mann einen Goldsolidus über den Tisch. Der Gote mit dem römischen Namen war an diesem Tag der letzte. Als er sich unter Verbeugungen gegen den «König» und den «Herzog» zurückgezogen hatte, schob Zuchilo den Riegel vor die Tür.

Er schlenderte über den Hof und setzte sich zu Helmichis und Peredeo auf eine der Steinbänke.

«Zwei Hundertschaften an einem Tag», sagte er zufrieden. «Schöner Fang heute.»

«Gesindel!» entgegnete Helmichis verächtlich. «Heruntergekommen, verwahrlost. Ich bin sicher, die meisten haben noch nie einen Kamm benutzt.»

«Mir genügt es, wenn sie Schwert und Lanze benutzen können», meinte Peredeo.

«Da habe ich auch meine Zweifel. Glaubst du wirklich, mit denen werden wir Italien zurückerobern?»

«Natürlich muß ich sie vorher noch abrichten. Danach wird es reichen. Jedenfalls für mein Herzogtum. Ob sie freilich imstande sein werden, dein Königreich zu erobern ... da geb ich dir recht, das ist ungewiß!»

Peredeo lachte dröhnend und führte sein Trinkhorn zum Munde. Helmichis seufzte, tauschte einen Blick mit Zuchilo und hüllte sich fester in sein Badetuch. Ein kühler Abendwind wehte vom Meer herüber.

Die drei Männer verbrachten seit zwei Wochen den

größten Teil ihrer Zeit in der Badeanlage hinter dem «Haus des Neptun», das der Statthalter Rosamunde und ihrer Begleitung zugewiesen hatte. Das weiträumige, reich ausgestattete Gebäude hatte sich einer der Unterfeldherrn des Narses erbaut, der gemeinsam mit seinem Vorgesetzten, wie dieser wegen Betrugs am Fiskus verfolgt, nach Neapel geflüchtet war. Gewöhnlich brachte Longinus hier Gäste unter, die vom Hofe in Konstantinopel herüberkamen. Für die langobardische Königin hatte er das Haus sogar noch in aller Eile renovieren lassen. Das prächtige Bad mit seinen Marmorsäulen und Mosaikfußböden, den mit Glas ausgelegten Gewölben, den Statuen in den Nischen und den zahllosen silbernen Hähnen, aus denen warmes und kaltes Wasser sprudelte, hatte Helmichis sogleich zu seinem Lieblingsaufenthalt erkoren, und er war kaum noch von hier fortzubringen. Wenn er nicht an der Seite Rosamundes im Palast des Statthalters oder anderswo zu erscheinen hatte, hielt er in einer der Hallen Hof und empfing Leute, die den König der Langobarden, für den er sich ungeniert ausgab, kennenlernen wollten. Meist tat er dies in der Vorhalle des heißen Bades, dem größten und mit seinen Reliefs und seiner stuckverzierten, bemalten Decke prunkvollsten Raum. Es kam aber auch vor, daß er bei seinen Audienzen in der dampfenden Wanne oder auf den Stufen des Kaltbades saß. Dabei umschwärmten ihn ständig Mägde, die seinen schon etwas verfetteten Körper einölten und massierten, die sein Haar und seine Nägel behandelten und die ihm und seinen Gästen Wein und Früchte servierten. Mit einer fast kindlichen Freude genoß er den Luxus dieses Bades, das nicht vergleichbar war mit der eher einfachen Anlage im Palast von Verona. Dem Spätgermanen aus den Wäldern Pannoniens schien dies die passende Umgebung für einen König im Exil zu sein.

Mit Peredeo hatte er sich ausgesöhnt, allerdings mehr unter dem Zwang der Umstände als aus gegenseitigem Antrieb. Nachdem der ehemalige Kommandant der königlichen Gefolgschaft auf dem Schiff aus seinem Rausch erwacht und gewahr geworden war, daß sein Versagen die Flucht ermöglicht hatte, war ihm nichts anderes übriggeblieben, als sich zähneknirschend in seine Lage zu schicken. Mit der Entfernung vom Schauplatz der düsteren Ereignisse gewann er sogar wieder Lebensmut, und noch einmal regte sich seine urwüchsige Kraft. Da Rosamunde ihn wie einen Verbrecher behandelte und Drohungen gegen ihn ausstieß, schloß er sich erneut seinem alten Freund Helmichis an, der ebenfalls schlecht von ihr gehalten wurde. Die beiden Mordkomplizen schmiedeten Pläne, und es war die Idee des Peredeo, von Ravenna aus einen Einfall in Venetien zu machen. Durch die Großzügigkeit des Statthalters, der den Flüchtlingen einen Teil der mitgebrachten Schätze zu ihrem Bedarf überließ, gewannen sie die nötigen Mittel. Es genügte, daß Peredeo einmal in einer Schenke mit seinem Vorhaben prahlte, um das beschäftigungslose, verlotterte Kriegsvolk in Scharen anzulocken. Am Hintereingang der Villa bildeten sich nun täglich Schlangen Wartender. Peredeo saß unter dem Dach der Vorhalle, leerte ein um das andere Mal sein Trinkhorn und beobachtete die Leute, die Zuchilo im Hof auf ihre Brauchbarkeit prüfte. Und manchmal kam aus den Baderäumen der «König», um ein wenig mit seinem «Herzog» zu plaudern.

Der alte Groll, den beide gegeneinander hegten, störte dabei oft das neue Einvernehmen. Helmichis ärgerte auch jetzt der grobe Spott des Peredeo.

«Ich werde wohl dieses Pack, das ihr hier einsammelt, nicht einmal nötig haben», sagte er großspurig. «Oder ich nehme die Leute als Hilfstruppen. Rosamunde meint, daß sie den Statthalter bald soweit hat.»

«Glaubst du wirklich, daß er mit uns gemeinsame Sache macht?» fragte Zuchilo in zweifelndem Ton.

«Wenn er schlau ist, wird er das tun. Loswerden kann er uns Langobarden ohnehin nicht mehr. Uns aus Italien hinauszuwerfen ist ihm unmöglich. Soll er nun ewig in dieser Festung hocken und aufs Meer glotzen, abgeschnitten, ohne Zugang zum Land? Da verbündet er sich doch lieber mit denen von uns, die bereit sind, ihn hier herauszulassen. Wenn er mich in meine königlichen Rechte einsetzt, kommt der Kaiser ja auch auf seine Kosten. Ich erkenne seine Oberhoheit an, herrsche ansonsten aber vollkommen selbständig. So machte es Theoderich der Große!»

«Verstehe, und nun kommt Helmichis der Große und macht es genauso», bemerkte Peredeo grinsend. «Der Unterschied ist nur, daß Theoderich nicht vom byzantinischen Statthalter eingesetzt wurde, sondern sich den Palast da, zweihundert Schritte von hier, selber erobert hat. Denkst du, Longinus ist so dumm, dort wieder auszuziehen, damit du einziehen kannst?»

«Ich wäre durchaus bereit, zurück nach Verona zu gehen und mein Reich von dort aus zu regieren», sagte Helmichis mit einer lässigen Handbewegung, als sei das nur eine Nebensache. «Allerdings müßte zuvor das Bad im Palast erneuert werden. Alboin genügte es, ich stelle höhere Ansprüche. Als Verbündeter des Kaisers könnte ich die byzantinische Flotte nutzen und Marmor aus Thasos und Alexandria kommen lassen.»

«Nun, meinetwegen», brummte Peredeo und füllte

sein Trinkhorn aus dem Weinkrug. «Schwimme in deinem Marmorbecken, wenn ich nur mein Herzogtum bekomme. Ich verlasse mich aber lieber auf mich selbst und auf einen Haufen handfester Kerle. Und noch lieber würde ich morgen schon abrücken. Eines scheint mir nämlich keineswegs festzustehen, worüber deine hohe Gemahlin mit dem Statthalter wirklich verhandelt. Über thasischen Marmor bestimmt nicht!»

«Was willst du damit sagen?» fragte Helmichis unwirsch. «Ich möchte wissen, was du meinst!»

«Wenn du das wissen willst, solltest du nicht hier herumsitzen und sie ständig mit diesem Byzantiner allein lassen.»

«Sie glaubt, daß sie schneller ans Ziel kommt, wenn sie ihn sich unter vier Augen vornimmt. Und darin hat sie wahrscheinlich recht. Wichtig ist nur der Erfolg.»

«Gewiß!» Peredeo stieß ein grimmiges Lachen aus. «Sie hat ja in solchen Verhandlungen große Erfahrung. Weißt du noch, wie sie mit uns ‹verhandelt› hat ... erst mit dir, dann mit mir? Und wahrhaftig, der Erfolg blieb nicht aus, sie kam schnell ans Ziel! Wir haben ihr den Alboin umgebracht. Wie ein Vieh haben wir ihn abgestochen, obwohl wir es eigentlich gar nicht wollten. Und mit ihren Hurenkünsten und ihrer Boshaftigkeit ...»

«Vergiß nicht, daß du von meiner Gemahlin, der Königin sprichst», rügte Helmichis ihn nachsichtig. «Ich will davon auch nichts mehr hören. Mir ist gleichgültig, wie sie es macht ... wenn ich nur endlich König sein kann!»

«Und du vermutest, sie will das auch noch?»

Einen Augenblick sah Helmichis betroffen in das gedunsene Säufergesicht des Peredeo.

«Was heißt das? Natürlich! Sie muß es wollen! Sie selbst will ja herrschen, aber wie könnte sie das denn allein? Wenn der Statthalter ihr zur Rückkehr verhilft ... was wäre sie dort ohne mich ... ohne ihren Gemahl, einen Gausen?»

«Was war sie dort ohne Alboin? Und trotzdem wollte sie ihn loswerden.»

«Ich habe mich nicht gegen sie schuldig gemacht!»

«Bist du dessen vollkommen sicher?»

Peredeo nahm den Weinkrug, drehte ihn um und stellte fest, daß er leer war. Ächzend erhob er sich von der Bank. Er schloß die Schnalle seines Gürtels und legte sein Wehrgehänge mit der Spatha an.

«Nun ... ich gehe noch in die Schenke. Man erfährt dort viel, auch manches Nützliche. Heute mittag hörte ich, daß nächste Woche ein Staatsschiff nach Konstantinopel ausläuft. Vielleicht sollten wir das nicht abwarten!»

Er torkelte über den Hof, wobei er eine Staubwolke aufwirbelte. Als er den Riegel zurückschob, drehte er sich noch einmal um und rief:

«Nein, das sollten wir nicht! Auf keinen Fall! Denn wir wissen ja nicht, was sie vorhat. Vielleicht hat sie uns schon verraten!»

Er schwankte hinaus.

«Zwar ist er betrunken», sagte Zuchilo seufzend, «aber im Grunde hat er recht. Unheimlich ist es hier, und wir sollten versuchen, uns schleunigst wieder davonzumachen. Mit den achthundert Mann, die wir zusammenbekommen, ist es zu schaffen. Nicht daß ich die Königin verdächtige ... Aber was haben die Byzantiner vor? Vielleicht treiben sie uns alle an Bord und schmieden uns mit Ketten an den Mastbaum.»

Helmichis erwiderte nichts. Schweiß perlte auf seiner Stirn.

Er erinnerte sich des Streits im Palast von Verona, als Rosamunde den Abbruch der Hochzeitsfeiern befohlen hatte. Sie wollte mit ihm eine Rundreise machen, von einem Herzogtum ins andere. Damals war ihm zum erstenmal der Argwohn gekommen, sie könne sich seiner dabei, weil er ihr nutzlos geworden war, entledigen wollen.

Aus dem Gang, der in die Baderäume führte, trat ein Diener und meldete, es seien Gäste gekommen. Helmichis fiel wieder ein, gegen Mittag, als er zu sehr mit den Bademädchen beschäftigt war, zwei bärtige Priester abgewiesen und auf den Abend beschieden zu haben.

Sollten das schon diejenigen sein, die ihn ...?

Er tastete nach dem Gürtel, der seine Hose hielt, das einzige Kleidungsstück, das er unter dem Badetuch trug. Es war keine Waffe daran, nicht einmal ein Messer. Meist ging er unbewaffnet ins Bad.

«Gib mir dein Kurzschwert, Zuchilo», sagte er. «Folge mir dann und weiche nicht von meiner Seite!»

Die Ankunft der Königin Rosamunde in Ravenna war, so wie sie es gewünscht hatte, als festliches Ereignis begangen worden. Auf einem Kanal, der vom Meer weit in die Stadt hineingegraben war, hatte das Schiff sie und ihre Begleitung bis kurz vor den alten Kaiserpalast getragen. Der Statthalter kam an Bord und führte sie unter Trompetenschall über blumenbestreute Teppiche auf die große Freitreppe. Hier hieß er sie mit einer schwungvollen Anrede willkommen. Eine mehrhundertköpfige Menge gaffte und jubelte.

Tagelang stand dann die Königin der Langobarden in der überbevölkerten, von fiebriger Unrast erfüllten Stadt im Mittelpunkt der Aufmerksamkeit. Auf den Plätzen vor den zahlreichen Kirchen und Prachtbauten, im Hafen, in den Schenken und Badehäusern war sie Gegenstand der Gespräche. Gerüchte von Skandalen und Verbrechen, zu denen sie Ursache gegeben oder an denen sie mitgewirkt haben sollte, waren längst aus dem Langobardengebiet herübergeweht und trieben die prächtigsten Giftblüten. Daß sie an Orgien teilgenommen und jedem tüchtigen Liebhaber zur Belohnung einen Schluck aus dem Schädel ihres Vaters spendiert hatte oder daß nicht nur ihr Gemahl, sondern auch dessen drei zarte Söhne eigenhändig von ihr gemeuchelt wurden, waren nur zwei von vielen. Man erschauerte wohlig vor den Taten der germanischen Messalina. Es fanden sich aber auch Verteidiger, die Töne sangen, wie sie der Statthalter bei der Begrüßung angestimmt hatte. Danach war Rosamunde die von Thronräubern erst zur Witwe gemachte und nun verfolgte große Leidende. Einige wollten wissen, daß sie mehreren Mordanschlägen nur knapp entgangen sei. Die entgegengesetzten Behauptungen wurden oft rechthaberisch und hitzig verfochten, und es kam sogar zu Schlägereien. Wo immer Rosamunde erschien – gewöhnlich in Begleitung ihres neuen Gemahls und ihres Gastgebers –, liefen Neugierige zusammen, um einen Blick auf die interessante, kühl lächelnde Fremde mit dem flammenden Haar zu werfen, die alle Gemüter in Erregung versetzte.

Die Königin genoß die öffentliche Aufmerksamkeit, ohne sich viele Gedanken über ihre Ursachen zu machen. Sie war ein Labsal nach den endlosen Wochen der Einsamkeit und dumpfen Spannung hinter den Palastmauern von Verona. Obwohl ihre Stellung dubios und ihre Zukunft unsicher war, fühlte sich Rosamunde befreit, und sie gab sich willig dem Augenblick hin. In den ersten Tagen ließ sie der Statthalter kaum zu Atem kommen. Er sorgte dafür, daß Gastmahle, Theateraufführungen, Lustpartien zu Wasser und zu Lande sich pausenlos abwechselten. Schon in den frühen Vormittagsstunden schickte er die vornehme Sänfte, der Rosamunde erst gegen Mitternacht wieder todmüde am Eingang des «Hauses des Neptun» entstieg. Unentwegt wechselten die Schauplätze, die Gesichter, die Marmorhallen, die Gärten, die Festtafeln. Kaum eine Persönlichkeit von Rang wollte es sich nehmen lassen, die schöne, geheimnisumwitterte Germanenfürstin bei sich zu Gast zu haben. Die byzantinischen Honoratioren waren entzückt, sie griechisch sprechen und fehlerlos Homer und Euripides zitieren zu hören. Die Damen konnten sich nicht genug wundern, daß sich die Königin «dieses Räubervolks» nicht nur anmutig bewegte, sondern auch kunstvoll frisiert und geschminkt war und sogar die schweren Brokatroben mit Anstand zu tragen wußte. Sie ahnten nicht, daß gerade dies das Vergnügen, welches Rosamunde empfand, erheblich einschränkte.

Der Statthalter Flavius Longinus wich Rosamunde in diesen Tagen kaum von der Seite. Vom Augenblick ihrer ersten Begegnung an hatte er seine Bewunderung für sie mit unverstellter Offenheit gezeigt. Er schien seine anderen Pflichten völlig vergessen zu haben und nur noch ihretwegen im Amt zu sein. Als sei er ihr Nomenklator, wurde er nicht müde, ihr die Namen der Leute zu nennen, die sie umdrängten, und ihr zu allem, was ihr begegnete, ausführliche Erläuterungen zu geben. Er war um die vierzig Jahre alt, etwas rundlich und fast kahl, doch seine angenehmen Züge und die sehr lebhaften schwarzen Augen glichen die Mängel ebenso aus wie seine sanfte, eindringliche Stimme, der Rosamunde nicht ungern lauschte. Trotz seiner Allgegenwart wurde er ihr nicht lästig, und sie hatte nicht nötig, sich Zwang anzutun, um ihren Protektor nicht zu brüskieren. Natürlich erriet sie gleich seine Wünsche und Absichten. Sie beschloß, ihn vorsichtig zu ermutigen, ohne ihm aber schon entgegenzukommen. Noch mußte sie abwarten, beobachten, über eigene Pläne nachdenken. Ziemlich sicher schien ihr aber zu sein, daß für ihre Zukunft viel, wenn nicht alles von diesem Mann abhängen würde.

Nach einer Woche war die Sensation nicht mehr neu und ihr Glanz ein wenig verblichen, und so wurden die Tage nun etwas ruhiger. Ein Wetterumschlag brachte überdies Regen, ein kühler Seewind wehte herüber. Der Statthalter schickte weiterhin täglich die Sänfte, doch zog er es vor, die Zeit mit seinem Gast unter den Dächern des Palastes zu verbringen. Er ließ auch hier keine Langeweile aufkommen und führte die Königin und ihre Begleitung treppauf, treppab durch die altehrwürdigen Burganlagen. Im Lauf der Jahrhunderte waren diese unzählige Male, veränderten Zwecken entsprechend, umgestaltet und erweitert worden. Vor allem Theoderich, dessen Hauptresidenz Ravenna war, hatte sie zu einer Festung in der Festung ausgebaut und zahlreiche umliegende Gebäude in den Mauerring verlegt. Longinus seufzte immer wieder über die Bauwut der Goten, die vorwiegend zugige Empfangssäle, Trinkhallen und Pferdeställe hervorgebracht und die edle Klarheit und Ausgewogenheit der ursprünglichen Anlage zerstört habe. Er konnte aber noch einiges vorweisen, was aus der Kaiserzeit erhalten war, so die mit reichem Wand- und Deckenschmuck versehenen Räume des Honorius, unter dessen Regierung Ravenna Hauptstadt des Westreiches geworden war, und seiner berühmten Schwester Galla Placidia, die hier viele Jahre die Regentschaft für ihren unmündigen Sohn, den Kaiser Valentinian, geführt hatte. Rosamunde verweilte lange in den nun fast leeren Gemächern dieser bedeutenden Frau, deren ungewöhnliche, an Schicksalswendungen reiche Lebensgeschichte (Galla war eine Zeitlang Geisel der Westgoten und mußte sogar deren König heiraten) sie stark berührte und an eigene Lebensstationen erinnerte. Longinus, der ihr Interesse bemerkte, gab ihr einen ausführlichen, mit Anekdoten gewürzten Bericht und ließ keine der zahlreichen Fragen, die sie ihm stellte, unbeantwortet.

Es ergab sich bei dieser Gelegenheit, daß Rosamunde mit Longinus zum erstenmal allein war. Das kleine Gefolge der beiden, zu dem außer einigen Palastbeamten Munolf, Gellios und Willrich gehört hatten, war zurückgeblieben oder hatte sich im Gewirr der Zimmer, Korridore, Nischen und Treppen verloren. Helmichis war an diesem Tag schon gar nicht mehr mitgekommen. Er hatte das Bad im «Haus des Neptun» nicht verlassen wollen, um vernachlässigt und gelangweilt unter den Begleitern seiner Gemahlin und des Statthalters mitzulaufen. Rosamunde wußte, daß er litt, weil aller Aufmerksamkeit gewöhnlich nur ihr galt. Longinus behandelte ihn mit höflicher Nichtachtung, worin ihm nach byzantinischer Gepflogenheit die Herren seiner Umgebung folgten. Wenn einige Damen dem blonden germanischen Schönling auch feurige Blicke zuwarfen, so fehlte es doch an Möglichkeiten, daraus Nutzen zu ziehen. Im Bad dagegen konnte er ungeniert mit den Mädchen schäkern und sich vor weniger ranghohen und unterrichteten Besuchern sogar als König der Langobarden ausgeben. Rosamunde hatte nichts dagegen. Einerseits war er ihr zuwider, und seine Gegenwart rührte ständig die bösen Erinnerungen auf, andererseits konnte sie ihn im Augenblick wenig brauchen. Sie ermunterte ihn sogar, den Peredeo, den sie seit der Ankunft in Ravenna nicht mehr unter ihren Augen duldete, bei seinen abenteuerlichen Unternehmungen zu unterstützen. Der Gedanke, mit einer Kriegsmacht dorthin zurückzukehren, woher sie gekommen war, beschäftigte sie selbst. In ihrem Hang zu überspannten Plänen ging sie allerdings weiter und sah sich bereits von den Byzantinern wieder auf den langobardischen Thron gehoben. Wenn ihr die beiden Gehaßten dabei noch einmal beistanden, indem sie zusätzliche Truppen zusammenbrachten, konnte ihr das nur recht sein. Den Helmichis würde sie ja auch weiter benötigen, den Peredeo mußte sie später allerdings loswerden. Er hatte sie öffentlich geschmäht und verraten, und es gab nie einen Zweifel für sie, daß dies, sollte sie irgendwann wieder Macht und Einfluß gewinnen, nicht folgenlos bleiben durfte.

Longinus beendete seinen Vortrag über die römische Kaisermutter, blickte mit gespieltem Erstaunen um sich und sagte zu seiner einzigen Zuhörerin: «Es scheint, daß ich unsere Begleiter mit meinen geschichtlichen Betrachtungen nicht fesseln konnte. Sie sind wohl schon zu ihrem Mahl geeilt. So bleibt uns nichts anderes übrig, als das unsrige mit Verspätung und allein einzunehmen. Erlaubst du, daß ich dich dazu einlade?»

Er lächelte ermunternd. Sie zögerte einen Augenblick und überlegte, ob sie schon zustimmen durfte. Zweifellos hatte er mit Hilfe seiner Palastbeamten diese Situation herbeigeführt.

«Du wirst eine Überraschung erleben», lockte er. «Ich speise nicht zum erstenmal mit dir allein.»

Er geleitete sie in ein verschwenderisch ausgestattetes Zimmer, das von den früheren kaiserlichen Gemächern nur durch einen schmalen Gang getrennt war. Zwei Speisesofas standen sich gegenüber, dazwischen war bereits der Tisch gedeckt. Schüsseln mit Vorspeisen waren aufgetragen.

Rosamunde wollte schon dieser «zufälligen» Vorsorge wegen eine spöttische Bemerkung machen, als plötzlich ihr Blick auf eine Seitenwand fiel. Sie erschrak. Im nächsten Augenblick lachte sie ungläubig auf.

Sie selber sah von der Wand herab. Dort stand sie als beinahe lebensgroßes Gemälde, in einem weiten, reichbestickten Gewand, Juwelen am Hals und an den Armen, ein Diadem mit dreifacher Perlenreihe im Haar. Wenn sie den Spiegeln trauen durfte, war dieses Abbild täuschend ähnlich.

«Nun, hatte ich zuviel gesagt?» Longinus genoß mit heiterer Miene Rosamundes Verblüffung. «Verzeih! Ich habe deine Gesellschaft genossen, ohne dich vorher zu fragen. Du vergibst mir?»

«Was bleibt mir anderes übrig?» erwiderte sie lächelnd. «Aber werden dir andere vergeben? Was würde der Kaiser sagen, wenn er erführe, die Wohnung seines Statthalters sei mit dem Bild seiner alten Feindin geschmückt?»

«Er würde zweifellos daraus schließen, daß im Verhältnis zwischen Byzanz und dieser hohen Dame eine Änderung eingetreten sei. Der Künstler hat das – natürlich von mir angeregt – dadurch zum Ausdruck gebracht, daß er sie in ein byzantinisches Festgewand kleidete.»

«Und wie lange trägt sie das schon?»

«Zugegeben, erst seit ein paar Tagen. Die Farbe ist noch frisch. Vorher trug sie eine Art Peplos.»

«Vorher?»

«Ja. Seit dem Frühjahr, seit sie nach der Schilderung

ihres Landsmannes diesen Platz dort einnimmt. Sie war damals schon ausgezeichnet getroffen. Jetzt, nach der lebendigen Anschauung, hat der Maler nur wenig an ihr korrigieren müssen.»

«Und sie vor allem bekleidet. Damit du mich hier hereinführen konntest. Trug sie wirklich einen Peplos?»

«Ich gestehe: nein», sagte Longinus und mimte den Schuldbewußten. «Aber vorher stellte sie auch jemand anders dar. Der Künstler hatte ein paar Wellen hinzugefügt und die deutlich sichtbare Schrift: ‹Aphrodite Anadyomene›. Die aus dem Meeresschaum Geborene!»

Rosamunde lachte. Longinus stimmte ein, nahm ihre Hand und steckte ihr unversehens einen Ring an den Finger.

Sie tat so, als bemerkte sie es nicht, und ließ sich von ihm zu ihrem Sofa führen.

Neun Tage später – es war genau zu der Zeit, als Helmichis die Meldung empfing, daß ihn zwei Priester erwarteten – lagen sich Rosamunde und der Statthalter wieder im selben Raum und am selben Tisch gegenüber. Sie hatten ihr Mahl fast beendet, genossen zum Nachtisch Gebäck und Früchte, tranken ab und zu einen Schluck Wein. Beide trugen langfließende seidene Tuniken mit weiten Ärmeln, er eine blaue, sie eine weiße. Unter einem schmalen Reif mit Diamanten, auch ein Geschenk des Statthalters, fiel Rosamundes Haar aufgelöst über Schultern und Rücken. Das Gespräch floß heiter und träge dahin, mit kleinen Pausen, in vertraulichem Ton.

Zwei junge Diener kamen herein, räumten Teller und Schüsseln ab und brachten, da es schummrig wurde, zwei mehrarmige Kerzenleuchter. Den einen stellten sie auf den Tisch, den anderen auf den Marmorsims unter dem Wandbild Rosamundes.

«Ursprünglich hatte ich die Absicht», sagte Longinus, während sein Blick auf das beleuchtete Gemälde fiel, «dich in einer Rüstung malen zu lassen. Als germanische Amazone!»

Rosamunde beugte sich vor und nahm ein paar Trauben.

«Das wäre aber sehr wirklichkeitsfern gewesen», sagte sie lächelnd. «Ich habe immer bequeme Kleidung bevorzugt und bin nie in den Krieg gezogen.»

«Aber bist du nicht deinem Vater in die Schlacht gefolgt? Hoch zu Roß, behelmt, bewaffnet? Das erzählte mir dein Landsmann, und ich war davon sehr beeindruckt.»

«Ich muß dich enttäuschen, er hat übertrieben. Ich war nur beim Troß. Und ein Schwert hab ich kaum jemals in die Hand genommen.»

«Immerhin warst du dabei.»

«Nur weil ich hoffte, das Schlimmste verhindern zu können. Doch da war leider nichts mehr zu machen. Mein Vater wollte nicht, daß ich mitging. Zum Glück hat er es auch nicht mehr erfahren. Er glaubte, ich sei in Sicherheit, in unserer Festung Sirmium. Wie wäre wohl alles gekommen, wenn ich seine Weisung befolgt hätte ...»

«Sirmium hat sich uns ergeben.»

«Ja, durch die Schuld eines Feiglings, meines Vetters Reptila. Wäre ich dort gewesen, hättet ihr nicht so rasch Erfolg gehabt.»

«Dann hätte ich dich schon damals belagern müssen!» sagte der Statthalter lachend. «Das wäre für uns beide sicher ein bißchen beschwerlicher geworden als heute. Und etwas weniger vergnüglich.»

«So schnell wärst du nicht zum Sturm gekommen.»

«Versteht sich. Du warst ja damals noch Jungfrau.»

«Das zwar nicht. Aber Widdern und Katapulten hätte ich unbedingt widerstanden!»

Jetzt lachten sie beide.

«Auf jeden Fall wären wir uns fünf Jahre früher begegnet», gab Longinus zu bedenken. «Meine Frau war damals gerade gestorben.»

Rosamunde wurde ernst und blickte nachdenklich in die Kerzenflamme.

«Auch seine Frau war gerade gestorben», sagte sie leise.

«Du sprichst von Alboin?»

«Ja. Es war seinetwegen, daß ich nicht tat, was mein Vater befahl. Daß ich dem Heer folgte.»

Longinus sah sie aufmerksam an.

«Mir scheint, daß du diesen Barbaren tatsächlich geliebt hast.»

«Nenne ihn nicht Barbaren!» sagte sie auffahrend. «Er konnte sehr edelmütig sein.»

«Edelmütig ist es von dir, daß du sein Andenken hochhältst. Aber ich kenne ja die Geschichte.»

«Welche Geschichte?»

«Nun ... die von seinem Pokal und den barbarischen Trinksitten, für die du ihn zur Verantwortung zogst.»

«Ach, laß das!» Sie wandte sich unmutig ab. «Ich ahnte ja gleich, daß du alles wußtest. Und wie man hört, ist die ganze Stadt davon voll.»

«Hier ist jeder zweite ein Spion. Das bringt unsere Lage so mit sich.»

«Vor meinen Gesandten spieltest du den Unwissenden.»

«Mit Bedacht. Ich fürchtete, daß du aus Stolz nicht

kommen würdest, wenn ich zugab, alles zu wissen. Und wie sollte ich den braven Männern begreiflich machen, daß es gerade diese Tat – ich meine: diese Bestrafung war, die meine Bewunderung für dich ins Unermeßliche steigerte.»

«Natürlich, es war ja der feindliche König. Was ihr nicht geschafft habt, tat ich für euch.»

«Das war es nicht.»

«Nein?»

«Ich spreche nicht von dem Nutzen für uns. Den schätze ich, das versteht sich von selbst. Aber meine Bewunderung galt etwas anderem. Sie galt nun nicht nur deiner Schönheit und Außergewöhnlichkeit ... sie galt nun auch deiner Größe.»

«Du wirst doch nicht etwa einen Kult für mich einrichten lassen?» fragte sie spöttisch.

«Leider sind wir jetzt Christen, das ist nicht mehr möglich», erwiderte er mit einem bedauernden Lächeln. «Aber du hättest es verdient. Ja, es war eine göttliche Tat. Es war der Triumph des Lichtes über die Finsternis. Der Sieg der Humanitas über Roheit und Grausamkeit. Die Nachwelt wird dich als Kämpferin für die Menschenwürde ehren!»

«Ich fürchte eher, sie wird mich verdammen.»

«Das werden nur die Kleingeister tun. Die anderen – sie sind freilich in der Minderheit – werden dich rühmen. Gewiß, auch von denen könnte der eine oder andere dir Fehler vorwerfen, die dir danach unterliefen. Hättest du dich nur gleich an mich gewandt! Die Heirat mit diesem ... diesem Helmichis war ohne Zweifel so ein Fehler. Sie nimmt deiner Tat etwas von ihrer Erhabenheit und zieht sie hinab in die Niederungen von Palastintrigen, Ehebruch und Berechnung. Der Mann war dein Werkzeug, du hättest ihn wegwerfen sollen. Nun müssen wir sehen, wie wir ihn loswerden.»

Longinus goß sich etwas Wein nach und trank langsam, wobei er Rosamunde über den Rand des Bechers ansah.

Sie richtete sich aus ihrer halb liegenden Stellung auf und setzte die Füße auf den Boden.

«Anscheinend bist du sicher, daß ich mich schon entschieden habe.»

Er stellte den Becher hin, beugte sich vor und ergriff ihre Hand.

«Ich habe jedenfalls alles getan, um dir die Entscheidung zu erleichtern.»

«Soll ich bestätigen, daß du ein guter Liebhaber bist?»

«Das würde ich mit Vergnügen hören, aber ...»

«Aber das könnte ja auch jede andere Geliebte. Ich bin Königin, und meine Ansprüche ...»

«Deine Ansprüche sind etwas unbescheiden. Du bist eine Königin ohne Thron. Eine Königin ohne Reich. Eine Königin ohne Volk.»

«Wenn du mich so liebst, wie du vorgibst, verschaffst du mir alles wieder!»

«Rosamunde ...»

Er seufzte. Noch immer hielt er ihre Hand. Sie entzog sie ihm und erhob sich. Die Arme über der Brust verschränkt, die Hände in die weiten Ärmel geschoben, ging sie ein paarmal auf und ab. Er nahm den Becher und trank ihn aus. Schließlich blieb sie vor ihm stehen, sah ihn durchdringend an und sagte in einem halb bittenden, halb fordernden Ton: «Laß es uns doch noch einmal bedenken. Überlegen wir noch einmal gründlich!»

Er hob hilflos die Arme.

«Nun, meinetwegen. Aber wir werden uns nur die Stimmung verderben. Deine Pläne taugen nichts, glaube es mir! Wenn ich mich darauf einließe, würde ich meinen Posten verlieren. Ich könnte das niemals vor dem Kaiser vertreten.»

«So laß es mich vor Kaiser Justinus vertreten! Laß mich selber nach Konstantinopel reisen! Ich werde bestimmt ...»

«Bestimmt nicht von dort zurückkehren. Vielleicht hört er dich höflich an und verspricht dir sogar eine Antwort. Du wirst jedoch keine erhalten ... weder nach Wochen noch nach Monaten.»

«Aber wir dürfen nicht so viel Zeit verlieren! Dann mußt du eben selbständig handeln. Damit kannst du dich ja nur verdient machen. Noch haben die Langobarden niemand zum König erhoben. Ich bin sicher, sie sind sich nicht einig. Jetzt wäre die beste Gelegenheit!»

«Aber ich bin nicht darauf vorbereitet. So viele Leute habe ich nicht unter Waffen.»

«Und die Freiwilligen, die sich täglich melden?»

«Die meisten von denen sind doch nicht tauglich.»

«Aber der Rest wird noch eine tüchtige Streitmacht ergeben. Dazu deine eigenen Leute ... ein starkes Heer. Wir nehmen die wichtigsten Städte, erobern ein paar Provinzen, die übrigen unterwerfen sich. Helmichis wird König, und ich regiere an seiner Stelle Italien. Für den Kaiser! Mit deiner Hilfe!»

«Du traust dir viel zu ...»

«Ja, ich könnte es! Ich weiß es! Ich habe die Kraft, den Verstand, die Einsicht! Ich habe mehr gelernt als sämtliche Langobardenherzöge zusammen. Ich werde ihnen Gesetze geben und sie nach den Regeln der Staatskunst regieren, die ich gründlich bei euren alten Autoren studiert habe. Warum sollte es mir nicht gelingen, mit vernünftigen Maßnahmen dieses geschlagene, niedergeworfene Land wieder aufzurichten? Nur weil ich eine Frau bin?»

«Vor allem bist du eine Germanin. Warum begreifst du nicht, Rosamunde? Nach den Erfahrungen mit den Ostgoten könnte der Kaiser dem niemals zustimmen ... selbst wenn dein abenteuerlicher Kriegszug Erfolg hätte. Theoderich, der sich ebenfalls anbot, Italien ins Römische Reich zurückzuholen und unter dem Kaiser zu regieren, gründete lieber sein eigenes Reich und tat schließlich das ganze Gegenteil.»

«Seine Tochter Amalaswintha versuchte, den Fehler wiedergutzumachen. Weil Frauen auf Ausgleich bedacht sind und Macht zu teilen verstehen!»

«Sie wurde dafür bekanntlich ermordet. Und dann brauchten wir noch zwei Jahrzehnte, um die Ostgoten zu vertreiben.»

«Aber ihr wurdet selber wieder vertrieben! Weil ihr allein nicht imstande wart, euch zu behaupten. Die Langobarden überrannten euch. Wenn ihr dieses Land zurückhaben wollt, müßt ihr euch deshalb ihrer bedienen. Ihr nutzt diesen Augenblick ihrer Schwäche, ihrer vorübergehenden Uneinigkeit, um sie gefügiger zu machen. Danach laßt ihr sie wieder herrschen und herrscht gleichzeitig über sie – durch mich. Das will ich erreichen mit meinem Plan!»

«Der zweifellos ausgezeichnet ist, leider jedoch wie alle ausgezeichneten Pläne nicht durchführbar.» Der Statthalter streckte die Arme aus und nötigte Rosamunde, sich neben ihm auf dem Sofa niederzusetzen. «Laß dir etwas von mir erklären. Das Römische Reich hat als Ganzes niemals aufgehört zu bestehen, auch wenn hier im Westen der Kaiser vorübergehend abgeschafft wurde. Ich sage: vorübergehend. Denn ich bin sicher, er wird wieder eingesetzt. Mehr noch: die Zeit ist vermutlich schon nahe. Wir können deshalb nicht mehr zulassen, daß eine fremde Macht sich hier festigt, selbst wenn sie sich uns formell unterwürfe. Die Langobarden sind wenig zivilisiert, ein rohes und primitives Volk, viel weniger fähig als die Goten. Wozu ihnen Gesetze geben und sie nach den Regeln der Staatskunst regieren? Das Beste, was du tun konntest, hast du getan: sie um ihren Häuptling gebracht. Das ist der Nutzen für das Römische Reich, von dem ich sagte, daß ich ihn schätze. Wenn du meinst, sie sind uneinig, untertreibst du. Sie sind jetzt im wahrsten Sinne kopflos. Durch meine Spione wird mir das täglich berichtet. Schon belauern und bedrohen sie sich. Bald werden sie anfangen, sich zu beißen. Einige werden sich gegenseitig zerfleischen, den Rest verjagen wir mit dem geringsten Aufwand. Ganz Italien wird wieder römisch, und diesmal, glaube es mir, auf Dauer! Willst du das nicht als meine Frau erleben und dann an meiner Seite herrschen ... vielleicht an der Seite des wiedereingesetzten Kaisers von Westrom?»

«Als Kaiserin?» rief Rosamunde.

«Das wäre doch ohne Zweifel erstrebenswerter als das Kommando über Räuber und Mordbrenner.»

«Ich wußte ja nicht, daß du solche Pläne hast», sagte sie verwirrt.

«Nun, jetzt weißt du es.»

Später lagen sie nebeneinander auf dem vom Liebeskampf zerwühlten Bett im Schlafgemach des Statthalters.

«Wir sollten mit der Heirat nicht zögern», sagte Longinus, das voraufgegangene Gespräch wieder aufnehmend. «Ich möchte Justin vor die vollendete Tatsache stellen. Er ist leider unberechenbar und neigt immer mehr zu bizarren Entschlüssen. Vermutlich ist er nicht mehr ganz bei Verstand. Im Grunde regiert seine Frau Sophia, ein durchtriebenes Weib. Sie würde unsere Heirat bestimmt hintertreiben. Hochgestellte Flüchtlinge oder Gefangene behalten sie lieber bei sich am Hofe, um sie als Faustpfänder in Bereitschaft zu haben. Ich werde ihnen die anderen schicken und ein paar Truhen deines Schatzes. Damit müssen sie sich zufriedengeben.»

Seine Finger spielten mit ihrem Haar. Sie hob den Kopf vom Kissen, stützte sich auf einen Ellbogen und versuchte, ihm im Halbdunkel des nur von einer kleinen Öllampe erleuchteten Raums in die Augen zu blicken.

«Und was wird aus Helmichis? Willst du ihn auch nach Konstantinopel ...»

«Natürlich nur, wenn er vorher der Scheidung zustimmt. Soviel ich weiß, genügt bei den Germanen die einfache Willenserklärung. Du gestehst ihm, daß du ihm untreu bist, und er verstößt dich. Da eure Ehe durch einen arianischen Bischof gesegnet wurde, wird auch die Kirche keine Schwierigkeiten machen. Dessen Segen ist ohnehin ungültig.»

«Helmichis wird aber nicht einwilligen!»

«Hast du denn schon mit ihm gesprochen?»

«Nur allgemein. Ich deutete an, wir könnten uns auch wieder trennen, falls unsere Zweckgemeinschaft ihren Sinn verlöre. Er wies das ganz entschieden zurück. Er träumt nun einmal davon, König zu werden, und er weiß, daß er es niemals ohne mich schaffen würde.»

«Er könnte ein angenehmes Leben führen. In der Nähe des Hofes, wohlversorgt ...»

«Er wird ablehnen.»

Longinus seufzte. Rosamunde setzte sich aufrecht hin, legte die Arme um die angezogenen Knie und ließ den Kopf auf die Brust sinken.

«Leider sehe ich keine Möglichkeit, Zwang anzuwenden», sagte der Statthalter. «Zwar sammelt er Unzufriedene um sich, doch seine Unternehmungen richten sich ja nicht gegen uns, gegen Byzanz. Natürlich könnte ich einen Vorwand finden. Ihn festnehmen und verschwinden lassen. Aber wie sollte ich dich dann anschließend heiraten, ohne in den schlimmsten Verdacht zu geraten? Hier warten schon lange einige darauf, daß ich mich bloßstelle. Bald würde man es bei Hofe wissen, und meine Feinde würden frohlocken. Der Mann ist ja auch ein Verwandter des Alboin, hat also Wert. Es gäbe ein großes Geschrei, vielleicht eine Untersuchung. Und die Folge könnte meine Ablösung sein.»

«Du willst also damit sagen», murmelte Rosamunde dumpf, «Helmichis sei meine Angelegenheit.»

Longinus seufzte abermals, teilte das Haar, das ihren nackten Rücken bedeckte, und ließ sacht seine Finger über die Wirbel gleiten.

«So leid es mir tut. Und ich kann dir nicht einmal viel Zeit geben. Nächste Woche geht ein Staatsschiff nach Konstantinopel. Ich habe sein Auslaufen schon verzögert. Das Kaiserpaar hat inzwischen natürlich auf anderem Wege Kenntnis von eurer Ankunft erhalten. Man erwartet das Schiff mit Ungeduld, das ist sicher. Und vor allem erwartet man dich. Wenn er als dein Gemahl an Bord geht ... welchen Grund hätte ich dann noch, dich zurückzuhalten?»

«Und wenn er nicht an Bord geht? Nicht mehr an Bord gehen könnte?»

«Dann wäre dir eine Schiffsreise vorerst nicht zuzumuten. Du würdest krank, wärst nicht reisefähig. Zum zweitenmal Witwe in wenigen Monaten! In deinem kritischen Zustand brauchtest du Aufmerksamkeit. Du bist hier mein Gast, und es verstünde sich von selbst, daß dies meine persönliche Pflicht wäre. Alles Weitere ergäbe sich dann und ließe sich ganz natürlich erklären. Verstehst du?»

Sie drehte sich langsam zu ihm um.

«Ja, ich verstehe.»

Er zog ihren Kopf zu sich herab und küßte ihre trokkenen Lippen. Dann sagte er noch:

«Natürlich diesmal kein Blut!»

Kurz vor Mitternacht kehrte Rosamunde in die Villa zurück. Der verschlafene Türhüter leuchtete ihr in die Halle und wollte weiter die Treppe hinaufsteigen. Wenn sie aus dem Palast kam, verschwand sie gewöhnlich gleich oben in ihren Gemächern. Er war bereits auf der dritten, vierten Stufe, als er feststellte, daß sie nicht folgte.

Sie war am Treppenabsatz stehengeblieben und lauschte mit erhobenem Kopf auf Stimmen, die gedämpft durch die halboffene Tür zum Säulenhof hereindrangen. Sie kamen zweifellos aus einem der Baderäume hinter dem Umgang. Ein paar Betrunkene schrien durcheinander und stimmten dann einen Gesang an, der einem kirchlichen Hymnus ähnelte. Gleich darauf brachen sie in Gelächter aus. Rosamunde glaubte, die Stimmen von Helmichis und Zuchilo herauszuhören, die anderen waren ihr unbekannt. Geschrei, Gesang und Gelächter wiederholten sich alle Augenblicke.

Sie wollte sich gerade mit einer Frage an den Türhüter wenden, als sie in der Nähe Geräusche vernahm. Hinter einem der hohen Marmorpfeiler trat eine schmale, gebückte, auf einen Stock gestützte Gestalt hervor. Schwerfällig kam sie näher.

«Du bist noch auf?» fragte Rosamunde.

«Ich habe auf dich gewartet», sagte Frau Raunhild mit brüchiger Stimme.

Rosamunde gab dem Türhüter ein Zeichen, und er entzündete mehrere Kerzen eines Kandelabers. Dann verzog er sich in seine Ecke neben dem Vestibül, von wo gleich darauf sein Schnarchen ertönte.

«Was willst du?» fragte Rosamunde unwirsch. «Ich bin müde.»

Sie raffte fröstelnd den weiten Mantel zusammen, den sie nur über die Schulter geworfen und nicht zugesteckt hatte.

Die alte Gepidin sank auf einen der Hocker, die herumstanden.

«Kommst du vom Statthalter?» fragte sie.

«Was geht das dich an?»

Ein kurzer, feindseliger Blick aus den Katzenaugen, die einmal schön waren, traf Rosamunde. Dann folgte ein erbärmliches Ächzen und Hüsteln. «Ich glaube, daß es mit mir zu Ende geht. Ja, ich habe nicht mehr viel Zeit, von Tag zu Tag schwinden meine Kräfte. Die Reise von Verona hierher hat mir den Rest gegeben. Trotzdem ... das allerletzte Stück Weges will ich noch schaffen.»

«Welches Stück Weges? Wohin?»

«Nach Konstantinopel. Zu meinem Sohn.»

«Hast du auf mich gewartet, um mir das zu sagen?»

«Ich habe gehört, daß in der nächsten Woche ein Schiff dorthin ausläuft. Ist das wahr?»

«Schon möglich. Ich weiß es nicht.»

«Doch, du weißt es! Du weißt es genau. Du warst ja

bei ihm. Sag mir die Wahrheit, Rosamunde! Wird man uns auch alle dorthin bringen?»

«Liegt dir wirklich so viel daran, Reptila wiederzusehen? Deinen mißratenen Sohn? Diesen Dummkopf, diesen Feigling, der sogar dich verraten hat?»

«Er ist mein Einziger! Ja, ich möchte ihn noch einmal wiedersehen, bevor es zu spät ist! Vielleicht verstehst du das nicht, du hast keine Kinder. Es ist wahr, er hat schlecht gegen mich gehandelt ... und doch ... ich habe ihm verziehen. Sage mir, wird man uns alle mitnehmen ... auf diesem Schiff? So rede doch ... Ich bin sicher, du weißt es. Rosamunde! Ich bitte dich, antworte mir! Man wird mich doch nicht etwa hier zurücklassen?»

Raunhilds fleischlose Finger krallten sich um den Arm ihrer Nichte, die sich mit einer heftigen Geste losmachte. Die Alte brach in Tränen aus.

Greine nur noch ein bißchen! dachte Rosamunde. Ich werde schon dafür sorgen, daß sie dich hier nicht zurücklassen. Daß mein widerwärtiger Vetter seine alte Tyrannin zurückbekommt!

Aus dem Badehaus tönte wieder Gesang. Es war immer derselbe getragene Hymnus, den die vier, fünf Betrunkenen anstimmten. Und jedesmal brachen sie ab, und es folgte ein rohes Gelächter.

«Was ist da los?» fragte Rosamunde. «Wer ist bei Helmichis im Bad?»

«Zwei Priester», sagte Raunhild und trocknete ihr Gesicht mit dem Schultertuch. «Sie wollten ihn zum römischen Glauben bekehren. Das ist nun dabei herausgekommen ... du hörst es. So gib mir doch endlich Antwort!» flehte sie. «Werde ich zu meinem Sohn gebracht?»

Rosamunde sah starr hinunter in das boshafte, spitze, von Runzeln durchfurchte Gesicht. Es schien, als sei sie einen Augenblick abwesend. Was sie dann sagte, überraschte sie selbst, denn eigentlich wollte sie ihre Tante nun loswerden.

«Nur drei von uns werden nach Konstantinopel reisen. Ich selber, Helmichis und Albsvinda.»

«Nur ihr drei?»

«Die einzigen, für die sich der Hof interessiert.»

«Und wir anderen?»

«Ihr bleibt in Ravenna.»

Die alte Gepidin stöhnte auf. Es gab wieder Tränen und Gejammer, dann Bitten und Beschwörungen. Rosamunde achtete kaum darauf. Sie hörte auf die Stimmen der Männer, die allmählich etwas leiser wurden.

Wenn ich ihn dazu bringen könnte, nachher noch ein Bad zu nehmen! dachte sie. Mancher Betrunkene endete so. Ich könnte dabei ein wenig nachhelfen ... was würde mir das bei ihm schon ausmachen? Im heißen Bad würde sein Herz plötzlich stillstehen ... oder er könnte im kalten Wasser ertrinken. Andererseits wäre es nicht sicher. Er würde sich wehren, und ich bin nicht stark genug, um es mit ihm aufzunehmen. Falls es fehlschlägt, wäre alles verdorben. Er wüßte Bescheid und würde sich vorsehen. Also doch besser anders ... Aber die Alte als Mitwisserin? An Gift hatte ich ja gleich gedacht, und wer verstünde sich besser darauf als sie? Wie sie den Ildigis damals umbrachte, mit dem mein Vater mich verheiraten wollte ... Dafür verdiente sie eigentlich immer noch Dankbarkeit. Sie reichte ihm das Gift mit dem Wein, und er trank es, ohne etwas zu merken. Er war ebenfalls schon stark betrunken, und kurz danach war er tot. Auch diesmal müßte es so schnell gehen. Die Umstände wären günstig ... und habe ich eine andere Wahl? Ich kenne nur diese eine Giftmischerin ... an wen anders sollte ich mich hier wenden? Sie hat mir die Truhe gezeigt, in der sie ihre Essenzen mitschleppt, angeblich alles für ihre Gesundheit. Wenn sie ihm einen Gesundheitstrank braute ... Und was schadete es, wenn sie alles wüßte! Sie könnte ja mit diesem Wissen nichts anfangen, nicht einmal in Konstantinopel. Ich würde entgegenhalten, sie selber sei es gewesen. Sie habe ihn umgebracht, um seinen Platz auf dem Schiff einzunehmen. Falls gleich der Verdacht aufkommt, er sei vergiftet, könnte Longinus ihr den Prozeß machen. Es dürfte nur außer mir keine Zeugen geben ...

Die Männer im Bad wurden wieder lauter und stimmten ein freches Liedchen an, das man gerade an allen Ekken der Stadt sang. Die alte Frau war von ihren Klagen erschöpft und wimmerte nur noch.

Rosamunde ließ sich auf einem Hocker nieder und neigte sich zu ihr.

«Es tut mir leid, Tante, ich werde beim Statthalter nichts für dich tun können. Das Schiff ist nicht groß, und die Zahl der Personen, die mitreisen dürfen, ist streng begrenzt. Alle anderen Reisenden sind wichtige Hofbeamte, die hier Aufträge zu erledigen hatten und nun nach Konstantinopel zurückkehren. Ausgeschlossen, daß einer von ihnen zu unseren Gunsten verzichtet. Dennoch sehe ich eine Möglichkeit. Wären wir nicht mehr zu dritt, sondern nur noch zu zweit, könnte eine vierte Person anstelle der dritten ...»

Die knochigen Finger umkrampften den Stock. Der kleine Kopf mit den grauen Flechten drehte sich ruckartig. Die Katzenaugen zogen sich zu Schlitzen zusammen.

Frau Raunhild hatte bereits verstanden.

Rosamunde wartete im Säulenhof. Mitternacht war lange vorüber. Sie schritt ruhelos auf und ab und behielt dabei zwei Türen im Auge: die angelehnte zur Eingangshalle des Hauptgebäudes und die weit offene in der hinteren Mauer des Peristyls, die zu den Baderäumen führte. Die Stimmen der Betrunkenen waren noch immer zu hören, doch schien das Gelage nun seine letzte Phase erreicht zu haben und verebbte in trägem, monotonem Geschwätz, das nur ab und zu ein Auflachen oder ein Fluch unterbrach. Anscheinend waren auch nur noch Helmichis und Zuchilo anwesend oder wach. Die fremden Stimmen, die der frommen Besucher, waren schon eine Weile nicht mehr vernehmbar.

Die Alte ließ auf sich warten. Sie hatte versprochen, es würde nicht lange dauern. Auf jeden Fall wollte sie zurück sein, bevor die Männer im Bad erschöpft und eingeschlafen waren. Rosamunde hatte sich schon eine Geschichte zurechtgelegt, als Vorwand für ihr unvermutetes Auftauchen und die Notwendigkeit, ihren Gatten allein zu sprechen. Wenn er schlief, würde sie für heute zu spät kommen, die günstige Situation bliebe ungenutzt. Jeden Augenblick blieb sie stehen und richtete ihren fiebrigen Blick dorthin, wo Frau Raunhild auftauchen mußte.

Statt dessen trat plötzlich jemand anders zu ihr. Bereits seit geraumer Zeit spürte sie, daß er anwesend war. In den letzten Tagen und Wochen war er seltener bei ihr gewesen, die neue Umgebung und der Wirbel der Ereignisse hatten ihn ferngehalten. Anfangs hatte sie schon gedacht, er sei ihr gar nicht nach Ravenna gefolgt, sondern in Verona zurückgeblieben. Dann aber war er doch ein paarmal erschienen, wenn auch nur kurz, für wenige Augenblicke nachts vor dem Einschlafen. Stets war sie aber zu müde gewesen, um sich ihm so wie früher widmen zu können. Sie begann schon, sich deshalb Vorwürfe zu machen.

So erschrak sie, als sie ihn plötzlich neben sich wahrnahm.

Was tust du hier, Rosamunde? fragte er mit seiner hellen, festen Stimme. Worauf wartest du mit so viel Ungeduld? Willst du wirklich meinen Vetter und Milchbruder Helmichis töten?

Verzeih mir, aber ich muß es tun! erwiderte sie, eifrig bestrebt, sich zu rechtfertigen. Er steht mir im Weg, er behindert mich! Vielleicht werde ich eines Tages Kaiserin sein. Ich weiß, du würdest mir einen solchen Aufstieg wünschen und dich freuen, wenn ich ihn schaffte.

Die Nacht war kühl, doch sie erschauerte, weil sich die schwere Hand auf ihren Arm legte.

Sei vernünftig, du handelst im Übereifer! Warum willst du den armen Schwächling umbringen? Ich kenne ihn gut und weiß, daß er nachgeben würde. Er wird sich ein bißchen sträuben, doch schließlich tun, was du willst und sich mit einem Leben am byzantinischen Hofe, wenn auch in halber Gefangenschaft, abfinden.

Warum setzt du dich für ihn ein? fragte sie seufzend, mit einer heftigen Geste. Nun gut, ich weiß ja, daß es so ist! Ich habe dem Statthalter nicht die Wahrheit gesagt. Natürlich würde Helmichis in die Scheidung unserer Ehe einwilligen. Aber bekäme ich jemals wieder eine solche Gelegenheit?

Wovon sprichst du, Rosamunde?

Es wird Zeit, deinen Mörder zu richten, Alboin!

Sie hörte ihn auflachen. Als sie den Kopf wandte, sah sie seine Augen und seine Zähne aus der Dunkelheit schimmern.

Sie schlug erschrocken die Hände vor das Gesicht und ging rasch ein paar Schritte fort.

Gleich war die Stimme wieder an ihrem Ohr.

Du willst ihn richten, Rosamunde? Aber er tat doch nur, was du wolltest!

Verzeih, daß ich davon anfing! entgegnete sie hastig. Wir haben nie darüber gesprochen. Doch jetzt ist es notwendig, denn mir scheint, ich muß etwas erklären. Seine Tat und meine Tat ... Was hat das eine mit dem anderen zu tun?

Wolltest du nicht meinen Tod?

Ja, ich wollte ihn! Ich mußte dich töten, weil ich dich liebte. Wärst du am Leben geblieben, hätte unsere Ehe fortan nur noch aus neuer Gewalt und neuem Schrecken, aus Betrug, aus Bosheiten, Vorwürfen und anderen Niedrigkeiten bestanden. Meine Liebe zu dir aber war das Kostbarste, was ich besaß, sie war schwer erkämpft und durch manche Prüfung gegangen. Ich konnte ihre Zerstörung nicht zulassen! So nahm ich die Rache für meinen Vater zum Anlaß, und sie beruhigt mein Gewissen noch heute. Daß sie nur Vorwand war, begriff ich auch erst, als du tot warst. Ich habe gerettet, was mir nun nie mehr entrissen wird, und was ich für immer und ewig behalten kann! Das war meine Tat ... Was aber tat er? Was taten sie beide? Sie ermordeten dich aus Neid, Größenwahn, Furcht ... aus den schäbigsten, lächerlichsten Gründen! Sie ließen sich von mir verleiten, führten sklavisch meine Befehle aus, weil sie Belohnung und Aufstieg erhofften. Dafür brachten sie dich um, mein Geliebter, dafür metzelten sie dich nieder! Wie könnte ich Mitleid mit Helmichis haben? Wie könnte ich Gnade gegen ihn üben?

Und wenn ich selber für ihn bitte?

Dann ist meine Antwort trotzdem: Nein!

Sie fühlte wieder eine Berührung am Arm. Heftig fuhr sie herum und sagte laut:

«Ich muß es tun, und ich werde es tun!»

Es war die Alte, die vor ihr stand. Schief lächelte sie zu ihr herauf. Mit der Rechten stützte sie sich auf den Stock, in der zittrigen Linken hielt sie ihr den Silberbecher entgegen. Bemüht, nichts von seinem Inhalt zu verschütten, krächzte sie:

«Nimm!»

Rosamunde ergriff mit beiden Händen den Becher.

«Ein guter, kräftiger Sud, mit Honig vermischt, in Wein aufgelöst», sagte Frau Raunhild. «Ein wahrer Gesundheitstrank. Wirkt schnell! Schon die Hälfte würde genügen. Er soll es in einem Zuge trinken!»

Durch die offene Tür trat Rosamunde in einen düsteren Gang ein, der durch das Badehaus nach dem hinteren Hof führte. Eine einzige Tonlampe brannte noch in einer der Nischen und verbreitete ein flackerndes Licht. Am Ende des Ganges standen Bänke, auf denen Schlafende lagen, wohl Knechte, die hier als Badewärter oder Heizer beschäftigt waren. Ein süßlicher Geruch von Salben und Ölen lag in der Luft.

Rechts öffnete sich der Eingang zum Umkleideraum, der ganz unbeleuchtet war. Nur durch einen leicht geöffneten Vorhang auf der anderen Seite drang etwas Licht herein. In diesem Halbdunkel sah Rosamunde zwei bärtige Männer in Priesterstolen gemeinsam auf einer Pritsche liegen. Sie kehrten einander den Rücken zu und schnarchten. Dem einen war der weiße Chorrock bis an den Bauch heraufgerutscht.

Rosamunde durchschritt den Raum, verharrte einen

Augenblick hinter dem Vorhang und lauschte. Das tröpfelnde Gespräch der Betrunkenen war jetzt verständlich, sie unterhielten sich über Pferde und Hunde. Offenbar befanden die beiden sich im übernächsten Raum, dem Caldarium. Gerade als Rosamunde den Vorhang beiseite schieben wollte, ertönte von dort ein Scheppern. Eine Kanne oder ein Becher rollte wohl über den Boden. Einer der Priester hob den Kopf, ließ ihn aber gleich wieder sinken, schnarchte weiter.

Rosamunde glitt hinter den Vorhang ins Tepidarium. Über den Mosaikfußboden waren die Reste des Gelages verstreut, das der «König» hier offenbar für seine Bekehrer veranstaltet hatte. Ein Tisch war umgestürzt, auf und unter den Pritschen, an denen gewöhnlich die Masseure arbeiteten, lagen Kleidungsstücke und leichte Sandalen herum, wie sie die Bademägde trugen. In den Nischen hatten die Spaßvögel einigen der würdigen Männer aus Bronze Krüge über die Köpfe gestülpt, die sonst der raschen Entleerung dienten. Es war aber niemand hier zurückgeblieben – keiner der Konviven, kein Knecht, keine Magd.

Die Tür zum Caldarium war halb offen. Zu dem Vorwand, den Rosamunde sich ausgedacht hatte, gehörte ein schneller, erregter Auftritt. Um sich zu sammeln, lehnte sie sich gegen einen Wandpfeiler. Sie schloß die Augen und machte mehrere tiefe Atemzüge. Dann nahm sie den Becher in die rechte Hand, raffte den Mantel mit der linken und eilte festen Schrittes quer durch den Raum.

Als sie in der Tür erschien, waren die beiden Zecher schon aufmerksam und starrten ihr überrascht entgegen. Sie hockten, nur mit ihren Hosen bekleidet, auf den Stufen, die zu dem viereckigen steinernen Becken für das

Heißwasserbad hinaufführten. Zwischen den beiden stand ein Weinfaß. Auch hier lagen Kleider und Schuhe herum. Über dem Beckenrand hing ein Gürtel mit einem Kurzschwert. Ein rascher Blick überzeugte Rosamunde, daß sie mit den beiden Männern allein war.

«Ah, wie gut, daß du noch wach bist!» rief sie. «Wie froh bin ich, daß ich dich nicht erst wecken muß!»

«Was ist denn passiert?» fragte Helmichis mit unsicherer, schwankender Stimme. «Was verschafft mir das seltene Vergnügen, daß meine Gemahlin auch mich einmal aufsucht? Noch dazu mitten in der Nacht ...»

Er klatschte mit übertriebener Begeisterung in die Hände, schüttelte seine Locken und stieß ein Gelächter aus, das hell von den hohen steinernen Wänden und von der gewölbten Decke widerhallte.

Zuchilo grinste und wagte nicht mitzulachen. Seit die ehemalige Königin unter dem Schutz des Statthalters stand, vermieden auch Peredeos Leute ihr gegenüber jede Unbotmäßigkeit und hofften nur, daß sie ihnen nichts nachtrug. Der junge langobardische Edle erhob sich sogar verlegen und neigte seinen struppigen Kopf zu einer ungeschickten Verbeugung.

«Laß mich mit ihm allein, Zuchilo!» sagte Rosamunde. «Ich habe dringend mit ihm zu reden.»

«Dringend, hörst du, es ist ihr dringend!» rief Helmichis. «Mir scheint, der Statthalter hat sie enttäuscht. Was bringst du denn da in dem Becher, Frau? Ist das vielleicht ein Liebestrank? Hat wohl bei ihm nicht gewirkt, wie? Aber mir brauchst du so etwas nicht zu geben, ich hab das nicht nötig ...»

Zuchilo hatte schon seine Tunika übergeworfen und seine Schuhe in die Hand genommen. Er wollte gehen, aber es fiel ihm noch etwas ein, und er stolperte die Stufen hinauf. Bevor er jedoch den Gürtel, der über dem Beckenrand lag, ergreifen konnte, schrie Helmichis:

«Das Schwert laß hier! Vielleicht brauche ich es! Die beiden Heiligen da draußen sind vielleicht doch zwei verkleidete Teufel. Und ob mir meine Gemahlin beistehen würde ...»

Zuchilo verzichtete auf den Gürtel und zog sich zurück. Rosamunde sagte so laut, daß es der junge Mann noch hören konnte:

«Ich stehe dir bei ... gegen andere Teufel! Gegen die Teufel, die in deinem Kopf rumoren! Dieser Trank wird dir helfen, deinen Rausch loszuwerden. Du wirst nämlich im Palast erwartet!»

«Im Palast?» rief Helmichis. «Jetzt in der Nacht?»

«Jetzt in der Nacht.»

Sie sah sich nach Zuchilo um, der überrascht die Augen rollte und dann hinausging. Um sicher zu sein, daß er nicht lauschte, trat sie noch einmal an die Tür. Er war nicht mehr zu sehen, also ging er in sein Quartier bei den Ställen. Sie schloß die Tür und kehrte zu Helmichis zurück.

«Verflucht, was soll ich jetzt im Palast?» sagte er. «Erlaubst du dir einen Scherz mit mir?»

«Keineswegs! Hör mir zu und versuche zu folgen! Heute abend ist ein Schiff angekommen. Longinus hat hohen Besuch erhalten. Zwei Würdenträger aus Konstantinopel und die Präfekten von Dalmatien und Illyrien. Sie sind aufgrund der Botschaft hier, die er ihnen gleich nach unserer Ankunft geschickt hat: daß nämlich der König und die Königin der Langobarden gekommen seien, um künftig der Sache des Kaisers zu dienen. Die Herren sind unverzüglich hierhergeeilt! Der Statthalter hat sie mir gleich vorgestellt, und ich habe ihnen unsere

Pläne erläutert. Sie sind beeindruckt, wenn auch noch nicht ganz überzeugt. Warum? Natürlich, ich bin nur eine Frau! Sie baten, daß man sie vor den König führe. Ich versuchte, es zu verhindern, weil ich ja ahnte, daß du wieder beim Becher sitzt. Aber die Herren blieben hartnäckig. Um Zeit zu gewinnen, schlug der Statthalter vor, sich erst einmal zum Mahl zu setzen und dann erst über die gemeinsame Strategie zu beraten. Und den König zu bitten, die Lagebesprechung zu leiten. Er schickt mich, damit ich dich überzeuge zu kommen. Bliebst du aus, würde das einen sehr schlechten Eindruck machen und das ganze Unternehmen gefährden. Du mußt dich also unbedingt hinbegeben! Unsere Zukunft wird davon abhängen! Hast du das alles verstanden?»

Helmichis hing an ihren Lippen, hatte jedoch, im Gegenteil, nicht alles mitbekommen.

«Aber ich bin doch gar nicht König!» stammelte er furchtsam. «Was wollen diese Männer von mir? Und warum denn mitten in der Nacht?»

«Ach, so ein Dummkopf!» ereiferte sie sich. «Warum trinkst du nur immer soviel und begreifst nichts? Daß du nicht König bist, wissen sie nicht. Longinus hat es ihnen wohlweislich verschwiegen. Was sie wollen? Dich sehen und ein paar huldvolle Worte hören. Damit werden sie vorerst zufrieden sein. Und warum jetzt mitten in der Nacht? Weil sie immer alles Wichtige in den Nächten beraten. Weil das bei ihnen so üblich ist. Weil ihrer Meinung nach in der Dunkelheit und in der Stille die Sinne geschärft werden. Aber sie haben inzwischen auch schon tüchtig getrunken, und so werden sie dir vielleicht nichts anmerken. Vorausgesetzt, daß du dich um eine würdige Haltung bemühst, die dem Ernst unserer Lage gemäß ist!»

Während sie zu ihm sprach, erstieg sie zwei der drei Stufen und sah nun, daß das große marmorne Becken noch zur Hälfte mit Wasser gefüllt war. Es mußte inzwischen so abgekühlt sein wie die Luft im Raum, da auch die Heizung des Fußbodens und der Wände nicht mehr bedient wurde.

Vortrefflich! dachte sie. Sobald die Wirkung des Giftes eintritt, stoße ich ihn in das Becken und tauche ihn unter. Dann kehre ich ins Haus zurück und wecke nach kurzer Zeit ein paar Knechte unter dem Vorwand, sie müßten uns zum Palast begleiten. Einen schicke ich ins Bad, um Helmichis zu holen, der sich angeblich nur noch ankleiden wollte. Der Knecht findet ihn dann auf dem Boden des Beckens – ertrunken. Die Erklärung: Der Ärmste war noch einmal hineingestiegen, um sich zu säubern und zu erfrischen. In seinem Zustand jedoch ...

«Nun, wenn es sein muß, bin ich bereit!» sagte Helmichis. «Wenn sie dem König der Langobarden ihre Ergebenheit bekunden wollen, werde ich es gnädig erlauben!»

Er nahm seinen Becher, griff nach dem Schöpflöffel und tauchte ihn in die Tonne.

«Nein, keinen Wein mehr!» rief Rosamunde und ließ sich neben ihm auf den Stufen nieder. «Hier ... trink das! Ich habe es selber noch schnell für dich zubereitet.»

«Was ist das?»

«Ein Kräuteraufguß, mit Honig vermischt. Ein Labsal! Er wird deinen Geist wieder klar machen!»

«Aber ich bin nicht betrunken ...»

«Höre auf mich! Es ist der Trank, den auch Alboin zu sich nahm, wenn er nach einem Gelage wieder zu Kräften kommen wollte. Lopichis, der Schenk, hat mir das Rezept verraten. Ein wahrer Wundertrank!»

«Aber er wirkt bei mir nicht. Ich habe ihn schon einmal probiert. Er schmeckt auch nicht gut.»

«Trink ihn in einem Zuge! Setze nicht ab, dann schmeckst du ihn nicht. Hinterher brennt es ein wenig auf der Zunge. Ich habe ihn etwas stärker gemacht als Lopichis. Du wirst dich gleich prächtig fühlen. Nur Mut! Nimm den Becher und trink!»

«In Teufels Namen! Du gibst ja sonst doch keine Ruhe ...»

Er warf seinen eigenen Becher fort und nahm den silbernen von Rosamunde.

«In einem Zuge!» flüsterte sie. «Trink alles aus ... bis auf den Grund!»

Sie starrte auf seinen Kehlkopf und sah, wie er sich beim Schlucken bewegte. Plötzlich setzte Helmichis den Becher ab und verzog das Gesicht.

«Was hast du?»

«Schmeckt seltsam. Schmeckt widerwärtig.»

«Trink es aus! Du mußt alles trinken, sonst wirkt es nicht.»

«Was ist das? Was hast du mir da zusammengebraut?»

«Aber ich sagte dir doch, es ist ...»

«Nein, das ist es nicht! Alboin nahm etwas anderes....

«Aber ich schwöre dir ...»

«Was ist in diesem verdammten Becher?» schrie er. «Was hast du mir da hineingemischt?»

«Trink es aus!»

Aber er stellte den Becher mit einer Geste des Ekels auf die oberste Stufe. Im selben Augenblick griff er sich an den Hals, riß den Mund auf und streckte die Zunge heraus. Er stöhnte, keuchte, schnappte nach Luft.

Sie nahm das Gefäß und warf einen Blick hinein. Die Hälfte! Die Alte hatte gesagt, daß die Hälfte genüge ...

«Wasser!» ächzte Helmichis.

Er kam auf die Beine und wankte zum Becken. Weit beugte er sich über den Rand. Sie stand ebenfalls auf und folgte ihm. Den silbernen Becher in der Hand, sah sie mit kalter Gelassenheit zu.

Vielleicht stürzt er hinein, dachte sie. Um so besser! Dann brauche ich gar nichts mehr zu tun.

Mit beiden Händen schöpfte er Wasser, spritzte es sich ins Gesicht, in den Mund. Es schien ihm gutzutun, er beruhigte sich. Er wandte den Kopf und sah sie an. Seine Augen schienen aus den Höhlen zu treten.

Auf einmal fuhr er herum und griff nach dem Gürtel, der über dem Beckenrand lag. Aufbrüllend riß er das Schwert heraus. Er stemmte sich hoch und warf sich Rosamunde entgegen.

Sie wich zurück, doch es war zu spät. Er drängte sie gegen die Wand. Sie schrie auf. Er packte den Sax mit beiden Fäusten und drückte die Spitze an ihren Hals.

«Trink!» heulte er. «Trink den Rest!»

Der Becher zitterte in ihrer Hand. Sie wollte ihn neigen und die Flüssigkeit ausgießen. Aber das Schwert zuckte nach ihrem Hals und ritzte die Haut.

«Ich stoße zu! Beim Teufel, ich tue es! Ich schicke dich gleich zur Hölle, wenn du nicht trinkst!»

«Warte! Ich trinke ja ...»

«Bis auf den Grund! Und in einem Zug!»

Sie trank.

Ich kann mich noch retten! dachte sie. Wenn ich in meinem Blut liege, ist es zu spät ... Gleich werde ich mich erbrechen ... Vielleicht reicht es auch nicht mehr für mich ... Ach, warum habe ich nicht auf das Schwert geachtet ... Bei Alboin war mir das nicht passiert ... Wie konnte ich damit rechnen, daß dieser Schwächling ...

Der leere Becher entfiel ihrer Hand. Scheppernd rollte er die Stufen hinunter.

Helmichis ließ die Fäuste sinken. Er taumelte ein paar Schritte zurück und warf das Schwert in eine Ecke. Gleich darauf krümmte er sich. Unter Krämpfen fiel er nach vorn. Er überschlug sich und stürzte die Stufen hinab. Zuckend wälzte er sich auf der Stelle. Sein Gesicht war schon blaurot, das schöne Ebenmaß seiner Züge verschwand unter einer gräßlichen Fratze. Nur an seiner Lockenmähne, die den Steinboden fegte, war er noch zu erkennen.

Rosamunde stand aufrecht an der Wand und sah zu. Schon spürte sie das Feuer im Mund und die Messer, die sich in ihrem Leib drehten ...

Erst am Morgen fand man die beiden Leichname. Der Statthalter wurde sofort verständigt und ordnete an, sie in den Palast zu bringen. Die byzantinischen Ärzte untersuchten den Becher und stellten fest, daß der Bodensatz mehrere starke Gifte enthielt. Longinus ließ den beiden Toten eine Messe nach römischem Ritual lesen. Auf einem kleinen Kirchhof am Rande Ravennas erhielt Helmichis eine Ruhestätte.

Wo Rosamunde begraben wurde, blieb unbekannt.

Was hätte ich,
Gellios, noch hinzuzufügen?

Vielleicht eine Vermutung darüber, wo ihr Grab sein könnte. Es gibt in Ravenna ein prachtvolles Mausoleum, das sich die Kaisermutter Galla Placidia zu ihren Lebzeiten, wie es üblich war, errichten ließ. Gestorben ist dann die hohe Dame aber in Rom, und die schöne Begräbnisstätte (ich habe sie besichtigen dürfen) stand leer. Ob der Statthalter Flavius Longinus inzwischen vielleicht einen Sarkophag hineinstellen ließ? Ich wünschte mir sehr, daß Rosamunde unter dem kleinen Turm läge und das Himmelslicht durch die schmalen Alabasterfenster auf sie fiele. Doch das ist wirklich nur so ein Gedanke, nicht mehr.

Der Statthalter hatte nun kein Interesse mehr, irgend jemand von uns zu behalten, und schickte uns, wie bereits anfangs angemerkt, nach Konstantinopel. Nur der geschäftstüchtige Munolf hatte sich schon in Ravenna niedergelassen und blieb auch dort. Peredeo, der noch rasch mit einigen Angeworbenen fortwollte, wurde festgenommen und auf das Schiff gebracht. Frau Raunhild starb in den ersten Tagen der Überfahrt. Vor dem Athos-Gebirge geriet unser Schiff in einen Sturm, der mehrere Langobarden, die mutig der Schiffsbesatzung beistanden, das Leben kostete. Auch Zuchilo gehörte zu ihnen.

Der einzige unter uns, der dann in Konstantinopel noch

von sich reden machte, war Peredeo. Er brachte es sogar ein paar Monate lang zur Berühmtheit. Der stille Wunsch dieses langobardischen Herkules, als Gladiator in Kampfspielen aufzutreten, fand nämlich eine späte Erfüllung. Ich sehe mir so etwas ja nicht an, weil ich Grausamkeiten zur Unterhaltung verabscheue. Aber meine Nachbarn im Wohnquartier berichteten wahre Wunderdinge von Peredeos Auftritten. So tötete er vor den Augen des Kaisers einen Löwen, der schon mehrere Männer zerfleischt hatte. Es hieß auch, er sei damit schnell zu Reichtum gekommen und gebe das Geld mit vollen Händen aus. Doch ein schreckliches Schicksal ereilte auch ihn. Bei einem Festgelage äußerte er sich abfällig über den Kaiser Justinus (gewiß zu Recht, denn der ist ja inzwischen vollkommen blödsinnig), und er wurde noch an der Tafel verhaftet, in einen Kerker gestoßen und dort geblendet. Dann ließ man ihn wieder frei, und ich hörte eine Weile nichts mehr von ihm. Kürzlich erfuhr ich jedoch, daß er tot sei.

Folgendes hatte sich zugetragen. Er hatte behauptet, ein paar Geheimnisse über bedeutende Männer des Hofes zu kennen. Man führte ihn daraufhin in den Palast, und zwei hochrangige Würdenträger traten zu ihm, um ihn zu verhören. Kaum hatten sie aber damit begonnen, zog der Blinde zwei unter der Kleidung verborgene Dolche hervor und stach beide Männer im selben Augenblick nieder. So wurde er auch zum langobardischen Samson. Er hatte vermutlich in seiner Einfalt gehofft, vor den Kaiser selbst und die Kaiserin Sophia gebracht zu werden. Natürlich schleppte man ihn sofort zur Hinrichtung, und damit ist nun also keiner der drei, die an dem Mordkomplott gegen Alboin teilhatten, noch am Leben.

Wenn Schiffe aus Italien kommen, höre ich manchmal Neues von den Langobarden. Fast zur gleichen Zeit, als Rosamunde und Helmichis in Ravenna starben, vor zwei Jahren also, wählten sie Herzog Cleph auf ihrer Generalversammlung in Pavia zum König. Er regierte hart und erbarmungslos, und viele Einwohner Italiens, die er vertrieb und verfolgte, trafen hier als Emigranten ein. Vor ein paar Monaten kam nun die Nachricht, auch Cleph sei ermordet, ein Sklave habe ihn mit dem Schwert erschlagen. Hatte der Mörder Auftraggeber? Es wird geargwöhnt. Vielleicht die anderen «reißenden Wölfe», wie sie Alboin nannte, die Zaban, Amo, Gisulf und Zotto. Jedenfalls haben die Langobarden nun wieder keinen König, und ihr Reich ist schwächer und anfälliger denn je. Hier spricht schon alle Welt davon, daß in Kürze ein Heer nach Ravenna eingeschifft werde, welches ihnen den Rest geben und sie aus Italien verjagen soll.

Was kümmert es mich! Ich lebe, wie ich zu Anfang schon sagte, nur in meinen Erinnerungen. Kaum bin ich mit ihnen ans Ende gelangt, sehe ich mich schon wieder, fünfundzwanzig Jahre jünger, als hoffnungsvollen Gelehrten am Hof der Gepiden in Sirmium.

Und ich sehe ein kleines rothaariges Mädchen auf meine Knie klettern und höre das zarte Stimmchen, das mich bittet, eine Geschichte zu erzählen …